冷战后日本对东南亚的安全政策

刘雪林　著

中国社会科学出版社

图书在版编目（CIP）数据

冷战后日本对东南亚的安全政策／刘雪林著．—北京：中国社会科学
出版社，2019.6（2020.10 重印）

ISBN 978 - 7 - 5203 - 3977 - 3

Ⅰ.①冷…　Ⅱ.①刘…　Ⅲ.①日本 - 对外政策—研究—东南亚—现代
Ⅳ.①D831.30

中国版本图书馆 CIP 数据核字(2019)第 019567 号

出 版 人	赵剑英	
责任编辑	赵　丽	
责任校对	夏慧萍	
责任印制	王　超	

出　　版	中国社会科学出版社	
社　　址	北京鼓楼西大街甲 158 号	
邮　　编	100720	
网　　址	http://www.csspw.cn	
发 行 部	010 - 84083685	
门 市 部	010 - 84029450	
经　　销	新华书店及其他书店	

印　　刷	北京明恒达印务有限公司
装　　订	廊坊市广阳区广增装订厂
版　　次	2019 年 6 月第 1 版
印　　次	2020 年 10 月第 2 次印刷

开　　本	710×1000　1/16
印　　张	14.75
插　　页	2
字　　数	213 千字
定　　价	69.00 元

凡购买中国社会科学出版社图书，如有质量问题请与本社营销中心联系调换
电话:010 - 84083683

目　　录

绪　论

一　问题意识及研究意义

本书的选题基于以下三个问题意识：为什么以冷战后为时间节点？为什么以日本对"东南亚"的政策为研究视角？为什么以安全政策为研究对象？

冷战结束，全球化迅猛发展，世界瞬息万变，处在大转型和大变革时期，中国在这股变革热潮中抓住了时机，经济建设取得了举世瞩目的成就，超过了曾稳居世界第二的经济大国日本，中日之间的竞争和摩擦不断升温。从地缘上看，作为边缘地带的东南亚，对中国、对日本及美国都具有非常重要的意义，大国对东南亚地区的争夺呈现出白热化迹象。近年来，尤其是安倍晋三第二次执政后，对东南亚的密集外交，与东南亚密切的军事安全合作，都引起了中国的警惕。探索冷战后日本对东南亚安全政策的演变轨迹和规律，正是基于对这一现实问题的思考。

冷战结束以来，全球的地缘政治与安全格局发生了重大变化。东欧剧变、苏联解体，使以美苏为首的两极格局的对立走向终结，美国成为世界上唯一的超级大国，但美国追求的"单极时代"并没有到来。随着全球化和区域一体化进程的加快，新兴力量崛起，正逐渐打破地区力量平衡，加之美国在"9·11"事件后的战略失误，在伊拉克战争、阿富汗战争中耗费大量资财，并经过 2008 年金融危机的冲击，美国成为失势霸权，世界正朝着多极化方向发展。冷战结束 20 多年来，国际体系仍模糊不清，新的国际格局尚未定型，新的国际秩序正处在变革构建当中。

冷战结束不仅终结了全球层次上的国际秩序，同样也带来了地区层次上的国际秩序的变革。冷战结束后一段时期内，亚太秩序相对稳定，是因为没有出现足够影响现存秩序的新兴力量的崛起来打破地区力量的平衡。随着日本、中国、印度崛起为亚洲地区的权力中心以及东盟地区主义的发展，正逐渐成为打破地区力量平衡的重要力量。2009 年美国总统奥巴马执政后，为应对中国的崛起，推行"重返亚太"战略，亚太地区力量结构开始呈现出动荡性和不平衡性，地区安全问题也随之凸显，亚太地区的安全问题和安全秩序构建成为国际社会关注的焦点。

美国地缘政治学者尼古拉斯·斯皮克曼提出的"边缘地带论"中，阐明了大陆与海洋之间的边缘地带在世界政治、经济中的重要作用，并作出谁控制了边缘地带，谁就可以控制欧亚大陆，进而掌握世界命运的论断。一方面，东南亚地处亚洲东南部，处于亚洲与大洋洲、太平洋与印度洋之间的"十字路口"，是沟通亚洲、非洲、欧洲及大洋洲之间海上航行的咽喉，马来半岛西南面的马六甲海峡，更是中国和日本运输石油等自然资源的交通要道，直接关系到国家的能源安全和经济安全，其地理位置十分重要。另一方面，东盟作为东南亚地区组织，在冷战结束后的亚太区域多边合作迅速发展的浪潮中，积极推行大东盟战略，大大提高了其在国际事务尤其是亚太地区事务中的发言权，在亚太秩序的建构中发挥着越来越重要的作用。东南亚重要的地理位置，以及东盟作为地区组织作用的凸显，不仅使其成为区域外大国争夺的重要对象，更引来区域外大国对东南亚地区事务的密切关注，东盟成为影响亚太地区秩序和格局构建的一支重要力量。

日本作为东南亚的区域外大国，从 20 世纪 50 年代的战争赔偿开始，一直把东南亚作为重点经营的地区，与东盟各国建立起了深厚的经济联系和政治交往。日本对东南亚的政策经历了从重视经济、到经济政治并重、再到突出军事安全的一个递进发展的过程。20世纪90年代初，随着冷战体制的终结，日本开始积极追求新的国家战略目标，即争取成为政治、军事大国，在地区和国际社会中发挥更大的作用，借助美国反恐的契机，把处于重要战略位置的东盟地区作为发挥安全、军事作用的突破口，大大加强与东盟的安全合作和军事交流，以求实现其"军事大国化"的道路。近年来，随着美国"重返亚太"战略的实施和中国经济的崛起，日本配合美国的战略东移，全面加强拉拢利用东盟的政策，在中国周边构筑"对中包围网"，对东盟的安全政策正在发生质的突破，针对中国的意图越来越明显。可见，冷战后日本对东南亚的安全政策，不仅成为新时期日本国家战略和"多边安全保障战略"的重要组成部分，还正逐步成为日美应对中国崛起的重要手段和砝码。

基于冷战后亚太国际秩序的变化、东南亚在亚太秩序变革中的重要作用，以及日本国家战略的变化，冷战后日本对东南亚的安全政策，不仅关系到日本国家战略的实现和日本未来的发展方向，而且关系到东盟、中国及美国的安全政策走向，并影响着亚太地区的安全形势和安全秩序的构建。"二战"后，日本通过对东南亚的"赔偿外交"助力实现了日本经济的腾飞，经济上的密切联系也拉近了日本与东南亚国家政治上的联系，在亚洲被孤立的日本在东南亚找到了政治舞台。在东南亚苦心经营了几十年的日本，在冷战后处于世纪之交、国家发展站在十字路口的日本，面对中国的崛起和美国的控制，急欲找到"正常国家化"出口的日本，在冷战结束后，对东南亚的安全政策，经历了一个怎样的演变进程？这些政策的出台受到了哪些因素的影响？政策取得的效果如何？对日本实现21世纪的国家战略目标和改变亚太地区秩序有多大影响？又对中美在亚太地区的力量对比和对地区秩序主导权的竞争产生什么影响？

基于以上问题意识，结合国际关系理论知识，本书研究目的在于，通过对冷战后日本对东南亚政策的梳理和分析，从纵向上完整客观描述其政策的演变脉络和每个阶段政策的着力方向，探讨日本对东南亚安全政策的一般规律，从横向上结合各阶段的地区战略大背景，综合分析影响政策出台的因素和变量，并探讨相互之间的关系，力求对冷战后日本对东南亚的安全政策做出客观剖析。

研究冷战后日本对东南亚的安全政策，不仅具有较强的学术价值，同时具有积极的现实意义。

首先，有助于准确定位日本的东南亚安全政策取向，更好把握日本在东南亚地区安全行动的走势。冷战后日本对东南亚的安全政策，是 21 世纪日本国家战略和"多边安全保障战略"的重要组成部分。日本通过与东南亚国家及东盟组织加强在反恐等非传统安全及传统安全方面的合作，间接将自卫队派驻世界各地，不断突破国内宪法禁区，扩大在东盟地区的军事影响，增大在地区安全事务中的发言权，逐步走向"军事大国化"的道路。通过系统梳理冷战后日本对东南亚的安全政策，对认清日本自冷战结束后的国家战略目标和未来走向具有重要的参考价值。

其次，有助于更加客观准确认识亚太地区安全局势。日本作为亚洲经济大国，冷战结束以来，致力于在地区发挥与其经济实力相称的安全作用，目前已经成为影响地区安全走向的一个重要因素。随着美国推行"亚太再平衡"战略，愈加重视东南亚的战略地位，逐步将军事力量回调至东南亚，该地区正成为新时期大国博弈的主要角力场，同时成为观察亚太局势如何演变的一个重要"窗口"。日本在东南亚经营数十年，对该地区的影响力不容小觑，而其对东南亚的安全政策调整，也必然会引起美国与东南亚、中国与东南亚及地区内中美日三边关系的相应变化，影响地区内安全格局的走向。因此，研究此课题，对把握现阶段亚太地区安全局势走向具有重要现实意义。

最后，有利于中国客观准确定位周边安全，营造良好的周边安全环境。进入 21 世纪，基于国际环境和国际局势的变化及中国经济的稳步发展，中国开始将与周边国家的关系作为国家外交战略的重点，以消除周边国家对中国崛起的疑虑，营造和平稳定的周边环境。日本和东南亚国家都是中国的邻国，研究冷战后日本对东南亚的安全政策，对中国如何通过东盟地区论坛等多边安全组织，推动地区安全合作进程、改善周边的安全环境、构建亚太集体安全机制，具有一定的现实意义。

二　国内外研究现状

（一）日本学界研究现状

日本的对外政策研究多集中在对美政策和对华政策方面，对东南亚的政策研究尚未全面深入展开。日本官方、研究机构或学者开始重视对东南亚的研究，是始于福田赳夫首相出访东盟，日本与东盟正式建立外交关系，研究内容主要集中在对东南亚的概要、统计等的调查报告、日本与东南亚的经济关系、日本与东盟双边关系等方面。

20 世纪 70 年代中后期开始，日本对东南亚的研究开始转向对东盟的研究，主要内容虽然仍集中在经济方面，但涉及国际政治、安全方面的著作和论文开始出现。冈部达味编论文集《东盟的国际关系》①《东盟二十年：持续和发展》②，主要内容包括美国、中国、日本对东盟的政策及东盟的现状和安全保障等方面。萩原宜之著《东南亚国家联盟》③，从政治、经济、国际关系方面论述了东盟成立 16 年的发展历程，其中简要涉及了日本与东盟的关系。另外，由日本国际问题研究所编辑出版的论文集《日本与东盟：面向太平洋时代》④，主要从国际环境、地区作用的角度探讨日本与东盟的关系。

冷战结束后，两极格局瓦解，全球化和区域一体化不断发展，随着东盟自身力量的不断壮大与发展，逐渐成为亚太地区一支重要力量，在国际舞台上发挥越来越重要的作用，对东盟和东盟政策的研究，引

---

① ［日］冈部达味：『ASEANをめぐる国際関係』、日本国際問題研究所 1977 年。
② ［日］冈部达味：『ASEANの二十年——その持続と発展』、日本国際問題研究所 1987 年。
③ ［日］萩原宜之：『ASEAN』、有斐閣 1983 年。
④ ［日］金子熊夫：『日本とASEAN——太平洋時代へ向けて』、日本国際問題研究所 1983 年。

起了日本政界及学界的重视，研究内容也更多地关注国际政治和安全保障方面，出版了一系列相关著作和论文。通过对冷战后日本对东南亚和东盟关于政治安全方面的研究成果进行分析整理，可以归纳为以下三个方面。

第一，关于冷战结束后的东南亚和东盟组织的研究。主要有山影进著《ASEAN：从象征到制度化》，日本国际问题研究所编《变动期的东盟：新课题的挑战》，冈部达味编《柬埔寨问题后的东南亚》，佐藤考一著《东盟的困境》。

第二，关于冷战后的日本与东南亚或东盟的关系研究。日本国际交流中心和综合研究开发机构编《90 年代的日本与东盟：激荡的国际环境中的新作用》，世界经营协议会编《90 年代的东盟各国与日本》，外务省亚洲局东南亚第二科编《日本与东盟》，外务省亚洲与大洋洲局地域政策科编《日本与东盟》，林华生著《日本—东盟共存的构图》。

第三，关于东南亚的国际关系以及东盟和亚太秩序建构的研究。这方面的研究，东京大学教授山影进学术成果颇丰。主要有：《ASEAN 的力量：迈向亚太的核心》《亚太地区秩序形成中的东盟的机能》《东盟一体化的深入扩大对亚洲地区秩序的影响》《新东盟：以地区共同体和亚洲中心为目标》。此外相关著作还有须藤季夫著《东南亚国际关系的构图》，黑柳米司编著《亚洲地区秩序和 ASEAN 的挑战：以东亚共同体为目标》和《"中美对峙"时代的东盟：共同体的深化和对外干预的扩大》。

上述文献大多围绕日本的东盟研究展开，对日本的东南亚、东盟政策研究鲜有论及，可见日本对东南亚的政策研究尚未全面、深入地展开。在日本，关于这方面的研究可搜索到著述和论文数量不多，主要有以下成果：波多野澄雄著《现代日本的东南亚政策》①，比较详细

---

① ［日］波多野澄雄：『現代日本の東南アジア政策（1950—2005）』、早稲田大学出版部2007 年。

地阐述了从战后日本对东南亚的"赔偿外交",到 21 世纪初的日本的东南亚政策,研究重点主要集中于日本对东南亚的经济援助和纷争协调,并对战后日本的东南亚外交特征进行了清晰梳理。研究日本对东南亚政策的还有左贺大学教授须藤季夫,《日本外交中东盟的地位》①《东南亚国际关系构图》②,从经济或外交方面阐述了日本的东盟政策。

通过以上梳理分析可见,从对外政策角度,阐述战后以来日本对东南亚政策的系统研究尚且较为缺乏,冷战结束后日本对东南亚安全政策的研究更显薄弱。虽然缺乏系统的研究,但随着冷战后国际局势的变化,日本在安全保障方面及亚太地区秩序构建上表现出越来越高的积极性,此领域的研究也受到官方和学界的重视,日本对东南亚的安全政策在相关论著中零散可见。如田中明彦著《亚洲的日本》③,渡边昭夫著《亚洲·太平洋的国际关系和日本》④,森本敏著《亚太多边安全保障》⑤ 等,以上著作的相关章节,从冷战结束后亚太地区安全保障和秩序建构的视角,对日本对东南亚的安全政策做过一些分析,但未成系统。

近年来,随着中国的崛起,美国的"亚太再平衡"战略的实施,和日本加快迈向"正常国家化"的步伐,日本与东南亚的安全保障合作研究逐渐成为热点,主要内容集中在应对中国崛起和维护海洋安全。如庄司智孝《多元关系的追求:中国的崛起和日本的东南亚政策》⑥,神保谦《东南亚海洋安全保障的能力建构》⑦ 等。

---

① 〔日〕须藤季夫:「日本外交におけるASEANの位置」、『国際政治』1997 年 10 月。

② 〔日〕须藤季夫:『東南アジア国際関係の構図』、勁草書房 1996 年。

③ 〔日〕田中明彦:『アジアの中の日本』、NTT 出版株式会社 2007 年。

④ 〔日〕渡辺昭夫:『アジア・太平洋の国際関係と日本』、財団法人東京大学出版会 1992 年。

⑤ 〔日〕森本敏:「アジア太平洋の多国間安全保障」、日本国際問題研究所 2003 年。

⑥ 〔日〕庄司智孝:「多元的関係の追求——中国の台頭と日本の東南アジア政策」、恒川潤編『中国の台頭——東南アジアと日本の対応』、防衛省防衛研究所 2009 年。

⑦ 〔日〕神保謙:「東南アジアにおける海洋安全保障のためのキャパシティ・ビルディング」、日本国際問題研究所 2012 年。

综上可见，在日本，该领域的研究经过了从对东南亚的概览研究到对东盟的研究、从对东盟经济方面的研究扩展到政治、国际关系及安全方面的研究的发展历程。研究内容围绕东南亚的国际关系、东盟与亚太秩序构建、东盟与区域一体化、东盟与日本的关系展开，系统论述日本对东南亚政策的成果较少，尤其是冷战后日本对东南亚安全政策的系统梳理研究，更是鲜少有人涉猎。本书在上述研究成果的基础上，力求充分挖掘历届日本政府领导人对东南亚的政策演说、日本与东盟首脑会谈、国际会议、答记者问等第一手材料，结合防卫省防卫研究所、和平·安全保障研究所以及日本国际问题研究所等日本智库的相关建言和报告书，对冷战后日本对东南亚的安全政策内容及其出台背景和实施效果进行系统梳理，并形成相关研究成果，稍微填补该研究领域的不足。

（二）中国学界研究现状

在中国，日本对东南亚政策研究起步较晚，尚未全面深入地展开。东盟成立 40 多年来，在国际事务中的发言权和影响力不断增大，其引领的东亚地区主义也获得较大发展。日本从 20 世纪 80 年代确立政治大国目标并不断向前推进，越来越把东南亚地区作为其外交政策的重点，由此日本与东南亚的关系、日本对东南亚的政策研究，在中国才逐渐受到重视并逐步开展起来。起初中国国内关于日本、东盟方面的资料匮乏，且一些重要的基础材料也难以获得，从而增加了研究的难度，导致该研究领域的专著较少。1984 年郭炤烈著《日本与东盟》[①]，从经济和政治方面研究了日本与东盟 15 年间的关系，是日本和东盟关系研究的最初著作。90 年代以来，陆续有一些相关著述的部分章节涉及日本与东盟的关系和日本对东南亚的政策论述，但大多限于双边经济、政治关系的概述或简要介绍。主要有赵晨著《东南亚国家联盟——成立发展同主要大国的关系》，王世录和王国平著《从东盟到

---

① 郭炤烈：《日本与东盟》，知识出版社 1984 年版。

大东盟——东盟三十年发展研究》。进入 21 世纪，出现了对日本与东南亚关系及对其政策进行较为全面研究的著述，有乔林生著《日本对外政策与东盟》，邓仕超著《从敌国到全面合作的伙伴——战后东盟—日本关系发展的轨迹》。另外，在米庆余著《日本近现代外交史》① 中，对"二战"后日本的东南亚政策也进行了梳理归纳。

中国学界关于日本对东南亚政策研究的著述虽然较少，但由于此研究领域时政性较强，相关论文成果较为丰硕。下面分类做一下归纳梳理。

第一，关于"二战"后日本对东南亚关系和外交政策评述。主要有：曹云华《日本与东南亚：爱恨交织的伙伴——对日本战后东南亚政策的回顾与前瞻》，王公龙《90 年代日本对东盟的外交政策》，欧阳俊《冷战后的日本对东南亚关系》，金熙德《日本对东南亚外交的形成与演变》，曹云华《金融危机以来东盟—日本关系的变化》等。

第二，关于日本对东南亚经济政策和能源战略的研究。主要有：赵洪《日本与东盟经贸关系发展的现状与前景》，刘昌黎《小泉东盟五国之行与"小泉构想"》《日本与东盟经济合作新进展及其问题》，庞中鹏《浅析近年来日本对东南亚的能源外交》，朱晓琦《日本能源战略中的东南亚取向》。

第三，关于日本对东盟政策与大国关系的研究。主要有：曹云华《中美日与东南亚——2001 年东南亚国际关系回顾》《东盟与大国关系评析》，许梅《日本对东南亚政策调整演变中的大国因素》，白如纯《日本对东盟政策与中日关系》。

第四，关于日本对东南亚安全政策的研究。主要有：曹云华《日本与东盟的安全论》，乔林生《冷战后日本对东盟的安全保障政策》，蔡鹏鸿《日本主导东南亚反海盗合作机制对地区海洋安全事务的影响》，陈志《日美同盟与东南亚地区安全问题研究》，任慕《冷战后日本与东盟地区安全合作的限制因素分析》，李益波《浅析日本与东盟

---

① 米庆余：《日本近现代外交史》，世界知识出版社 2010 年版。

安全合作的新变化及影响》，包霞琴、黄贝《浅析安倍内阁的东南亚安全外交》，李秀石《试论日本对东盟的安全合作政策》。

通过对论文的整理分析，发现中国学界对日本的东南亚政策的研究有以下特征：首先，中国学界对日本的东南亚政策研究兴起于对日本与东南亚关系的研究，两者界限较为模糊，多数情况下并没有明确的区分，政策研究一般交织包含在日本与东南亚的关系研究中。其次，关于日本对东南亚政策的研究，从研究的内容看，主要包括经济政策、政治外交、地区内大国关系等单个领域项目的研究；从研究的时期看，主要是对战后、冷战后政策的演变进行粗略的梳理；从研究的对象看，关于日本对东盟组织的政策研究较多，而关于日本对东南亚单个国家的政策研究可谓凤毛麟角。再次，日本对东南亚安全政策的研究，是在日本与东南亚关系、日本对东南亚政策的研究中逐渐分化出来的一个研究项目，是在冷战结束以后亚太安全环境发生深刻变化，日本调整国家战略目标，东盟发展迈向大东盟的国际背景下，新兴起的一个时政性非常强的研究科目，尤其是近几年来成为国内相关研究学者关注的热点。最后，国内对日本对东南亚的安全政策研究仍较为薄弱，从某一视角进行时政性的评析较多，系统梳理政策的成果较少。对东盟整体的安全战略阐述较多，而对东盟单个国家的安全政策研究几乎为空白。在内容上，关注日本与东南亚军事安全合作、日本"军事大国化"动向、亚太地区安全秩序建构等宏观研究占多数，而通过阐释政策及其出台原因和执行效果，探讨一般规律的微观研究十分欠缺。

冷战后日本对东南亚的安全政策，是日本对东南亚政策的重要内容和日本外交政策的重要一环，也是日本国家安全战略和安全政策的重要组成部分，同时还映射着冷战后日本国家战略的转型和对亚太地区新秩序的构想。本书在日本冷战后的亚太安全政策框架下分析不同时期日本对东南亚安全政策的重点，阐释其内容及出台原因和执行效果，从纵向上系统梳理冷战结束以来日本对东南亚整体层次和个体国家层次上的安全政策，探究政策演变的一般规律，从横向上分层次分析诱致政策生成和输出的变量和制约因素，厘清各变量和因素之间的层次脉络和相互关系。

三　研究方法及研究内容

（一）研究方法

本书以历史唯物主义与辩证唯物主义为指导，采取传统的史学分析与现代国际关系学现实主义理论相结合的方法，用科学严谨的态度，基于客观的立场就冷战后日本对东南亚的安全政策做全面、系统的分析和研究。

1. 辩证唯物主义方法

辩证唯物主义要求我们用辩证的观点分析和研究问题，本书在科学方法论的指导下分析日本对东南亚的安全政策，主要运用辩证唯物主义的以下几个方法：

第一，联系的观点。辩证唯物主义认为事物之间以及事物内部各要素之间是相互影响、相互制约、相互作用的。各时期日本对东南亚安全政策的出台，是系统内各要素综合作用的结果，应综合考虑包括国际体系层次、国家间及国内政治经济等因素进行分析研究。第二，矛盾分析法。任何事物的发展都包括既对立又统一的两个方面，这要求我们既要认识到事物发展的正反两面，又要抓住事物发展的主流和关键。本书对冷战后日本对东南亚安全政策的分期依据即是以此方法为指导，对不同时期的政策重点进行梳理分析。第三，质量互变规律。量变是质变的必要准备，质变是量变的必然结果，量变与质变是相互渗透的。冷战后日本对东南亚的安全政策是一个由不断的量变积累到质变的发展过程，尽管每个时期的侧重点不同，但其政策具有稳定的连续性，在每个时期的成果基础上不断积累，推动其国家安全战略实现由量到质的突破。

2. 历史学研究方法

本书运用传统的历史学研究方法，纵向梳理冷战后日本在东南亚安全利益、安全目标的变化及安全政策侧重点的变化发展过程，并与国际格局、亚太地区秩序、日本国内政治经济形势等要素结合起来，力求勾勒出冷战后日本对东南亚安全政策的演变轨迹，并探求其特征与走向。

3. 国际关系学现实主义理论和相互依存理论

现实主义理论特征是强调国家间的权力斗争、国际无政府状态及国家自助等，主张国家行为取决于国际体系性质和国家的实力。冷战后日本的国家安全战略调整，主要是基于地缘政治的现实主义考虑。在对东南亚的安全政策中，重视东盟国家控制的"海上生命线"、对美依赖及对中遏制都是现实主义思维方式的体现。相互依存理论是指在经济全球化的时期，国与国之间基于经济贸易往来和能源供求关系而产生的互相依赖的联系。相互依存理论模糊了"高级政治"与"低级政治"之间的界限，使任何一个国家无法靠自身力量用单一手段实现国家安全，增加了国与国之间关系的"脆弱性"和"敏感性"。日本与东盟在非传统安全领域的合作、日本推进与东盟的多边安全对话机制建设都是基于这一理论的思考。

（二）研究内容

本书研究内容由绪论和正文两部分组成。绪论分为四部分：第一部分提出本研究的问题意识和研究意义；第二部分对本书的国内外研究现状进行梳理概括；第三部分介绍研究的主要内容及研究方法；第四部分对本书研究对象及重要概念进行界定。正文分为五章：第一章综合概括冷战期间日本对东南亚的政策；第二至四章依据冷战后国际环境的变化，用史学研究方法对日本的东南亚安全政策进行分期，分别概括各时期日本的东南亚安全政策出台背景、政策重点及政策评价；第五章归纳总结日本对东南亚安全政策的特征，并预测走向，在此基础上尝试提出中国的应对措施。

第一章探讨冷战期间日本的东南亚政策。本章以冷战期间国际形势的变化和日本与东南亚关系的发展为划分依据，将这一时期日本对东南亚的政策分为三个阶段：第一阶段是 20 世纪五六十年代的战后日本重返东南亚阶段，第二阶段是 20 世纪 70 年代的"福田主义"阶段，第三阶段是 20 世纪 80 年代至冷战结束日本谋求发挥政治大国作用的阶段。冷战期间日本的东南亚政策演变，是在东西方冷战的背景下，配合美国的战略需求，结合日本的国家利益，从重建与东南亚关系到不断发展成熟的过程。从其发展阶段来说，战后日本与东南亚的关系，经过五六十年代的关系修复，70 年代的政策调整，80 年代的发展，在经济、政治及文化方面已经形成了较为成熟稳定的关系。经过冷战期间 30 多年的悉心经营，日本在东南亚地区的利益目标从经济一元化发展到包括经济、政治、文化、安全在内的多元化目标，东南亚地区无论是经济上还是政治上都已经堪称日本的"后院"，这为冷战结束后日本以东南亚地区为跳板发挥安全作用奠定了深厚基础。

第二章探讨冷战后日本在东南亚地区发挥安全作用的初步尝试。本章内容共分为五节：第一节、第二节分别论述冷战后日本谋求在东南亚地区发挥安全作用的国内外背景；第三节、第四节分别对 20 世纪 90 年代前期和中后期日本在东南亚地区发挥安全作用的路径进行考察和分析。前期政策重点在于，在"国际贡献"和在联合国发挥日本作用的逻辑架构下，使自卫队走出国门，并积极推动多边安全对话和机制构建以加强地区安全合作，谋求在地区安全中发挥主导作用；中后期则是经过日美同盟"再定义"后，重点加强与东盟国家双边安全合作和军事交流，并将日本的防卫范围和军事作用扩大到东盟地区；第五节对这一时期日本对东南亚的安全政策进行评价，总结其成效、东盟的反应及制约因素。

第三章探讨反恐契机下日本对东南亚地区的安全介入。本章内容分为三节：第一节阐述反恐背景下东南亚地区的形势和日本在该地区的安全利益变化。"9·11"事件后日本在东南亚的安全利益主要包括两个方面：一方面，确保海上运输线的畅通，有效应对交通线沿线地区的恐怖袭击和海盗等突发事件，维护日本安全利益；另一方面，稳定日本周边环境，以"美主日从"的方式参与主导亚太地区多边安全机制。其中，最鲜明的特征是日本在该地区的安全利益中，与海洋因素相关的利益比重明显上升。21 世纪以后日本对东南亚的安全政策，开始被放在摸索制定海洋战略的进程中进行定位和考量。第二节探讨反恐背景下日本逐步加深对东南亚地区安全介入的路径：一是通过首脑外交，提升与东盟的安全合作关系；二是通过多边外交，推进以预防外交为主的 ARF 进程，谋求通过设置议题的方式发挥主导作用；三是配合美国反恐，"借船出海"，趁机将军事触角伸入东南亚；四是日本主导东南亚反海盗合作机制，在地区安全合作中发挥主导作用，并在马六甲海峡确立"准军事存在"。这一时期，在通过东盟地区论坛、首脑会谈与东盟进行安全对话的同时，重点推进日本与东南亚反海盗合作机制构建和军事合作交流，并以此为抓手，逐步加强在该地区的军事影响，成为其推进"军事大国化"和扩张海权利益的重要一环。第三节对这一时期日本对东南亚的安全政策做出评价。

第四章探讨在美国战略调整背景下，日本如何全面强化与东南亚的军事安全关系。本章内容分为四节：第一节分析日本全面强化与东南亚军事安全关系的国内外因素，第二节论述民主党政府如何分层次提升与东南亚的军事安全关系，第三节梳理归纳安倍晋三二次执政以来如何全面强化与东南亚的军事安全关系，第四节对这一时期日本对东南亚的安全政策进行评价。2010 年以后，亚太局势发生了两个方面的重大变化：一是奥巴马政府提出"重返亚太"战略，改变了亚太地区力量对比结构，加剧了地区大国博弈，使亚太安全格局发生重大变化；二是中国成功应对 2008 年金融危机后，作为新兴市场国家显示出强劲的发展势头，推动着地区政治、经济格局的变化。在美国的"重返亚太"战略下，东南亚成为大国激烈博弈的舞台，日本成为美国的主要战略支点。在此背景下，这一时期日本对东南亚的安全政策，重点领域在海洋，主要标的指向中国。政策内容也从非传统安全合作向包括传统安全和非传统安全在内的综合安全转变，这既是出于配合美国战略东移、牵制中国的战略考量，同时也是日本推动"全面正常化"战略转型和建设"海洋强国"的重要内容。

第五章总结归纳冷战后日本对东南亚安全政策的特征、影响及走向。本章内容分为三节：第一节在前四章研究基础上归纳冷战后日本对东南亚安全政策演变轨迹中表现出的一般规律和特征，第二节分析日本对东南亚的安全政策对地区战略格局的影响，第三节预测政策走向并尝试分析中国可以采取的应对方式。冷战结束后，日本对东南亚的安全政策在每个时期的主题、重点都有所不同，冷战初期重点在于通过推动构建多边安全保障体制发挥日本在地区安全中的作用；"9·11"事件以后重点在于在反恐契机下加强对该地区的安全介入，在地区安全中谋求发挥主导作用，并趁机向该地区释放军事力量；2009年以后则以海洋安全和应对中国"威胁"为主要抓手，重点推动与东南亚的军事安全合作，构建多层次的安全网络体系。虽然各时期重点有所不同，但脉络清晰可见，即一条明线是日本要在地区安全方面做出更多"贡献"，发挥更大安全作用，主导地区安全秩序构建；一条暗线是以东南亚为跳板发展日本军事力量，实现"正常国家化"和追求更多的海权利益。

四　概念界定

本书的研究对象为冷战后日本对东南亚的安全政策，属于对外政策研究的范畴。所谓国家对外政策是"国家依据其对外战略、国家利益和特定环境，确定、规范为促进国家利益、实现国家对外目标而从事对外活动的原则和方针"①。国家对外政策从属于国家对外战略，构成要素一般包括对外政策的基本原则、目标与任务、国别与地区政策等，一国的国家对外政策以实现国家利益为基本目标，既要遵从国家整体对外战略的原则性，又要兼备区别应对国际关系事件中具体问题的灵活性。日本对东南亚的安全政策，属于日本对外政策中地区政策的具体问题领域政策，政策适用的空间范围是东南亚，具体问题领域

---

① 蔡拓：《国际关系学》，南开大学出版社 2005 年版，第 161 页。

是安全，政策的根本目标是服务于日本的国家利益。因此，考察冷战后日本对东南亚的安全政策，有必要先对这几个关键的概念进行明确的界定。

（一）日本的国家利益

国家利益是一个国家进行对外活动的根本出发点和归宿，国家利益既是决定国家对外政策与行动的基本动因，又是影响国际关系的核心要素。关于国家利益的概念，阎学通认为，国家利益是"一个民族国家的整体利益"，是"一切满足民族国家全体人民物质与精神需要的东西"[①]。蔡拓认为，"国家利益可界定为一切满足民族国家全体人民物质与精神需要，与其生存和发展息息相关的诸因素的综合"[②]。从国家利益概念的界定可以看出，国家利益包含关乎国家生存与人民需求的诸多综合要素，具有复杂性与多重性。对此，汉斯·摩根索指出，国家利益中包含两重因素，即在逻辑意义上必不可少的必然因素和由环境决定的可变因素。也就是说，国家利益中包含相对永恒的利益和可变利益，相对永恒的利益主要指关系国家生存的利益，是国家利益的"核心"部分，而可变利益主要指根据时代的发展和国家面临的环境的变化而变化的利益。因此，在现实的国际关系中，各国对国家利益具体内容的界定会有所不同，即使同一个国家，在不同的时期，其国家利益的具体内容也有所不同。

一国对本国国家利益的界定，关系着本国对外活动的内容范围，是指导国家对外行动的基本原则。对于国家来讲，明确界定国家的核心利益，并据此采取相应的对外行动和制定对外政策，具有重要意义。美国的国家利益委员会将其国家利益按照重要程度分为"生死攸关的利益""极端重要的利益""重要利益"和"次要利益"四个等级，依据国际事件对维护国家利益的重要程度采取相应的对外政策。美国

---

① 阎学通：《中国国家利益分析》，天津人民出版社 1996 年版，第 6、10 页。
② 蔡拓：《国际关系学》，南开大学出版社 2005 年版，第 62 页。

的核心利益是不断演进的，历届政府对美国核心利益的界定也有所不同。2010 年 5 月，奥巴马政府发布的美国《国家安全战略》报告明确指出了美国必须应用战略手段来追求的四大持久的国家利益，即"（1）美国、美国公民以及美国盟国与伙伴的安全；（2）一个开放的国际经济体系，在其中美国经济强大、创新、不断增长；（3）在美国国内和全世界尊重普世价值；（4）在美国领导地位推动的国际秩序内，通过更强有力的合作促进和平、安全和机会以及应对全球挑战"。①

中国对国家利益按其重要程度也区分为核心利益与一般利益，国务院新闻办于 2011 年 9 月 6 日发表的《中国的和平发展》白皮书中，明确提出了现阶段中国的六大核心利益，即国家主权，国家安全，领土完整，国家统一，中国宪法确立的国家政治制度和社会大局稳定，经济社会可持续发展的基本保障。明确一国的核心利益，是理解该国对外政策的重要依据，对于构筑良性发展的国际关系具有重要意义。

日本对国家利益的重新讨论，是在冷战体制结束后，近几年成为争论的热点。"二战"后，日本碍于 20 世纪因追求极端的国家利益而发起的侵略战争体验及其战后作为战败国的国家形象，一直未公开正式表述过日本的国家利益，国家利益一度成为敏感词汇鲜有提及。战后历任内阁采取的方针基本都是"为世界的和平与繁荣作出贡献，从中追求日本的国家利益"，日本在贯彻"国际协调"的外交基调下，成功地实现了本国的安全与繁荣这一最核心的国家利益。冷战结束后，日本面临的国内外经济政治环境发生巨大变化：国内经济泡沫破灭、"55 年体制"崩溃、"9·11"事件后恐怖主义等非对称性威胁增加、经济全球化发展带来开放的经济环境，这些变化为日本重谈国家利益制造了氛围。日本学者小原博雅曾对冷战结束前后日本六大报纸的报道和评论中出现"国家利益"的关键词频度进行统计，结果显示：

---

① 张建：《美国的核心利益溯源》，2013 年 10 月 16 日，东方早报（http：//news. sina. cn/c/2013 – 10 – 16/100528447659. shtml）。

1992 年涉及该关键词的报道次数比 1987 年增加了 1.5 倍，社论则增加了 70%；1998 年至 2003 年五年中，报道总次数翻番，社论则膨胀 2.2 倍；以冷战终结的 1989 年为界，1989 年至 1990 年，相关报道的增长率便达 65%，社论更达 70%。① 在日本官方公布的文件中，2005 年日本《外交蓝皮书》指出，"日本决意推进立足于国家利益的外交"，首次明确提出日本将推进重视国家利益的外交，突破了在促进实现"国际利益"中追求日本"国家利益"的认识框架。近年来，随着日本政治右倾化和总体保守化进程的推进，以"日本国家利益为出发点"的外交，在日本政界达成越来越多的共识。

是否能够理性地确定国家利益，用合理的手段实现国家利益，其成败决定着国家的兴衰。日本作为主权国家，追求实现本国国家利益是正当权利，但问题在于如何处理国家利益与国际共同利益的关系，是追求"开放的国家利益"②，还是狭隘的国家利益。这就需要搞清楚对现阶段的日本来说，其核心的国家利益是什么。

日本《外交蓝皮书》中，把日本国家的核心利益笼统归结为"日本国家、国民的安全与繁荣"，具体什么是符合日本国家、国民的安全与繁荣的利益，没有明确的具体阐述。小原博雅将现阶段日本的核心国家利益分为六个方面：东亚的稳定，防止日本周边出现敌对国家，打击威胁日本国民生命、财产的恐怖主义，维持和加强自由、开放的国际经济体系，维护中东地区的稳定，海上航线的安全。③ 谷内正太郎认为，国家利益包括安全、繁荣和价值观三个方面，并认为进入 21 世纪以后，由于中国的崛起及大规模杀伤性武器扩散，日本的安全利益战略重心从九州转变为西南诸岛等领海防卫和领空防卫；日本的经

---

① 参见［日］小原博雅《日本走向何方》，加藤嘉一译，中信出版社 2009 年版，第 27 页。

② 2000 年 1 月，在"21 世纪日本的构想"论坛第一小组提交给当时的首相小渊惠三的报告中，就提出了"开放的国家利益"，这是站在与他国相互尊重彼此利益的高度，通过加强与他国的友好关系来改善国际环境，长期、间接地满足本国需求的外交战略。

③ 参见［日］小原博雅《日本走向何方》，加藤嘉一译，中信出版社 2009 年版，第 93—98 页。

济利益则主要包括自由开放的贸易体制、稳定的能源供应及海路运输安全；价值观利益包括人类爱、法律支配及民主主义。由此可见，日本官方虽没有对日本国家核心利益的明确界定，但现阶段日本的核心国家利益至少包括：保护国民生命、财产安全，维持世界自由贸易体制以及维护其海上交通线，确保能源的稳定供应。

大国关系好坏，是影响地区与世界安全与稳定的重要因素，而大国关系的好坏多数情况下取决于大国间国家利益的协调或摩擦与冲突。尤其是大国间核心的国家利益发生冲突时，往往就会引起大国关系紧张，进而引起地区及世界安全局势的动荡。因此，如何界定本国的核心国家利益、如何协调大国间核心国家利益、如何兼顾本国国家利益和国际共同利益，是一个负责任的大国需要首先考虑的问题。

（二）东南亚与东盟

东南亚与东盟是两个不同属性的概念，两者既有区别又有联系。东南亚既是一个地理概念，又是一个政治概念。作为地理概念，东南亚位于中国与印度之间，分成中南半岛和马来群岛，是连接亚欧大陆的一个重要的十字路口。东南亚地理位置十分重要，不仅连接三大洲（亚洲、非洲、大洋洲）和两大洋（太平洋和印度洋），其域内的马六甲海峡作为海上交通要道，战略位置尤为重要，被日本称为"海上生命线"。东南亚因其重要的地理位置，历来成为兵家和商人必争之地。作为一个政治概念，东南亚是亚洲的一个亚区，是第二次世界大战后期才出现的一个新的地区名称。东南亚地区共有 11 个国家，包括越南、老挝、柬埔寨、泰国、缅甸、马来西亚、新加坡、印度尼西亚、文莱、菲律宾、东帝汶，前 5 国一般被称为"陆地国家"或"半岛国家"，而马来西亚、新加坡、印度尼西亚、文莱、菲律宾 5 国被称为"海洋国家"或"海岛国家"。东南亚国家联盟（简称东盟）是东南亚地区一个区域性合作组织，由 1967 年成立之初的五个成员国（泰国、马来西亚、新加坡、印度尼西亚、菲律宾）发展至今，已经囊括了东南亚地区 10 个成员国。随着东盟影响力的扩大，东南亚国家"东盟化"趋势不断增强。

尽管如此，日本对东南亚的政策与日本对东盟的政策两者不能完全等同，既有区别又有联系。一方面，随着东盟组织政治经济影响力的扩大及东盟内部凝聚力的增强，主张"用一个声音说话"，日本对东南亚的政策很大程度上是日本对东盟的政策；另一方面，日本对东南亚的政策既包括对东盟组织的政策，又包括对东盟各成员国的政策。东盟从其性质上讲仍然是一个松散的地区合作组织，其对外关系及在一些对外问题的政策上并非完全相同，在具体问题上，日本对东盟各成员国的政策也不尽相同。因此，研究冷战后日本对东南亚的安全政策，要区别其政策是对东盟整体的政策，还是对东盟各成员国的政策，并搞清两者间有什么样的联系。

（三）安全、安全利益、国家安全战略、安全政策

在国际政治中，安全是一个基本的概念，也是一个基本的价值。安全研究是国际关系研究中一个永恒的主题，也是研究国际关系的基本出发点。研究安全，首先要基本了解安全概念的由来与界定。"国家安全"一词最早出现在 1943 年由美国报纸专栏作家李普曼（Walter Lippmann）著作的《美国外交政策》中。"二战"后，国家安全成为国际政治中一个常用的标准概念固定下来，并自 20 世纪下半叶开始在西方被广泛应用开来。安全概念一经产生，直至今日对其界定都未形成确切一致的表述。弗雷、杰维斯等更是否认安全有确切含义，认为不同的国家、不同的场合、不同的时代，面对不同的问题，人们往往会对国家安全做出不同的解释，任何对安全概念的界定，都难以以偏概全。同样，布赞也认为，安全的本性使得人们不可能追求得到一致认同的界定。

安全的概念为何难以界定？李少军认为，造成安全概念界定不一的原因可以归纳为主观与客观两类因素。从客观上来讲，谋求安全的主体所面对的不安全状态与问题是复杂和多样的；从主观上来讲，不

同的安全主体出于对不同的安全利益的追求，也可能对安全做出不同的界定。① 一个国家判断什么问题是安全问题，既受制于客观安全环境的变化和现实的国际关系行为体之间互动的结果，又受到国家政治领导集团或利益集团对客观环境和利益进行综合考量的影响。因此，各国面对不同的国际环境，出于不同的利益考量，对安全的界定也不尽相同。

　　尽管国际社会没有形成对安全概念的统一界定，但安全关系作为国际政治行为体之间最基本的互动关系，对安全的研究在国家对外关系研究中一直占据重要地位。研究者对安全关系的不同解释，形成了不同的安全观和研究范式。从国际政治的历史看，在安全研究中，传统安全观是到目前为止仍占据主导地位的安全思想。传统安全观受现实主义影响，以国家为安全的核心单位，强调冲突与战争的不可避免性，主张通过军事、外交手段实现国家的安全利益，认为国家间没有共同利益可言。国家能否实现安全，最终取决于国家在国际体系中的权力地位。冷战结束后，随着全球化、多极化的发展，国家间相互依赖程度逐步加深，金融危机、大气污染、恐怖袭击等非传统安全威胁源不断增加，传统的安全观难以解释新的安全问题，出现了突破传统安全分析框架的新安全观。新安全观认为，安全主体不再局限于国家，还包括国际社会中的非国家行为体，安全的威胁源也不仅仅是军事威胁，越来越多的非传统安全威胁也成为国家安全问题，并强调经济安全的重要性。新安全观主张安全手段的多元化，强调共同安全、合作安全，主张通过综合运用多种手段，在维护国家利益的同时不损害国际社会共同的安全利益，实现共同安全。

　　安全研究虽然是国际问题研究中一个重要的理论课题，但在现实的国际政治中，安全问题作为政治行为体所面临的首要的现实问题，对其认知、界定和判断要比理论丰富复杂得多。在复杂的安全关系中，政治行为体（主要是国家）判断国家是否处于安全状态的主要标准，

---

① 参见李少军《国际政治学概论》，上海人民出版社 2009 年版，第 160 页。

是以是否威胁或破坏到国家的安全利益为主，国家安全利益是国家制定安全战略和施行安全政策的根本出发点和归宿。

国家安全利益，是一国生存和发展的基本条件，是最核心的利益。就其具体内容来说，传统的安全观维护的主要是国家军事和政治安全利益，随着全球化发展，国家间相互依赖程度的加深，国家面临的威胁增加，国家安全利益不断扩大。主要包括：其一，注重地缘战略利益和军事安全利益，争夺生存安全空间；其二，在世界格局多极化进程中争取国家政治安全利益，获得更多发言权；其三，重视经济、能源、科技等战略资源，追求维护国家综合国力发展的安全利益；其四，维护本国价值观、传统文化等涉及国家软实力核心内容的文化安全利益。同时，以上各种安全利益之间往往相互联系相互影响，使国家安全利益变得更加复杂，国家所维护的安全利益变得愈加综合，涉及传统安全与非传统安全的各个方面。就其外部环境来说，伴随着全球化进程和全球问题的凸显，世界各国对安全利益的考虑也发生了一些变化，即国家一味追求本国安全利益的做法在国际社会中越来越困难，各国在追求本国安全利益的同时，也要担负起维护地区乃至全球安全利益的责任。

国家安全利益既是国家判断安全与否的主要标准，也是国家制定安全战略的主要依据，国家追求什么样的安全利益，决定了其制定什么样的安全战略和安全政策。国家安全战略，是关于维护国家安全的宏观筹划，是平时或战时，组织和运用军事、政治、外交、经济等综合力量以实现国家战略目标的艺术和科学。国家安全政策则是国家安全战略的具体操作和实施。国家安全战略与安全政策，要解决的安全问题往往是具体的、复杂和多样的，涉及的内容包括设定安全目标、判断国家面临的安全问题、确定维护安全的手段等多个方面。一般来说，国家要实现的安全目标既包括客观的安全状态，又包括心理上的"安全感"。因此，国家在制定安全战略或安全政策时，针对的不仅包括现实的威胁，还包括一些潜在的威胁，对安全利益的考虑也不仅是眼前的利益，还要综合考虑利于本国安全的长远利益。

随着国际社会各系统、各要素间的相互渗透与融合，传统安全与非传统安全之间越来越呈现出密切性与不可分割性特征，使得国家在制定安全战略与政策时，不可能只追求单一的国家安全利益。在国际安全环境发生重大变化的背景下，日本追求的安全利益，也逐渐演变成为一种综合的安全利益。日本的国家安全战略与安全政策涉及的内容，概括起来可以说是一种宽泛的传统安全，即除传统的军事安全外，还包括恐怖威胁、海上通道、航行自由及经济安全等非传统安全要素。

研究冷战后日本对东南亚的安全政策，需要厘清分析的层次。首先，要明确冷战后日本在东南亚地区追求的国家安全利益是什么，较之冷战期间，有哪些利益是未变的，哪些利益是变化了的；其次，要在冷战后日本的国家安全保障战略及日本对东南亚政策的坐标体系中，综合考虑日本对东南亚安全政策的演变脉络；再次，深入分析日本对东南亚安全政策出台的背景及原因，归纳其特征；最后，根据相关政治行为体对政策的反应，对冷战后日本对东南亚安全政策做出客观评价，并预测其走向。

第一章

冷战期间日本对东南亚的政策回顾

　　"二战"结束后，日本作为战败国，由美国对其实行单独占领并独揽对其进行战后处理的大权。随着冷战的爆发及形势的发展，美国对以苏联为首包括中国在内的社会主义国家实行遏制战略，决定改变对日政策，由战后"处理"变为"扶植"，将日本变为了美国在东亚战略中的重要盟友。冷战期间，日本在美国的东亚战略部署和扶植下，通过"赔偿外交"重新与东南亚国家建立起了政治外交关系，并在此基础之上与东南亚国家和东盟组织之间建立起了密切的经贸关系，进而凭借经济实力在东南亚地区拓展自主外交空间，实现日本的国家利益。冷战期间，日本在东南亚地区的国家利益可以划分为三个层次：第一，从地缘战略利益来说，日本主要配合美国的冷战战略，通过经济援助防止东南亚国家向社会主义阵营靠拢，保障日本的军事安全利益；第二，从经济安全利益来说，冷战期间东南亚逐渐成为日本重要的产品输出市场、原料和能源供应地，日本对东南亚的政策以实现日本经济安全利益为核心内容；第三，从政治利益来说，随着日本经济实力的壮大，冷战中后期开始，日本强调拓展自主外交空间，追求"政治大国"的战略目标，东盟成为其发挥政治作用的一个重要舞台。冷战期间，日本在东南亚的国家利益变化呈现出递进性特征，国家利益范围逐步扩大，对东南亚的政策也呈现出不同的阶段性特征。

第一节　战后赔偿下的关系修复

1952 年 4 月 28 日，美国主导下的片面媾和的《旧金山和约》生效后，日本得以重返国际社会，并在美国战略部署下开始了对东南亚的"赔偿外交"。战后日本与东南亚的关系，是在战争赔偿问题上发展起来的。"赔偿外交"，使日本重新建立起与东南亚的政治外交关系，并在此基础上发展了经贸关系，是日本东南亚政策的起点。20 世纪五六十年代日本的东南亚政策，重点集中在两个方面：一、在"吉田路线"引导下，重点开展对东南亚地区的"经济外交"，积极开拓海外市场，恢复振兴日本经济；二、以经济手段协助美国的冷战战略，尝试参与东南亚地区事务，并积极参与组建地区组织，加强日本对东南亚地区的经济政治影响力度，在有限范围内寻求拓展外交自主性空间。

一　战后日本与东南亚修复关系的国内外背景

冷战的爆发和新中国的成立，使远东格局发生了新的变化。美国重新评估远东形势并作出新的战略部署。在其对外政策中，日本和东南亚的战略地位迅速上升。1950 年 6 月，朝鲜战争爆发以后，美国调整其亚洲政策，把日本和东南亚拉入东西对立的冷战体系。战后初期至 60 年代末，日本推行"对美一边倒"外交，全面追随美国。日本与东南亚关系的恢复与发展，既受到美国政策的影响，也为日本国家利益所支配，是美国冷战战略与日本国内因素双重作用的结果。

（一）美国的冷战战略

战后初期几年里，美国将中国作为亚洲政策的中心，中国在美国的全球战略中具有重要地位。一方面，美国希望中国充当阻止苏联在东北亚可能的扩张的缓冲地带，维护美国的安全利益；另一方面，美国企图开辟巨大的中国市场，服务美国的经济利益。1949 年新中国的成立，在远东打破了雅尔塔格局，对美国外交来说是一个相当沉重的打击。1950 年中国出兵朝鲜以后，对美国亚洲政策产生了决定性的影响，把冷战扩展到了整个太平洋地区。[①] 对美国来说，新中国的成立，对美国造成的冲击主要包括两个方面：一、丧失了将中国作为资本主义世界市场的机会，美国在亚洲地区的经济秩序构想从中国、朝鲜半岛转向日本、东南亚地区；二、社会主义阵营的壮大，增加了"共产主义席卷亚洲"的危险，"防共反共"在美国外交政策中比重大幅上升。为了遏制中国，美国决定构筑对中国的战略包围圈，日本和东南亚在美国对外战略中的地位迅速上升。

在这种形势下，美国综合考虑对日本和东南亚的政策，将日本和东南亚纳入美国新的地区秩序构想之中，以实现美国的霸权利益。美国亚洲政策调整主要表现在三个方面：

第一，经济上，扶植日本，援助东南亚，开拓亚洲的"自由主义"市场经济。恩格斯指出："每一个历史时代的经济本质以及必然由此产生的社会结构，是该时代政治和精神的历史基础。"[②] 即经济基础决定上层建筑，经济是世界体系形成的核心动力。战后美国在世界体系中要维持统治地位，离不开资本主义市场经济发展的支撑，而资本主义市场经济的持续发展离不开资源、市场、技术和劳动力等客观条件。失去中国的市场和劳动力，美国将目光转向拥有潜在工业能力的日本和拥有丰富资源及劳动力的东南亚。美国国家安全保障会议报告书 NSC48 中曾指出："将美国的市场、日本潜在的工业能力、东南亚的资源进行互补组合，同时推进日本经济的复兴和东南亚的工业化，强化'自由亚洲'的安全保障。"[③]

---

① 参见陈奉林《冷战时期日本与东南亚国家关系的探索》，《世界历史》2005 年第 1 期。
② 《马克思恩格斯选集》第一卷，人民出版社 1972 年版，第 233 页。
③ ［日］波多野澄雄：『現代日本の東南アジア政策（1950—2005）』、早稲田大学出版部 2007 年、5 頁。

第二，政治上，在"多米诺理论"① 影响下，全面遏制共产主义在亚洲的扩张。"多米诺理论"虽然是由艾森豪威尔首先正式提出的，但在此之前，美国政府已经多次表示出担心共产主义在东南亚地区扩张的忧虑。1950 年 2 月 27 日美国国家安全委员会制定的第 64 号文件曾指出，"如果失去印度支那，泰国、缅甸也将落入共产党统治之下"。1952 年 6 月，美国国家安全委员会通过的《美国关于东南亚的目标和行动方针》报告明确阐明，威胁东南亚的是"共产中国"，"东南亚任何一个国家的失去，将导致共产主义在整个东南亚，进而在印度、中东蔓延"。关于东南亚和日本的关系，1952 年 2 月 14 日，美国国家安全委员会编制的关于"共产主义在东南亚的侵略"的报告书 NSC—124/1 指出："如果失去东南亚，特别是失去马来西亚和印度支那，那将给日本带来经济上和政治上的压力，致使对阻止日本与苏联集团将来势将发生的和解造成极大的困难。""多米诺"效应一时间成为美国对亚洲形势的主流看法。在这种认识框架下，"日本受到重视，在亚洲的'多米诺'之中作为'超级多米诺'而与东南亚连为一体"②。

第三，军事上，构筑对中包围圈，将日本和东南亚部分国家纳入美国在东亚的战略安全体系。美国苏联问题专家乔治·凯南最早提出了太平洋岛屿防御圈设想，他认为，太平洋岛屿防御圈应由冲绳岛、阿留申群岛、中途岛、日本和菲律宾等组成，而日本和菲律宾是这一防御圈的基础，美国只要有效控制这些地区，就可以保障美国在太平洋的安全。乔治·凯南的这一构想于 1949 年被正式纳入美国国家安全委员会第 48/2 号文件，确定了日本、冲绳和菲律宾的军事地位，称

---

① "多米诺理论"是由美国总统艾森豪威尔于 1954 年 4 月 7 日一次记者招待会上首先提出来的。其基本内涵是：东南亚地区对美国至关重要，共产党对其中任何一个国家的控制都会在该地区产生连锁反应并最终波及其他地区，目前东南亚地区正面临着共产主义"扩张"的危险，所以美国要采取措施，在该地区全面遏制共产主义。

② ［日］信夫清三郎：《日本外交史》下册，天津社会科学院日本问题研究所译，商务印书馆 1992 年版，第 799 页。

"这是我们的第一道防线，并且是我们进攻的第一线"①。这一构想在朝鲜战争爆发后不久得到落实，从 1951 年到 1955 年，美国通过《美日安全条约》《美菲条约》《美澳新条约》《美韩共同防御条约》《东南亚集体防务条约》和《美台共同防御条约》，构筑了一条针对中国的弧形军事链条，加强与日本、东南亚等国的军事安全合作。

可见，在战后美国的亚洲政策中，无论从经济、政治还是军事方面来讲，日本和东南亚都具有重要的战略地位。东南亚因其地缘位置成为大国力量角逐的舞台，冷战对立双方对东南亚地区展开了激烈的争夺，而日本则是美国在亚洲借重的重要力量。

（二）日本国内因素

战后日本修复发展与东南亚的关系，一方面是为了追随美国的冷战政策，另一方面也是日本面对错综复杂的国内外环境，为最大限度实现日本国家利益而进行的发展路径选择的结果。

1. "吉田路线"的确立

外交是内政的延续，日本外交"深受内政及其外交决策机制的影响"②。战后，围绕日本的国家形象和政治路线，日本国内政治势力有过各种各样的争论和建议。其中，成为主导战后日本的基本路线主要有：社会民主主义路线、经济中心主义路线和传统的国家主义路线，战后日本外交是在这三条主要政治路线的交错中展开的。③ 在冷战的不断深化中，由吉田茂引领的"经济中心主义"路线被称为"吉田路线"，逐渐成为主流，为战后日本外交奠定了基调。

"吉田路线"以"安全"和"繁荣"为国家发展的基本目标，把战后日本的发展方向定为"亲美的、属于西方阵营的轻军备经济国家"。主要内容包括：外交上以日美关系为基轴，军事上主要依靠美国的保护，政治上发展自由民主主义的政治，经济上确立贸易立国的

---

① 转引自赵学功《冷战时期美国东亚政策的演变》，《南开学报》2010 年第 6 期。
② 吕耀东：《战后日本外交战略理念及对外关系轨迹》，《日本学刊》2015 年第 5 期。
③ 参见［日］五百头旗真《战后日本外交史：(1945—2010)》，吴万虹译，世界知识出版社 2013 年版，第 212—213 页。

经济优先主义路线。1951 年 9 月 8 日，《旧金山和约》签署的同一天，日本与美国签订了《日美安保条约》。之后又相继签订了《日美行政协定》《日美防御协定》。上述条约的缔结，不仅标志着日美安保体制的正式形成，也确立了日本外交中的日美关系基轴。1951 年，日本与美国签订了《日美经济协作条约》，条约规定通过美国的资金、日本的技术和东南亚的资源有机结合起来复苏日本经济，吉田茂的依托美国优先发展经济的主张得以实现。至此，确定了日本在国际社会中的地位，即政治上从属于美国远东的反共战略，经济上进入西方资本主义世界体系，军事上加入美国全球战略。

然而，"吉田路线"的确立并非一帆风顺，日本政界始终存在着关于"修宪、重整军备"的争论和风波。1954 年吉田茂内阁结束之后，后任的鸠山一郎、岸信介都主张"修宪、重整军备"，"吉田路线"虽面临挑战，但鸠山一郎 等的主张终因日本国内舆论的强烈反对和美国的冷淡回应而失败。1960 年岸信介在没有修宪的情况下修改了《日美安保条约》，条约中明确承担了扩张军备的义务，并把《日美安保条约》的适用范围扩展到了"远东"。安保动荡之后，高举"收入倍增计划"旗帜的池田勇人内阁上台，"吉田路线"作为战后日本外交的主流得以巩固。日本此后实现了经济的高速增长，1968 年日本国民生产总值超越联邦德国，一举成为资本主义世界的"经济大国"。

"吉田路线"的确立巩固，为日本外交指明了方向。整个冷战期间，尽管日本国内关于"修宪""军事大国化"的声音时强时弱，风波不断，但优先发展经济的"经济中心主义"路线得到历届内阁的贯彻和实行，成为日本内政外交的基本出发点和立足点，实现了日本国家利益的最大化。

2. 东南亚对日本的意义

战后日本在美国的单独占领下主要关心国家的生存问题，无暇顾及与他国的联系。《旧金山合约》生效后，日本获得了在国际社会上的"主体性"，开始把目光转向东南亚。日本将获得"独立"后的外交方向最先转向东南亚，除受美国政策影响外，还在于东南亚对日本的生存和发展具有重要意义。

首先，东南亚对日本的经济发展具有重要意义。在美国占领期间，从 1945 年至 1951 年，美国向日本提供了约 21.85 亿美元的援助，帮助日本恢复经济。到 1951 年，日本国民生产总值恢复到战前水平。1950 年朝鲜战争爆发后，日本得益于美国"特需"，至 1953 年末，日本仅是"特需"收入就达到 23 亿美元以上，极大地刺激了战后日本经济的恢复与发展。① 随着日本经济的恢复与发展，对资源、能源以及商品销售市场的需求，成为制约日本经济发展的新的现实问题。朝鲜战争结束后，日本无法再从"特需"中获益，加上由于美国的控制，不能从新中国获取资源和寻求市场，日本只能考虑具有丰富资源和劳动力的东南亚地区。关于这一点，吉田茂首相曾强调说："对于失去了中国市场的日本来说，找到东南亚市场是十分重要的。"② 由此可见，开拓东南亚市场，不仅是配合美国的战略要求，更是日本基于国家利益的现实选择。

其次，东南亚对于日本打开外交局面，拓展外交空间具有重要意义。战后五六十年代，日本外交空间狭小，一方面是由于"二战"期间，亚洲许多国家人民饱受日本军国主义侵略，其负面形象使日本重新融入国际社会面临较多困难；另一方面是由于日本贯彻"对美一边倒"外交。尽管如此，如何打开外交局面，提高外交中的自主性，是《旧金山合约》生效后日本外交面临的一个重要课题。在美国的支持下日本重返东南亚，东南亚成为日本拓展外交空间的重要地区。1957 年，岸信介在访美之前先访问东南亚，并在访问期间反复强调日本的外交三原则，即"以联合国为中心、与自由主义国家的协调、坚持亚洲一员的立场"③，岸信介的这一做法目的在于"把东南亚作为对美交

---

① 米庆余：《日本近现代外交史》，世界知识出版社 2010 年版，第 306 页。

② ［日］信夫清三郎：《日本外交史》下册，天津社会科学院日本问题研究所译，商务印书馆 1992 年版，第 801 页。

③ 日本外务省：『外交青书—我が外交の近況』、大藏省印刷局 1957 年、7—9 页参照。

涉的砝码，以提高日本外交的'自主'成分"①。继岸信介之后，日本与东南亚间展开更加频繁的首脑外交，并加大对东南亚事务的政治参与力度。到1965年，日本对亚洲的政策已经跨出了"赔偿外交"和单纯为美国效力的范围，表现出更大的自主性和独立性。

综上可见，战后初期至60年代末，日本与东南亚关系的恢复与发展，主要是受美国冷战战略的影响，是对美从属外交的具体体现。但同时，日本巧妙利用所处的国际环境，综合考虑国内因素，确立了优先发展经济的"吉田路线"，这是日本在冷战大背景下，基于国家利益做出的现实选择。

二 奠定以"经济外交"为中心的政策基调

20世纪五六十年代日本的东南亚政策，主要是在"吉田路线"的引领下开展"经济外交"，确保日本的经济利益。这一时期，随着日本与东南亚经济关系的建立与发展，日本对东南亚的"经济外交"不断拓展与深入，具体表现在以下几个方面。

（一）日本对东南亚的战争赔偿

战后日本要重返东南亚，与东南亚国家建立外交关系，必须先解决赔偿问题。关于如何赔偿，《旧金山和约》第十四条规定，"日本以商品和劳务的形式对在战争中蒙受损失的国家给予赔偿"，美国为日本定下的赔偿基调，为日后日本向东南亚的经济扩张奠定了政策基础。吉田茂在1951年12月第十二次国会上曾讲道："如果带着诚意进行赔偿，那么可以最大可能发展国力，进而帮助开发东南亚，因此必须带着赔偿加开发的想法去做……倘若是站在共存共荣的立场上的话便可以顺利解决。"② 吉田茂的构想是将日本对东南亚的赔偿问题，与日本经济的发展和对东南亚的"开发"结合在一起，以赔偿为契机带动日本经济发展。为避免东南亚国家对日本产生借赔偿而进行扩张之嫌，

---

① 米庆余：《日本近现代外交史》，世界知识出版社2010年版，第340页。

② ［日］波多野澄雄：『現代日本の東南アジア政策（1950—2005）』、早稲田大学出版部2007年、19頁。

吉田茂的东南亚开发政策充分发挥了日本民间资本的积极性，政府层面仅止于侧面支持，实现了官民一体的经济合作。这一做法后来成为日本对东南亚经济开发政策的主要指针。

以《旧金山和约》规定和吉田茂的东南亚开发构想为立足点，日本开始了对东南亚国家的赔偿谈判交涉。经过谈判交涉，1954 年底，缅甸最先与日本签订《日缅赔偿及经济合作协定》，协定规定日本向缅甸赔偿 2 亿美元，以商品形式支付。此外，日本向日缅合资企业投资 5000 万美元。《日缅赔偿及经济合作协定》的签订为日本对东南亚国家的战争赔偿问题解决提供了重要参考依据，吉田茂曾回忆称："对缅甸的赔偿的解决不仅对其他各索赔国产生了刺激，而且其金额及方式也成为先例或雏形，为赔偿问题的进展做出了贡献。"[1] 此后，日本又相继与菲律宾、印尼和越南签订了战争赔偿协定，向上述四个国家共计支付 10.12 亿美元的赔偿数额。此外，日本还通过经济合作或经济援助的方式，向放弃赔偿要求的柬埔寨、老挝及泰国支付了一定数额的准赔偿。至此，日本对东南亚国家的赔偿问题基本解决。

战争赔偿不仅带动了日本与东南亚的经济关系发展，东南亚成为日本重要的商品出口市场和原材料供应地，使日本经济在短时间内得以迅速恢复，同时通过"赔偿外交"，日本与东南亚国家重新建立起政治外交关系，日本得以重返国际社会。因此，"由赔偿开启的经济外交最终成为日本重返地区外交舞台的突破口"[2]。吉田茂的东南亚政策，为日本修复与东南亚的关系奠定了基调，之后日本对东南亚的经济外交向纵深层次展开。

（二）"经济外交"深层次展开

继吉田茂内阁之后历届内阁，都把对东南亚的"经济外交"作为对外政策的重要内容，深化日本与东南亚的经济政治关系。1954 年 12

---

① ［日］吉田茂：《回想十年》第 3 卷，转引自金熙德《日本政府开发援助》，社会科学文献出版社 2000 年版，第 129 页。

② 白如纯：《战后七十年日本的东南亚外交——经济外交的开启与发展》，《现代日本经济》2015 年第 6 期。

月鸠山一郎组阁后，将"经济外交"作为对外政策的重要支柱，致力于与东南亚国家正式建交，发展经济联系。岸信介组阁后，作为日本首脑在"二战"后首次对东南亚国家进行访问，提出作为"亚洲一员"，发展与东南亚各国的经济政治联系。在其就任期间，1957 年日本外务省发表的《外交白皮书》中，日本政府第一次阐述了对亚洲外交的基本原则：以日美协调为基础进行对亚洲的"经济外交"，把"日本和平的对外经济贸易"作为外交路线。继岸信介之后，池田勇人和佐藤荣作首相都主张优先发展经济，将日本的"经济外交"推向高潮。

　　日本在东南亚地区"经济外交"的深层次展开主要包含两个方面：一是以日元贷款形式加强对东南亚各国的双边援助，促进东南亚基础设施和工业化建设。1958 年开始，日本展开对东南亚以日元贷款为新形式的经济合作。20 世纪 50 年代为止的赔偿主要发挥民间企业的积极性，从 60 年代开始了由政府意思决定的合作形态，政府的主导性地位确立。二是积极探索多边外交形式，推进日本与东南亚的经济合作向纵深层次发展。日本于 1954 年 10 月加入了英国主导的"科伦坡计划"①，通过向东南亚提供资本和技术援助，加强对东南亚国家的经济影响力。1961 年 5 月成立了以日本为中心的亚洲生产力组织，以此促进亚洲各国间的经济开发与合作。1966 年 4 月，佐藤荣作政府在东京主持召开了第一次东南亚开发部长会议，以此作为日本对东南亚地区合作的平台，加强对东南亚经济扩张和政治渗透。日本通过参与多边会议及组织构建，不但加强了与东南亚的政治经济联系，还提高了日本的国际地位和影响力，为日后主导推进在东南亚的多边会议和组织形式开展奠定了基础。

---

　　① 科伦坡计划，在 20 世纪 50 年代由英国发起，旨在通过资金和技术援助等形式的国际合作，加强南亚和东南亚地区的社会经济发展。科伦坡计划有着广泛的政治和战略意义，它与英美的冷战计划相结合，成为扩大西方影响的重要工具。日本在经济恢复后，成为科伦坡计划中的援助国之一。

（三）日本的地区经济合作构想与实践

20 世纪五六十年代日本外交主要是追随美国政策，但在本国经济发展问题上，日本有自己的考虑。在日本重返东南亚的过程中，"产生了从长远利益考虑，摆脱对美依赖，构筑独立安定的经济秩序的'地区经济合作'构想"[①]，以此保证日本经济长期稳定的繁荣和发展。

吉田茂内阁末期，大来佐武郎对日美经济合作进行批判，主张从长远利益出发来看待对东南亚贸易，通过对东南亚提供技术合作，充实东南亚各国的经济实力，培育日本与东南亚互补发展的经济模式。大来佐武郎的主张被称为"大来构想"，可以说是日本在战后提出的地区经济合作构想的雏形。之后，鸠山一朗首相在 1955 年 9 月科伦坡计划的新加坡协议委员会议上又提出"开放的地区主义"[②]，目的在于在设置地区主义机构基础上，构筑亚洲地区各国互补的经济分类态势。岸信介组阁后，于 1957 年 5 月出访东南亚时又提出旨在促进与东南亚地区经济合作的东南亚开发基金构想，紧接着在 6 月向美国驻日大使提交了关于建立地区开发组织的报告，阐述了日本在地区开发组织方面的设想，但因美国兴趣寡淡而以失败告终。

自鸠山一朗内阁以来，尽管日本政府在建立地区开发组织，开展多边外交方面付出了不少努力，但终因时机尚未成熟而失败。具体来说，一是美国对日本主导亚洲地区经济合作的构想不感兴趣，更不愿意赋予日本更多的权力；二是东南亚国家倾向于双边援助而非多边援助，对日本的不信任感增强，怀疑日本主导的地区合作机制会使亚洲经济发展成为其附属。日本政府在积极游说构建开放的地区合作机制方面屡屡受挫后，转为"采取低姿态的外交策略，并伺机暗中推动地区相关倡议的进程"[③]。经过日本的幕后推动，1966 年 11 月，亚洲开

---

① ［日］波多野澄雄：『現代日本の東南アジア政策（1950—2005）』、早稻田大学出版部 2007 年，37 頁。

② 这一提议包括两个方面的内容：一是基于地区内各国互补性特征，推进各国工业多样化，构筑各国间协调框架；二是需要在美国援助下分阶段推进。

③ 刘兴宏：《日本重返东南亚的多边途径探析——以亚洲开发银行为例》，《东南亚研究》 2010 年第 5 期。

发银行正式成立，这是一个面向亚太地区的区域性政府间金融组织，是"二战"后日本参与创建和主导的第一个国际组织。[①]

日本在推动构建地区组织上的热情，反映出日本急于重返国际社会并在地区占据主导地位的战略意图。尽管初期阻滞较多，并引起东南亚国家的警惕，但经过日本多方面的外交努力，亚洲开发银行成功组建，一方面从制度上确立了日本在这一国际金融组织权力结构中的主导地位，有力地促进了日本对东南亚的资本输出；另一方面为日本在构建地区性组织方面积累了外交经验，为日本推动与东南亚国家进行多边外交奠定了基础。此后，日本找到了一条既有利于维护国家利益，又可以承担国际责任的有效途径。

三 "东西方协调"下探索日本外交有限的自主性

20 世纪五六十年代日本的东南亚政策，除主要集中在经济方面之外，另一个明显的特征，是日本将自身定位为东西方的桥梁，调停冷战下东南亚蓬勃发展的民族主义热潮与西方国家间的冲突与矛盾，寻求确立并提高日本的国际地位。

战后日本重返国际社会，在东西方两大阵营对立的冷战体制下，日本探索在国际社会中的合理定位，即属东还是属西的问题。1956 年12 月，重光葵外相在日本加入联合国时发表日本作为"东西方桥梁"的演说，主张在亚洲各国的中立主义或反殖民主义与西方各国主张产生的矛盾间发挥协调作用。岸信介在 1957 年 9 月提出的外交三原则中，强调"与自由主义各国协调"及"亚洲一员的立场"，其实是主张发挥日本在东西方世界中的中介作用。池田勇人的亚洲政策中，也强调在亚洲民族主义与欧美各国发生冲突时，日本应发挥"桥梁"作用，维护地区稳定。同样，佐藤荣作内阁时期在越南战争问题上也尝试充当"和平中介"的作用，以此改变日本的国际形象。

---

① Ming Wan, "Janpan and the Asian Development Bank"，转引自刘兴宏《日本重返东南亚的多边途径探析——以亚洲开发银行为例》，《东南亚研究》2010 年第 5 期。

在这种"协调外交"思维下，东南亚成为日本发挥"东西方桥梁"作用的主要实践地区。具体途径表现为两条：一条是对东南亚国家的双边援助与调停地区纷争结合在一起，充当东西方协调的媒介；另一条是尝试通过多边机构发挥日本的作用。上述两条途径在印度尼西亚与马来西亚的纷争中表现得尤为明显。由于日本在印度尼西亚拥有巨大的经济利益，且印度尼西亚的稳定对东南亚的地区安定至关重要，在纷争中日本采取了积极支持印度尼西亚的政策。一方面将对印度尼西亚的经济援助与改善印度尼西亚和西方世界的关系结合在一起，日本在其中发挥"桥梁"作用；另一方面在构筑对印度尼西亚进行援助的多边机构中日本掌握了主动权。这里需要强调的一点是，20 世纪60 年代的日本外交独立性仍然有限，但唯独"在与印度尼西亚的外交中，日本采取了相当大胆的路线"①。日本发挥"桥梁"作用的构想还表现在对越南战争的政策方面。1967 年 1 月，三木武夫外相在外交政策演说中，强调关于越南问题日本被国际社会赋予两个期待：一个是"能够对美国直言相劝的立场"，另一个是"作为亚洲国家日本，能够使越南、越共理解美国真实意思的立场"。三木武夫的演说实际是将日本定位为东西方意思互通的中介，在调停纷争中寻求提高日本国际地位的具体体现。可见，在"桥梁外交"思维下，日本在逐步探索日本外交的自主性。即使是在"对美一边倒"的基本外交框架下，日本政府也从未放弃寻求外交自主空间的努力。

第二节　经济大国下的政策调整

1968 年，日本超过联邦德国成为世界第二经济大国，经济大国地位的确立，促使日本开始思索调整其外交政策的方向，包括对东南亚的政策。1967 年 8 月 8 日，印度尼西亚、菲律宾、新加坡、泰国和马来西亚 5 国外长在曼谷发表了《东南亚国家联盟宣言》，宣告东盟正

---

① ［日］吉田利治：『近現代史の中の日本と東南アジア』、東京書籍 1992 年、114 頁。

式成立。东盟成立之初，"日本对东盟持观望、消极态度"①。随着国际形势的变化和东盟自身力量的发展，20 世纪 70 年代开始，日本开始改变对东盟的消极态度。同时，由于东南亚地区反日浪潮的高涨，日本调整其对东南亚的政策框架。这一时期，日本的东南亚政策的突出特征是反思"经济外交"的弊端，提出以"福田主义"为代表的更加重视发挥日本政治作用的新政策，一方面促进日本—东盟关系的机制化构建，另一方面继续推进"桥梁外交"，充当东盟与印支三国间的调停角色，谋求在地区事务中的领导地位。

一 日本调整东南亚政策的背景

20 世纪 60 年代末 70 年代初的国际政治经济格局的演变，给东南亚地区的形势带来了新的变化。面对国际局势的变化，日本调整外交方向，针对与东南亚关系中存在的一些问题，思考对东南亚的新的政策框架。这一时期日本对东南亚的政策调整具有复杂的国际背景和政治经济原因。

其一，国际局势和东南亚地区形势的变化。20 世纪 70 年代美国调整其东亚政策，引起了东南亚地区形势的新变化，这成为日本调整与东南亚关系的主要外部原因。美国的东亚政策调整主要指两件大事：一是"尼克松主义"，二是改善对华关系。

20 世纪 60 年代末，美国由于深陷越南战争泥潭，陷入内外交困的境地，国内外矛盾激化导致美国世界霸主的地位受到严重挑战。面对困局，尼克松于 1969 年 7 月在关岛发表谈话，称"一旦涉及非核子威胁之侵略，美国将依赖直接受到威胁的国家，承担起提供防御之人力主要责任"②，提出亚洲的国家安全和军事防卫，由亚洲国家自己处理和负责。"尼克松主义"之后，美国实行战略收缩政策，大幅度收缩在东南亚的军事力量。至 1973 年 3 月 19 日，美军全部从越南撤出，

---

① 米庆余：《日本近现代外交史》，世界知识出版社 2010 年版，第 437 页。
② ［美］亨利·艾尔弗雷德·基辛格：《大外交》，顾淑馨、林添贵译，海南出版社 1998 年版，第 654 页。

之后又大幅削减了驻泰国和菲律宾的美军，并在 1977 年 6 月解散了东南亚条约组织。美国势力撤退后东南亚地区出现权力的"真空"，苏联乘虚南下，向东南亚扩张势力。在美国在东南亚的影响力下降的形势下，美国改变对日政策，希望其盟国日本填补"空缺"在该地区发挥作用，一方面牵制苏联在东亚太平洋地区的扩张，另一方面期望日本分担更多的地区责任，这样日本得到了在东南亚扩大影响力的机会。佐藤荣作首相执政期间曾表示："日本对亚洲的稳定发挥主要作用，美国则将起次要的作用。"①

美国改善对华关系，这一"越顶外交"给日本外交带来巨大冲击。尼克松上台后，指示基辛格等开始为改善对华关系做准备。经过秘密接触和协商，1972 年 2 月 21 日，尼克松访华，并于 28 日在上海发表了《中美联合公报》，这标志着中美关系正常化的开始。美国的政策改变，推动了中日恢复邦交的进程。经过中日双方的外交努力，1972 年 9 月 29 日，中日双方领导人签署了《中日联合声明》，中日邦交实现正常化。中美、中日关系改善，使原本针对中国的一些制度框架开始失去意义，前节提到日本 60 年代的东南亚政策框架是在防止中国对东南亚的影响力扩大中形成的，而 70 年代中美、中日关系的新变化，促使日本调整政策方向，重新考虑与东南亚的关系。

其二，日本外交方向的调整。20 世纪 60 年代末 70 年代初国际局势的深刻变化，使单纯的"经济外交"和"对美一边倒"外交不再适合新的国际关系事实，日本当政者和一些学者感到"战后国际秩序已经动摇"②，开始调整外交的方向。佐藤荣作提出"太平洋新时代"，意欲与美国联合主导亚太地区国际秩序，包含了"自主性外交"的含义，田中角荣提出"多边自主外交"，强调根据国际形势的变化和日本的国家利益来自主决定外交政策，三木武夫提出与美苏保持"等距离"的外交政策，福田赳夫上台伊始就主张"全方位外交"，日本国

---

① 郭昭烈：《日本和东盟》，知识出版社 1984 年版，第 24 页。
② ［日］渡边昭夫：『戦後日本の対外政策』、有斐閣 1985 年、10 頁。

内追求"自主外交"的意欲空前高涨。恰逢东南亚地区在这一时期是中美苏战略大三角博弈的重点地区，美国极其注重盟国日本的"责任分担"，这使得日本对东南亚政策的自主性不断增强，加速了日本调整其政策方向的进程。

其三，东盟组织性机构日趋完善，地区影响力不断扩大。为了维持自身体制，通过平衡大国在东南亚地区的力量，维持地区稳定，东盟在组织建设、内部协调一致性及培养整体意识方面付出了极大努力，并取得了一定的成效，不但加强了内部的联合，其国际影响力也不断提高。日本认为，在东盟各国反日运动高涨的情况下，通过东盟这样一个地区组织和协商平台，更有利于解决日本与东南亚地区各国间的摩擦与矛盾，也有利于日本发挥与该地区的关系构建中的主导作用。因此，日本开始重新认识东盟在日本外交中的地位和作用。

其四，第一次石油危机的冲击。1973 年的石油危机是继"尼克松冲击"之后对日本来说第二大冲击，导致石油严重依赖中东进口的日本经济陷入了战后首次大萧条。在一次性能源中，"日本对石油的依赖程度，由 1953 年的 18% 上升到 1973 年的 77.6%"[1]。保证充足稳定的能源供应，是关系到日本经济生死存亡的重大问题。石油危机的冲击，使日本认识到作为一次性能源严重依赖进口的国家，实现能源进口的多渠道、多元化的重要性。东南亚地区能源、资源丰富，尤其是印度尼西亚、马来西亚、越南的原油储量丰富。为保证能源的稳定供应，开展资源外交、发展与东南亚国家的关系，成为日本制定东南亚政策所考虑的一个重要因素。

二 "福田主义"的内容与影响

随着国际形势的发展和日本经济实力的壮大，20 世纪 70 年代，日本开始在国内外形势的变化中思考构筑日本与东南亚关系的新的政

---

① 中国社会科学院工业经济研究所、日本综合研究所：《现代日本经济事典》，中国社会科学出版社 1982 年版，第 315 页。

策框架。经过 70 年代前半期的协商和调整，70 年代后半期，日本对东南亚新的政策框架已经基本成熟。1977 年 8 月，东盟创立十周年之际，日本首相福田赳夫访问东南亚，并于 8 日在菲律宾首都马尼拉发表题为《我国的东南亚政策》演说，后被称为"福田主义"。

"福田主义"的内容如下："第一，我国决心贯彻和平，不作军事大国，并基于这样的立场，为东南亚乃至世界的和平与繁荣做出贡献。第二，我国与东南亚各国之间，不仅要在政治、经济方面，而且要在社会、文化等广泛的领域内，作为真正的朋友，构筑心心相印、相互信赖的关系。第三，我国要站在'对等合作者'的立场上，与志同道合的其他区域的国家一起，对东盟及其加盟国自主地加强团结的努力，予以积极的合作，并谋求与印度支那各国形成相互理解的关系，以利于整个东南亚地区的和平与繁荣。"①

"福田主义"不同于以往日本的东南亚政策，它既是第一次在官方场合正式系统地对日本的东南亚政策做出的总结，又是冷战期间及冷战结束后很长一段时间日本对东南亚政策的基本框架，意义重要且深远。"福田主义"的发表，表明"日本在改变以往以经济为中心的东南亚外交的同时，开始在东南亚建立协调的国际关系"②。此后，日本更加重视与东盟的关系，更注重将东南亚地区作为发挥日本政治作用的舞台，强调发挥日本的地区责任。

尽管"福田主义"阐明要将日本与东南亚置于对等合作者立场上，构筑"心心相印"的相互信赖关系，但东盟及各成员国对日本仍抱有戒心。"福田主义"发表后，就有东盟国家领导人评论指出："带来 10 亿美元援助的日本人，并非圣诞老人，他们是一毛不拔的商人，他们可以用 10 亿美元赚回 20 亿。"③《印尼时报》社论更是明确指出，

① 日本外务省：『外交青书—我が外交の近况』（第 22 号）、大藏省印刷局 1978 年、326—330 頁参照。

② ［日］五百头旗真：《战后日本外交史：(1945—2010)》，吴万虹译，世界知识出版社 2013 年版，第 131 页。

③ 郭炤烈：《日本与东盟》，知识出版社 1984 年版，第 29 页。

"福田主义无疑是想确保日本在东南亚地区的利益"①。东盟各国对"福田主义"的负面反应，无疑是日本推行"经济至上主义"所带来的后遗症。但值得肯定的是，"福田主义"发表后日本注重平衡发展与东南亚的经济、政治及文化交流关系，扩大稳固了与东南亚的关系基础，在东南亚地区事务上获得了更大的主动权，提高了国际地位和影响力。

三 日本推动与东盟的交流机制构建

东盟成立之初，日本官方态度慎重，并未给予足够重视。随着东盟自身体制的完善，并用一个声音说话，在国际舞台上逐渐占据一定地位，日本开始采取重视东盟的政策。日本与东盟的关系，始于1973年11月成立的日本—东盟橡胶论坛。"福田主义"发表后，在官方推动下，日本与东盟的关系得到迅速发展。70年代日本发展与东盟的关系，主要从两个方面进行了外交努力：一是推动日本—东盟关系的机制化；二是强化东盟成员国之间的"连带感"，担当东盟与印支三国间的调停角色，稳定东南亚整体的和平局面。

日本从20世纪五六十年代开始，就积极构建与东南亚的地区合作机制。如组建亚洲生产力机构，主持召开东南亚开发部长会议和东南亚农业会议等，着力促进与东南亚的合作机制构建。五六十年代的机制构建主要集中在经济方面，70年代以后向更广泛的领域拓展。1977年3月，日本—东盟论坛成立；1978年6月，由田园直外长倡导的日本与东盟外长会议召开；1979年2月，日本与东盟经济部长会议召开，通过一系列交流机制的建设，日本与东盟的政治外交关系逐渐变得成熟起来。② 随着这些论坛和会议的机制化，日本与东盟间的议题不再局限于经济合作问题，而是广泛涉及政治、文化以及东南亚地区事务等多个领域。机制化的论坛及会议成为日本加深与东盟全方位合

---

① 郭炤烈：《日本与东盟》，知识出版社1984年版，第29页。

② 参见邓仕超《从敌国到全面合作的伙伴——战后东盟—日本关系发展的轨迹》，世界知识出版社2008年版，第87页。

作关系的重要平台。

日本重视与东盟的关系，另一个重要表现是推动印支三国与东盟的和平共处，支援东盟强化地区"坚韧性"①。越南战争结束后，东南亚地区的基本格局演变为东盟组织与共产党领导的武装力量取得胜利的印支三国在意识形态和政治上的对立局面，日本希冀发挥"桥梁"作用，在东盟与印支三国的协调中做出"贡献"。这一想法从福田赳夫在马尼拉的演说中可以窥见。福田赳夫称："东盟各国表明要与印支国家发展和平、互惠的关系，提出了'以互惠为基础，进一步努力扩大与印支国家之间的理解与合作领域'的方针……我国想以同样的目的，为巩固与印支各国的相互理解而努力。"②

日本之所以欲在东盟与印支三国关系协调中采取"桥梁"政策，原因在于：一、经过与东南亚国家 20 余年双边经济关系的发展，日本在东南亚地区拥有重要的经济利益，东盟与印支三国的和平共处关系到整个东南亚的和平稳定，而东南亚的和平稳定又直接关系到日本经济利益；二、越南战争后，日本希望将东南亚作为对苏缓冲地带，通过经济援助促使印支三国坚持独立自主的外交路线，排除中苏的影响力；三、通过发挥"桥梁"作用，提高日本外交的自主性和日本的国际地位；四、在东南亚地区事务中突出东盟的地位和作用，争取东盟各国的信任，加深与东盟的关系。

日本发挥"桥梁"作用依旧以经济手段为主，对印支各国进行积极的经济援助，尤其侧重对越南的经济援助。1978 年 3 月，日本决定对越南提供 160 亿日元无偿援助。在中国全面停止对越援助后，12 月 3 日，日本外务省表明将继续坚持与越南的经济合作方针，并于 12 月 20 日签订了《对越经济援助协定》。日本这样做的目的在于通过经济

---

① 所谓"坚韧性"，是指强化东盟国家的综合力量，以合作的力量来维持亚太地区的国际秩序。——解释引自陈奉林《冷战时期日本与东南亚国家关系的探索》，《世界历史》2005 年第 1 期。

② 日本外务省：『外交青書—我が外交の近況』（第 22 号）、大蔵省印刷局 1978 年、329 頁。

援助，排除中苏对越南的影响力，推动越南等印支三国融入东盟，增强东盟地区的"坚韧性"。然而，1978 年 12 月，越南入侵柬埔寨，柬埔寨成为中苏对立的国际纷争的舞台，越南与东盟和平共处的可能性大大降低，日本发挥"桥梁"作用的条件不复存在。1979 年，苏联入侵阿富汗，日本在 1979 年 10 月冻结对越 140 亿日元贷款，停止了对越南的援助。尽管如此，日本作为能与越南进行对话的"自由世界国家"，仍试图通过直接与越南进行对话的渠道，增进东盟与越南之间的相互了解，谋求继续发挥日本的"桥梁"作用。此外，日本还尝试通过国际会议的方式，主张各国协调解决柬埔寨问题，以确保东盟各国的安全。这一做法实际上的目的仍旧是企图通过发挥福田赳夫所主张的"桥梁"作用，充当中介进行调解，在"分担地区责任"中提高日本的国际地位。

第三节　大国化目标下的全方位发展

"福田主义"发表后，进入 20 世纪 80 年代，日本的东南亚政策有了明显的变化，即从以"经济外交"为中心的政策向经济政治并重的政策转变。随着日本国内外形势的变化，日本在东南亚地区的经济利益和战略利益不断扩大，东盟在日本外交中的地位明显提升，日本采取更加重视东盟的政策，全方位发展与东盟的关系：经济上以"雁形战略"带动东盟经济迅速发展；政治上强化日本与东盟的对话机制，深化日本—东盟关系；安全上提出"综合安全保障战略"，确保日本在东南亚的经济安全和能源安全利益。这一时期，日本提出"政治大国"的战略目标，将外交从幕后谨慎协调的"低姿态"转为正面主动推动的"高姿态"，通过积极参与东南亚地区事务，拓展自主外交的空间，扩大自身的政治影响力。

一　日本全方位发展与东南亚关系的国内外背景

20 世纪 80 年代日本东南亚政策的新变化，是日本根据国际形势的变化和新的国家战略目标，为确保在东南亚地区的国家利益而进行的相应调整，是国内外因素共同作用的结果。

（一）20 世纪 80 年代的国际形势变化

20 世纪 80 年代的国际政治经济形势有了新的变化，呈现出一些新的特征。

首先是国际政治形势的变化。20 世纪 70 年代末期，勃列日涅夫采取进攻性的国际战略，支持越南侵入柬埔寨，出兵阿富汗，苏联的举动直接威胁到东盟地区的安全。1981 年，里根任美国总统，对苏联采取强硬态度，美苏对立加剧。在美国实力相对衰退的情况下，日本为维护西方阵营的利益，强化日美同盟，欲在东盟地区发挥更大作用。到 80 年代后半期，苏联由于沉重的经济负担而改变策略。1985 年，戈尔巴乔夫上台，提出以军控为中心的全球缓和战略，美苏对立趋向缓和。战后美苏长期的对立和军备竞赛，使美苏力量都受到不同程度的削弱，世界向多元化趋势发展。在此背景下，日本对其在地区事务及世界范围内的政治作用进行重新定位，提出经济政治并重的外交方针。

其次是世界经济结构的变化。20 世纪 80 年代，世界经济的结构发生了显著变化，表现在两个方面：一方面，70 年代日本和西欧经济迅速发展，在许多经济领域赶超美国，资本主义世界形成了美国、日本、西欧三足鼎立的局面，世界经济权力结构由美国独裁转变为美日西欧三极相互抗争。日本作为其中的“一极”，要求发挥与其经济实力相符的政治作用，在地区及国际事务中拥有更多的发言权。另一方面，随着区域经济一体化的进一步发展，亚太地区意识抬头。进入 70 年代，日本政治家频繁提及“太平洋合作”“太平洋时代”这样的字眼，在国会的政府演说中，23 位首相中有 10 位，15 位外相中有 11 位都言及“亚洲太平洋”。[①] 日本政治家强调“亚洲太平洋”，或

---

① ［日］渡辺昭夫：『アジア・太平洋の国際関係と日本』、東京大学出版会 1992 年、109頁参照。

是出于强调日美同盟重要性的考虑，或是出于越南战争结束后国际局势变动影响亚太安定的担忧，但最主要的目的是强调构建与包括东盟在内的亚太地区国家的合作关系的必要性。这是因为进入 80 年代，亚太地区经济发展表现出了更大的活力。1982 年，美国称对亚太贸易首次超过对大西洋贸易，这一事实象征着亚太各国经济的重要性显著增强。① 在亚太地区内，以日本为首的"亚洲四小龙"率先实现经济的飞速发展，中国自 1982 年实行改革开放以后，经济保持着较快的发展速度，东盟国家在日本的"雁形战略"带领下，也实现了经济的飞速发展。亚太地区正崛起为世界经济发展最有活力的地区，亚太地区意识逐渐形成。在此背景下，日本逐渐从亚太地区意识下考虑加强与东盟的关系，借东盟的力量在亚太地区发挥日本的政治经济作用。

（二）日本国家战略目标的提出

20 世纪 80 年代，日本明确提出"政治大国"的国家战略目标，希望能够在国际社会发挥与其经济实力相称的政治作用。1983 年，日本在《外交蓝皮书》中明确指出："从经济方面看，我国从战后的废墟中复兴，如今国民生产总值约占世界总额的一成，日本作为经济大国的地位已经不可动摇。……将迄今为止我国以经济为中心所尽的国际责任，进一步扩大到国际政治领域，做出与我国国力和国情相称的贡献乃自然之理。"② 1983 年 7 月，中曾根康弘第一次明确提出要从经济大国走向政治大国。新的国家战略目标提出后，日本重新评估东南亚地区和东盟在其国家战略中的作用和地位，考虑将东盟作为拓展日本自主外交空间、在地区和国际事务中发挥政治作用的重要舞台。

在新的国家战略目标提出之后，日本经济政治并重的全方位外交应运而生。20 世纪 80 年代以后，日本开始改变单一的"经济外交"政策，注重与东南亚（主要是东盟）之间政治关系的构建，以谋求在地区中发挥作为"政治大国"的作用。

---

① ［日］入江昭：『新・日本の外交』、中央公論社 1991 年、188 頁参照。
② 日本外務省：『外交青書—我が外交の近況』（第 27 号）、大蔵印刷局 1983 年、1 頁。

（三）东盟力量的壮大

20 世纪 80 年代，东盟各国的经济水平和组织化程度都有较大发展，在国际政治舞台上逐渐发展成为一支不可忽视的力量。经济上，在日本—东盟"雁形战略"体制下，到 80 年代后半期，东盟各国基本实现了经济的高速增长。从 1980—1990 年，东盟各国经济平均增长率新加坡为 7.2%、马来西亚为 5.7%、泰国为 7.1%、印度尼西亚为 5.8%。① 东盟各国经济的高速增长，使东盟在经济领域成为第三世界的典范，提高了东盟的国际声望。政治上，1979—1989 年，东盟的发展进入政治合作促进期，在这一时期，"东盟各国利用对话国关系、联合国，展开显著的'东盟外交'，在柬埔寨纷争中发挥了主导作用"②。东盟的地区坚韧性和内部凝聚力显著增强。东盟力量的壮大，促使日本更加重视与东盟的关系，不断提升东盟在其外交战略中的地位。

二　日本全方位发展与东南亚关系的路径

20 世纪 80 年代，日本将东盟作为外交政策的支柱之一，提升与东盟的关系。经济上，形成了"雁形"经济结构模式，确立对东盟国家贸易、投资和开发援助"三位一体"的合作关系，东盟经济对日本依赖加深；政治上，一方面，通过首相访问、地区论坛等继续加强与东盟关系的机制化建设，另一方面，通过参与柬埔寨问题的解决，积极参与地区事务，提高日本外交的自主性；安全上，提出"综合安全保障战略"，确保日本的经济安全与能源安全，同时增强防卫力量，配合美国战略，分担地区防务。

（一）经济方面

日本战后一直宣称贸易立国，对东南亚的战后赔偿问题解决后，经济上主要通过发展贸易、对外直接投资和政府开发援助（简称

---

① 经济企画厅调查局：『アジア経済 1995』、大蔵印刷局 1995 年、241 页参照。
② ［日］须藤季夫：『東南アジア国際関係の構図』、劲草书房 1996 年、90 页。

ODA），发展与东南亚国家的经济联系，促进本国经济发展。经过调整与摸索，20 世纪 80 年代以来，"三者有机配合，浑然一体，构成了日本亚太经济战略的基本框架"①。"福田主义"发表后，从 80 年代开始，日本对东盟的直接投资和援助，与以往相比，从注重经济利益转变成注重为日本的经济、政治和国家战略服务。

20 世纪 60 年代开始，特别是七八十年代以来，日本作为东亚唯一的经济发达国家，逐步开始在东亚地区进行直接投资，建立以日本为核心的"雁形发展模式"②。这种国际垂直分工结构的经济模式，对推动东盟的经济增长起了重要作用。80 年代中期以后，日本对东盟的直接投资超过美国，成为东盟最大的投资国。五六十年代，日本对东盟国家的直接投资，主要是为了确保能源供应和海外市场。70 年代受石油危机的影响，日本侧重对东盟的资源投资。80 年代中期以来，日元大幅度升值，国内工资成本增加，日本开始调整产业结构，加大对东盟制造的直接投资，把东盟作为零部件和出口产品的供给地。由此，"日本逐步把东盟地区由单纯的原材料、资源的供应地，转变为制造业投资基地"③。这种垂直型的经济结构，加大了东盟国家经济的脆弱性和对外资的严重依赖，增加了日本以经济手段为政治目标服务的砝码。

1954 年日本加入科伦坡计划后，对亚洲尤其是东盟国家进行政府开发援助。从 20 世纪 50 年代到 70 年代初期，日本的 ODA 是"经济外交"的重要手段，虽然有配合美国的冷战战略的因素，但主要目的是为自身经济利益服务，促进日本经济发展，扩大日本的海外影响。石油危机爆发以后，日本经济和社会安全受到严重挑战，日本的 ODA 便从相对专注经济利益而转向维护综合的国家安全。1980 年"综合安全保障战略"出台，"ODA 被明确作为维护日本国家综合安全的一个

---

① 乔林生：《日本的对外政策与东盟》，人民出版社 2006 年版，第 121 页。

② "雁形发展模式"的提法起源于日本经济学家赤松要的"雁形产业发展形态论"。在这一理论模式中，日本的产业发展实际上经历了进口、进口替代、出口、重新进口四个阶段，因为这四个阶段呈倒"V"形，在图表上酷似依次展飞的大雁故得此名。

③ 乔林生：《日本的对外政策与东盟》，人民出版社 2006 年版，第 80 页。

重要手段"①。《综合安全保障战略》报告书提出，"日本要通过对发展中国家的经济援助为南北之间良好的秩序发挥较大的作用，并作为日本综合安全保障的重要一环"②，目的在于以 ODA 作为手段，维护受援国家的政治经济稳定，通过参与解决地区纷争，间接实现日本的安全保障，扩大日本的政治影响。可见，80 年代以后，日本的 ODA 向既维护经济利益，又扩大政治影响，同时维护日本多元化的安全目标演进，力求实现综合效益和深层次战略意图。

在此政策背景下，日本的 ODA 增长极为迅速。20 世纪 80 年代中期以后实施"ODA 倍增计划"，1986—1989 年，日本的 ODA 分别比上一年增长 48.4%、32.3%、22.5%。1989 年，日本的 ODA 高达 89.65 亿美元，超过美国，成为世界第一大援助国。其中，东南亚地区一直是日本重点援助的地区。在双边援助中，居于日本援助前十名的国家多为东盟国家。1980—1990 年，印度尼西亚始终居首位，其次为泰国、菲律宾、马来西亚。从对受援国的援助力度看，受援力度较大的国家或为美国的战略重点国，或为日本重要的能源供应地，从中可见日本 ODA 的多元化深层次战略意图。除双边援助外，日本还以 ODA 为手段参与地区或世界热点问题的解决，以此扩大日本作为"政治大国"的影响力。如在柬埔寨纷争中，日本就以 ODA 为经济武器发挥作用：一方面，日本冻结了对越南的援助；另一方面，日本表明全面支持东盟的立场，加大对东盟的战略援助。1983 年，中曾根康弘访问东盟时，承诺对东盟提供 2000 亿日元援助。日本对泰国的战略援助从 1979 年的 463.7 亿日元，提高到 1985 年的 922.5 亿日元，对菲律宾的援助从 1979 年的 440 亿美元，上升到 1985 年的 624.3 亿美元。③ 此后，ODA 成为日本实现经济、政治、安全等战略意图的重要手段。

---

① 周永生：《50 年代中期至 70 年代日本政府对外开发援助初探》，《日本学刊》1996 年第 4 期。

② 同上。

③ 米庆余：《日本近现代外交史》，世界知识出版社 2010 年版，第 453 页。

（二）政治外交方面

20世纪80年代日本对东南亚的政治外交政策，围绕两方面展开：一是通过首脑外交推进日本—东盟的机制化建设，全面深化日本—东盟关系；二是参与解决柬埔寨问题，发挥日本在地区事务中的政治作用。其目的在于，配合日本政府提出的"政治大国"战略目标，扩大日本的国际影响力，在地区和国际事务中发挥与其经济实力相称的政治作用，如表1—1所示。

表1—1　　　　　　　　　　　　　日本对东盟的首脑外交

访问时间	首相	政策目标	政策主旨	关系机制化成果
1977年8月	福田赳夫	"心心相印"的对等合作关系	"福田主义"三原则	文化基金 日本—东盟外长会议
1981年1月	铃木善幸	共同思考共同努力成熟的关系	强调在国际社会发挥日本的政治作用；强调加深日本—东盟关系为日本外交支柱之一	东盟地区研究振兴计划 东盟贸易投资观光促进中心
1983年4—5月	中曾根康弘	更深的信赖和坚固的协调关系	在"更广泛领域"开展日本与东盟关系	21世纪青年交流计划 科学技术合作计划
1987年12月	竹下登	走向和平与繁荣的新伙伴关系	就亚洲的和平与繁荣有重大关系的国际政治问题，加强与东盟合作	东盟日本开发基金 日本—东盟综合交流计划
1989年4—5月	竹下登	共同思考共同前进的永远的伙伴	为确保世界和平与繁荣，发挥日本的政治作用；把东盟作为"国际合作构想"的最重要对象地区之一	

资料来源：根据须藤季夫《东南亚国际关系构图》表17及早稻田大学亚洲太平洋研究中心编《战后日本—东南亚关系史综合年表2003》制作而成。

"福田主义"发表后尤其是20世纪80年代以来，日本历届内阁组阁后，首相或外相都重点或频繁出访东盟国家，阐述日本的东南亚政策，可见日本政府对东盟的高度重视。日本学者指出："首脑就职后访问东盟并阐述政策的做法，在这一时期形成了惯例，推进了日本—东盟关系的机制化建设进程。"①

20世纪80年代日本对东盟的首脑外交，主要目的在于向东盟宣传日本将在国际社会中发挥与其国力相称的政治作用，并寻求东盟的支持，为实现日本"政治大国"的目标架构阶梯。在日本的这一战略构想下，日本外交政策中特别强调重视东盟的作用，确立东盟是日本外交支柱之一。1981年1月，日本首相铃木善幸访问东盟5国，发表曼谷宣言称"加深与东盟各国的友好关系，是我国基本对外政策之一"②，1983年4月30日至5月10日，日本首相中曾根康弘访问东盟5国和文莱，在吉隆坡发表演说称"我国将维持与东盟国家之间友好而紧密的关系，作为外交的最为重要的基本政策之一"③，1986年6月，日本外相安倍晋太郎在东盟外长扩大会议上提出"我国对亚洲政策的第三个支柱，是确立有效应对形势变化的东盟与日本的合作关系"④。日本首脑的东盟外交明确阐明了东盟在日本外交中的地位，深化了双方关系，同时，由其带动的广泛涉及经济、政治、文化领域的机制化建设也取得了一系列成效，扩大了关系基础。

在深化与东盟关系的同时，日本积极参与推动柬埔寨问题的解决，在地区事务中发挥政治作用。1980年9月，日本外相伊东正义在联合国第35届大会的讨论中提出柬埔寨问题，并称"作为亚洲国家，不能不怀有极大的关心"，其实质是强调日本应在国际问题上发

---

① ［日］须藤季夫：『東南アジア国際関係の構図』、勁草書房1996年、206頁。

② 日本外務省：『外交青書—我が外交の近況』（第25号）、大蔵省印刷局1981年、399頁。

③ 日本外務省：『外交青書—我が外交の近況』（第28号）、大蔵省印刷局1984年、400頁。

④ 日本外務省：『外交青書—我が外交の近況』（第31号）、大蔵省印刷局1987年、319頁。

挥政治作用。在柬埔寨问题的具体处理上，日本主要采用经济援助和外交手段，一方面停止对越南的援助，但仍保持对话窗口，同时加大对老挝的援助，支持凯山政权间接对越南施加影响；另一方面同时展开对东盟外交和印支三国外交，维护柬埔寨在联合国的合法席位，在有关柬埔寨问题的国际会议上采取全面支持东盟的立场。

（三）安全方面

1951 年日美签订《日美安保条约》，此后，日本在军事上被置于美国的保护之下，在国际上不谈军事的日本悄然发展自己的防卫力量。随着国际形势的变化和日本自身经济实力的增长，20 世纪 80 年代开始，日本开始调整安全战略和防卫政策，欲在地区安全事务中发挥作用。究其原因，从国际上来说，"尼克松主义"发表后，美国希望其盟国日本增强自卫队的反潜作战能力和防空作战能力，在遏制苏联军事威胁方面发挥作用。70 年代后期，苏联在日本周边军事活动增加，尤其是 1979 年 12 月，苏联入侵阿富汗以来，美国指责日本"白坐安全车"，要求日本增加防卫费用，加强防卫力量，分担地区防务责任。从日本国内来说，日本经济经过高速增长期，到 70 年代后期，已经成为经济实力雄厚的资本主义大国。凭借其经济实力，日本在 80 年代确立了"政治大国"的战略目标。由此，调整安全战略、增强防卫力量成为实现"政治大国"战略目标的应有之义。

在上述背景下，日本首次对战后国家安全战略进行了历史性的调整。大平正芳内阁组织 200 多位专家、学者和政府要人组成政策研究会，其中由 20 余位专家学者组成的安全保障小组，于 1980 年 7 月完成了《综合安全保障战略》的研究报告。该研究报告首先对"安全"的内涵做出了明确的规定，即"安全的构成，是以军事安全和经济安全为目标的"[①]，其次指出为确保日本的安全，在增加防

---

① 内閣官房内閣審議室分室、内閣総理大臣補佐官室：『総合安全保障戦略：総合安全保障研究グループ（太平総理の政策研究会報告書）』、大蔵省印刷局 1980 年、23 頁。

卫力量的同时，应综合运用包括经济、外交、文化等在内的一切力量。同时，报告还指出国际形势的"现状已经从'美国治下的和平'转变为'责任分担下的和平'，日本作为自由主义阵营的有力一员必须为体系的维持、运营做贡献"①。从该报告可以看出，日本此次调整国家安全战略的目的在于：一是确保日本在海外日益扩大的国家经济安全利益，二是为日本发展防卫力量、分担防卫责任寻找政策依据。报告中把日本重新定位为"西方一员"，"把全球的政治、经济与军事安全，作为了与日本国家安全息息相关的一个整体"②，日本对国家安全的"开放性"定义，为日本在地区和世界的安全事务中分担责任提供了依据。

冷战期间，日本与东南亚国家在安全上未发生直接的联系，但"综合安全保障战略"的提出，为日本把东南亚地区纳入日本国家安全防卫范围，及日后插手东南亚地区安全事务埋下了伏笔。"综合安全保障战略"指出日本的安全包括经济安全，而战后日本与东南亚经济关系的发展，到20世纪80年代，日本在东南亚不但拥有庞大的海外经济利益，其域内的马六甲海峡及海上航线更是直接关系到日本的海上运输安全。1981年5月，铃木善幸访问美国时曾表示："至少作为日本庭院的周边海域，日本应该自己保卫，周边海域的数百海里以及关系到海上航线的约1000海里，日本要根据宪法在自卫的范围内加强防卫能力。"③此后中曾根康弘也曾表示为具备1000海里远洋防卫能力，要扩充日本海空力量，确保海上交通线。"1000海里航线"概念实质上是把东南亚海域纳入了日本的防卫范围，为日本防卫在远东地区发挥作用提供了借口。

冷战后期，虽然日本希望通过加快发展防卫力量，在地区安全事务中发挥更大作用，但因受到诸多限制因素的影响，仅仅停留在政策

① 内阁官房内阁审议室分室、内阁总理大臣补佐官室：『総合安全保障戦略：総合安全保障研究グループ（太平総理の政策研究会報告書）』、大蔵省印刷局1980年、37頁。

② 米庆余：《日本近现代外交史》，世界知识出版社2010年版，第421页。

③ 『防衛年鑑』、日本防衛年鑑刊行会1983年、111頁。

构想层面和对美国的经济和技术支持方面，其实际影响范围和力度仍然有限。尽管如此，冷战期间日本防卫力量的发展，为冷战后日本使用军事手段在地区安全事务中发挥作用奠定了基础。冷战结束后，日本开始积极谋求在东南亚地区的安全事务中发挥作用，构建地区安全秩序。

第四节　政策评价

一　冷战期间日本东南亚政策的特征

冷战期间日本的东南亚政策演变，是在东西方冷战的背景下，配合美国的战略需求，结合日本的国家利益，从重建与东南亚关系到不断发展成熟的过程。从其发展阶段来说，战后日本与东南亚的关系，经过20世纪五六十年代的"基础期"，70年代的"调整期"，80年代的"成熟期"，在经济、政治及文化方面已经形成了较为成熟稳定的关系。经过冷战期间30多年的悉心经营，日本在东南亚地区的利益目标从经济一元化发展到包括经济、政治、文化、安全在内的多元化目标，东南亚无论是经济上还是政治上都已经堪称日本的"后院"，成为关乎日本的经济安全利益、政治利益以及战略利益的主要地区。

纵观冷战期间日本的东南亚政策，存在以下几个特征：

第一，发展与东南亚国家的经济关系，确保日本在东南亚的经济利益贯彻政策的始终，实现经济利益在日本对东南亚的政策中占据核心地位，经济实用主义特征明显。不管是五六十年代的战后赔偿、"经济外交"，还是70年代的"福田主义"、80年代的"政治作用""综合安全保障战略"，其政策的根本出发点都是维护日本在东南亚地区重要的经济利益。

第二，在对东南亚外交的策略上，"桥梁外交"贯穿始终，日本将自身定位为"东西方协调"的中介，通过调停纷争、矛盾，谋求提高自身国际地位和外交自主性，扩大影响力。五六十年代作为东西方的桥梁，防止东南亚国家倒向社会主义阵营，70年代作为东盟和印支三国的桥梁，稳定东南亚整体和平的局面，80 年代在柬埔寨问题上，同时展开东盟外交与印支外交，在调整纷争中凸显日本的政治作用。

第三，政策手段综合，主要包括经济、外交和文化手段。冷战期间，日本对东南亚施加影响，经济援助是主要政策手段，外交手段主要体现在与东盟的关系机制建设上，"福田主义"发表以后，日本加大与东南亚国家的文化交流，为构筑"心心相印"的关系，开始重视对东南亚国家的文化渗透。

二　冷战期间日本东南亚政策的成效

冷战期间日本对东南亚的政策可谓是成功的，从战后修复与东南亚关系开始，到 20 世纪 80 年代结束，日本与东南亚已经形成了成熟稳定的伙伴关系。冷战期间日本根据不断变化的国内外环境，适时调整其东南亚政策，在各个发展阶段都取得了较大的成效。

（一）20 世纪五六十年代的政策成效

20 世纪五六十年代日本的东南亚政策，主要围绕两个重心展开，即坚持"经济中心主义"和辅助美国协调东西方关系，防止东南亚地区的"共产化"。具体来说，50 年代政策框架主要是解决战争赔偿问题，实现重返东南亚的目标。60 年代政策框架，则是"在防止共产主义中国对东南亚各国的影响力扩大中形成的"[1]。日本在这一时期的东南亚政策，取得了一些成效，实现了日本的国家利益。主要表现在以下几个方面：

第一，通过解决赔偿问题，日本与东南亚国家建立起密切的经济关系，实现了巨大的经济利益。日本顺利实现重返东南亚，为本国经济发展找到了商品出口市场、能源供应地、原料产地及资本输出地区，促进了经济的极大发展，得以在 1969 年成为资本主义世界第二经济大

---

① ［日］波多野澄雄：『現代日本の東南アジア政策（1950—2005）』、早稲田大学出版部 2007 年、139 頁。

国。这一时期日本与东南亚双边经济关系的发展，为日后发展与东盟的经济关系奠定了基础，东盟成为日本确保实现其经济利益的重点经营地区。

第二，日本与东南亚正式建立了外交关系，以此为契机，日本得以重返国际社会，并在外交活动中采取低姿态策略，小心翼翼寻求日本的政治利益。五六十年代日本基本是"对美一边倒"外交，外交空间有限，在有限的外交空间内，日本将自身定位为东西方桥梁，通过发挥中介作用，在平衡中积极拓展外交活动空间，提高日本的国际地位。通过对东南亚外交，"日本提高了外交的自主性，加强了对美发言权，是日本谋求发挥地区主导作用的开始"①。日本在东南亚的"协调外交"实践，不仅为日本外交积累了经验，并为主导在该地区的多边组织机构构建和推进多边会议进程奠定了基础。

第三，日本以经济手段配合美国的冷战战略，推动东南亚国家向"自由世界"靠拢，间接保障了日本的安全利益。战后，日本将安全防卫置于美国的军事保护之下，集中精力发展经济，但这并非意味着日本忽视国家安全。提出重视经济发展的"吉田路线"的吉田茂本人，在日本的安全保障问题上也未有过任何松懈。1954 年 11 月 4 日，吉田茂在美国外交评议会上发表的演说中阐述了他的安全观："自由亚洲各国间构筑共同防卫体系变得紧急而且必要，然而实现防卫的军事手段，对亚洲的和平与安全来说并不是唯一重要的。如若能使自由亚洲的人们生活水平提高、赋予未来以希望，对亚洲的防卫同盟来说才真正具有弹性吧。"② 由此可见，吉田茂的主张实质是要以经济手段间接实现日本的安全利益，并非将安全保障从属于经济。开发东南亚是经济手段，最终还是为日本的国家安全利益服务。

综上可见，在大国力量角逐的冷战体制下，日本以东南亚为坐标体系，寻求自身在国际社会中的合理定位。正如丸山静雄指出的：

---

① 乔林生：《日本对外政策与东盟》，人民出版社 2006 年版，第 55 页。
② ［日］波多野澄雄：『現代日本の東南アジア政策（1950—2005）』、早稲田大学出版部 2007 年、24 頁。

"日本看东南亚，一是以日本的国家利益为中心来看东南亚，二是从'南北问题'和日本是'亚洲一员'的角度来看这个区域。"① 在这个坐标体系中，日本的外交实践活动可谓是成功的，实现了在该地区的经济、政治和安全利益。可以说："五六十年代日本与东南亚国家修复与改善关系是其对外关系的'基础工程'，七八十年代亚太地区的基本格局就是在这一时期奠定的。"②

（二）70 年代的政策成效

70 年代日本的东南亚政策，较之五六十年代有两方面的沿袭：一方面继续推行以经济援助手段为主的"经济外交"，另一方面继承了作为中介协调的"桥梁外交"。同时亦有两个方面的延展：一是出台"福田主义"，同时推进与东南亚的经济、政治、文化交流关系，关系基础更加稳固；二是重视与东盟交流机制的构建，日本对东南亚的政策重心转变为日本对东盟的政策。

"福田主义"和日本—东盟交流机制的构建，是这一时期日本的东南亚政策的突出成果。"福田主义"的发表，在战后日本与东南亚关系史上具有里程碑意义，它表明日本已将东南亚政策纳入国家对外战略，即"日本不仅要在经济上，而且要在政治和战略上在亚洲发挥作用和影响"③。它既符合日本—东盟关系发展的战略需要，又为以后日本发展与东南亚地区关系和参与东南亚地区事务奠定了基调。直至今日，日本历届首相访问东南亚时，仍然反复强调"福田主义"中的"不做军事大国""心心相印"的伙伴关系等内容。"福田主义"发表后，东盟和国际社会对其评价不一，国际反响巨大。日本—东盟交流机制的构建，拓展了日本与东盟间的对话交流渠道，使双方的声音和意见能够得到及时的表达，密切了双方关系。虽然这些机制不能解决日本—东盟关系中存在的所有问题，但为此后日本—东盟关系的良性

---

① ［日］丸山静雄：《东南亚与日本》，石宇译，上海人民出版社 1974 年版，第 77 页。
② 陈奉林：《冷战时期日本与东南亚国家关系的探索》，《世界历史》2005 年第 1 期。
③ 姚文礼：《简论冷战期间日本对外政策调整》，《日本学刊》1994 年第 1 期。

互动提供了制度保证。①

　　20 世纪 70 年代可谓是日本与东盟关系的"调整期"，在中美苏三国在东南亚地区展开博弈的背景下，日本同时开展经济援助和协调外交，积极调整与东南亚关系中的不和谐音符，积极发展日本与东盟关系。日本与东南亚关系的发展，不但缓解了因五六十年代"经济外交"带来的弊端，一定程度上缓和了东南亚国家对日本"经济侵略"的敌视情绪，并将与东盟的关系从经济为主扩展到包括政治、文化交流在内的更加广泛的领域，保证了日本在东南亚地区的经济利益，提升了日本在东南亚地区的影响力。另外，"福田主义"中提出的"心心相印"的伙伴关系，加强了与东盟国家的文化交流活动，有效改善了东盟各国对日本的印象，为日本与东盟关系的稳定发展提供了社会基础。

（三）20 世纪 80 年代的政策成效

　　20 世纪 80 年代在美苏对立加剧的"新冷战"背景下，由于美国实力的相对衰落，日本在地区事务中的政治作用和安全责任得以被强调。80 年代日本的东南亚政策，最明显的特征是向经济政治并重的方向转变，日本试图在亚太地区发挥政治作用，为实现"政治大国"的战略目标服务。在这一基本外交方向指引下，经济上，通过投资、贸易、援助"三位一体"的方式扩大与东盟各国的经济往来，加深相互之间的经济依存关系；政治上，通过首脑外交和参与解决柬埔寨问题，提升了与东盟的伙伴关系；安全上，以"综合安全保障战略"及海上交通运输线的重要意义为依据，将东南亚海域纳入了日本的防卫范围。可见，从 80 年代开始，日本的东南亚政策超出了重经济的一元性特征，开始细化为经济、政治、安全等多元化领域，日本与东盟的关系在这一时期形成了紧密、成熟的关系。此后日本在东南亚地区的政策经营也更加精细，综合运用多方面资源和力量为日本的国家利益服务。

---

　　①　参见邓仕超《从敌国到全面合作的伙伴：战后东盟—日本关系发展的轨迹》，世界知识出版社 2008 年版，第 81 页。

三 冷战期间日本东南亚政策的局限性

战后日本恢复发展与东南亚的关系，对东南亚地区进行"开发"，出发点虽然是为日本商品寻找出口市场，实现日本的经济利益，但客观上也促进了东南亚地区的经济发展。在与东南亚国家的双边交涉中，日本的低姿态，一定程度上改善了东南亚国家对日本的印象。但同时应该看到，由于日本的"经济至上主义"及日本与东南亚国家因所处发展阶段不同带来的不对等贸易关系，使东南亚国家在国际贸易中处于极其不利的地位，沦为日本的原料产地和商品出口市场，这引起了东南亚国家对日本"经济侵略"的反感和不安。日本《每日新闻》在1970年1月8日登载了一篇泰国对日本经济活动反应的报道，其中评论道："28年前，日本是穿着军装、带着刀枪、唏啦哗啦地闯入泰国的，今天的'日军'，则是用算盘装备起来的。日本经济士兵装备的子弹眼睛看不见，我们正在不知不觉中被日本经济帝国主义的子弹打中——这种不安使泰国人以及东南亚人感到焦虑。"① 日本的"经济至上主义"最终引发了60年代末70年代初东南亚国家的反日浪潮，日本的东南亚政策进入调整期。

到20世纪80年代，经济上日本已经成为东盟最大的投资国、贸易对象和最大的援助国，政治上日本强调要发挥政治作用，安全上加速发展防卫力量，在中曾根内阁时期防卫费突破了1%的限制，并把东南亚海域纳入了日本安全防卫范围。然而，日本的这些举动却并没有像70年代那样在东南亚国家引起激烈的反日运动，相反，东盟国家"期待日本支持东盟立场，在东南亚的安全保障和安定维持上发挥积极的政治作用"②。其中纵然有东盟欲借助日本平衡地区外大国力量的考虑，但总体上80年代东南亚各国对日本的态度明显缓和宽容许多。

---

① ［日］信夫清三郎：《日本外交史》下册，天津社会科学院日本问题研究所，商务印书馆1992年版，第881页。

② 東京国際シンポジウム：『日本とASEAN：太平洋時代へ向けて』、日本国際問題研究所1988年、183頁。

然而，尽管日本强调、东盟认可，但由于日本对发挥政治作用所包含的意义并不十分清晰，而且东盟内部对日本发挥政治作用也存在一定分歧，致使在具体的实践过程中，仍以经济问题为主，日本没有能够将经济实力完全转化为政治优势，在发挥政治作用的具体政策操作上仍存在局限性。

关于日本在军事、安全保障方面作用的增大，东盟各国意见也并非一致。泰国认为日本在安全保障上可以作为美国力量的补充，只要东盟各国不反对，日本可以发挥一些作用，而马来西亚和印度尼西亚两国则反对日本在该地区发挥直接的军事作用。[①] 在 1987 年对东盟 5 国的民意测验中，对"日本是否会成为让人感到威胁的军事大国"的回答，认为会的比率都有所上升，可见，80 年代日本在扩充防卫力量和安全上的主张，引起了东盟国家不同程度的警惕。同时，受到日美同盟体制的制约，日本要在地区防务中发挥作用，空间仍极为有限，主要还是作为美国的战略补充，对美国提供经费及技术方面的支援。

由此可见，冷战期间日本的东南亚政策存在一定的局限性，主要包括以下几个方面：第一，战略的贫困。冷战期间日本发展与东南亚的关系是在美国部署下进行的，作为美国冷战战略的补充力量，受到美国因素严重制约，加之日本为恢复国力，一味追求经济利益，导致在对东南亚的政策上缺乏清晰长远的战略目标。第二，自主外交受限。20 世纪 70 年代，特别是 80 年代以来，日本欲借助东盟作为发挥政治作用的舞台，拓展日本自主外交的空间，承担与经济实力相称的国际责任，但仍未能摆脱冷战体制、日美同盟体制的制约及东南亚国家对日警惕心态，自主外交受到多方面限制和制约。第三，日本在地区的政治作用和安全作用发挥余地有限。80 年代以后，日本力图通过全面支持东盟的做法谋求在地区事务中发挥政治作用和安全保障作用，但在政策实施过程中，并没有具体的实施路径和规划，且受到多方面因

---

① 東京国際シンポジウム：『日本とASEAN：太平洋時代へ向けて』、日本国際問題研究所 1988 年、184—185 頁参照。

素的制约，导致冷战期间日本的东南亚政策主要还是以处理经济方面的问题为主，其政治和安全作用的发挥则多停留在政策构想方面，直到冷战之后才得以逐渐实现。

第 二 章

冷战后日本在东南亚地区发挥
安全作用的初步尝试

苏联解体、东欧剧变，宣告以美苏为首的资本主义阵营与社会主义阵营之间的对立体制结束，世界进入冷战后时代。东西方冷战结束后，世界政治经济格局发生了巨大深刻的变化：政治上，美国成为唯一的超级大国，但因其霸权失势国际政治呈现多极化发展趋势；经济上，区域一体化和经济全球化迅猛发展，国家间的竞争主要表现为以经济为基础的综合国力的较量，经济因素在国际关系中的作用日渐突出，并加深了国与国之间的相互依存关系；安全上，冷战体制的终结与经济全球化的发展，使国际安全环境发生了重大变化，威胁安全的要素从单一的军事威胁向"多元化威胁"[1] 转变，威胁呈现突发性、不确定性、分散化特征。在国际形势剧变和世界新旧格局交替的时代背景下，亚太地区成长为经济发展最具活力的地区，在国际政治、经济中的地位不断提高，成为大国关系角逐的重要舞台。力量格局相对均衡的亚太地区在冷战后保持相对稳定的局面，美国、中国、日本、东盟作为地区内的重要力量，正推动亚太地区秩序实现渐进式变革。

---

[1] 多元化威胁指威胁来源的多元化，主要包括传统安全威胁和非传统安全威胁。传统安全威胁主要指国家面临的军事威胁及威胁国际安全的军事因素，具体的威胁对象可以分为国防问题、领土纠纷、主权问题、国家之间的军事态势等。非传统安全威胁指除传统安全威胁外的其他对主权国家及人类生存与发展构成威胁的因素，主要包括经济安全、金融安全、生态环境安全、信息安全、资源安全、恐怖主义、武器扩散、疾病蔓延、贩毒走私、海盗活动等。传统安全威胁与非传统安全威胁相互交织，相互影响，在一定条件下还会相互转化。

冷战结束后的国际形势与亚太地区政治经济格局变化，为日本构建其在亚太及国际上的身份认同创造了机遇，日本主张以更加积极的姿态在亚太地区及国际社会中，承担"政治大国"的责任和义务。1993 年，小泽一郎在其著作《日本改造计划》中提出"正常国家论"，彻底改变了日本的国家发展战略，把日本从战后"商人国家"的定位改变为具有经济、政治、军事等综合外交能力的政治大国。新的国家定位与国家发展战略选择，使日本在国家安全战略上做出相应的调整，日本要在亚太地区安全格局中发挥主导作用，实现其多重的安全利益。20 世纪 90 年代，日本在东南亚的安全利益，既有冷战期间在该地区安全利益延续的一面，又有冷战后新安全形势下延展的一面，但无论从哪方面来讲，东盟都成为日本实现其安全利益、发挥安全作用的突破口。

第一节　冷战后日本谋求发挥安全
作用的国际背景

一　冷战后的国际形势变化

苏联解体，东欧剧变，使"二战"以来延续了近半个世纪的美苏两个超级大国及其主导下的东西方两大集团的冷战对抗结束。不同于以往以霸权战争结束对抗，从而形成新的国际秩序的历史，冷战终结后国际秩序的变革是在相对缓和的国际环境中进行的，新的国际秩序的形成呈现渐进式变革的特征。正如有学者指出的："国际秩序的演变，不是简单的历史循环，而是在曲折中有前进，在循环中有上升。"[①] 新旧国际秩序的转换，是国际体系内部各种力量此消彼长实现力量均衡的结果，受到诸多因素综合作用的影响，是一个充满博弈、动荡、分化和改组的过程。有国内学者认为："人类将以什么样的国

---

① 吴心伯等：《转型中的亚太地区秩序》，时事出版社 2013 年版，第 25 页。

际新秩序迎接 21 世纪，现在仍然是个未知数。"①

虽然新的国际秩序尚未形成，国际格局走向尚不明朗，但冷战结束后的新时代，不再是单靠一个或两个霸权国家凭借强大实力独自开创新国际秩序的时代，影响国际秩序变迁的要素趋向更加复杂、多元化，冷战后的国际形势已然呈现出不同于以往任何时代的一些特征，这成为一个国家在制定国家总体发展战略和政策时必须权衡与考量的重要因素。

（一）世界多极化与大国关系深刻调整

冷战结束后，国际形势总体上趋向缓和，国际格局走向多极化。国际体系是国际关系结构的一个总框架，它是观察国际关系发展变化的导航器。冷战结束后，以美苏两极对立的国际格局为主要特征的国际体系终结。进入转型期，由大国关系力量对比和实力消长形成的国际格局，成为影响新旧国际体系转换的关键因素。冷战结束，旧国际格局已经终止，新格局尚未形成，但出现了所谓"一超多强"的局面或"一二三五"的多层结构。② 这种力量对比上的多层结构，使国家之间相互制衡。各大力量之间既相互依存、相互合作，又相互排斥、相互竞争，推动着各种力量的分化、组合，最终将会形成总体均衡和相对稳定的国际体系。同时可以预测，这将是各种力量长期博弈、充满合作与竞争的过程，世界主要力量在这场秩序变革中都会抓住机遇，争得"一席之地"。

在上述背景下，冷战后的大国关系也面临深刻调整。按照现实主义理论，国际体系是无政府状态下以国家为主角的权力政治。在这样的国际体系中，"行为体的行为以权力为基础，大国的权力分布对国际秩序的形成起举足轻重的作用"③。即影响国际体系变革的主要是大国之间的关系及权力分布。冷战期间，大国关系表现为美苏两个霸权国家间的全面对抗，是一场一方获益即为另一方受损的"零和游戏"。

---

① 潘忠岐：《世界秩序的历史沿革及其对当代的启示》，《国际政治研究》2002 年第 3 期。

② 参见陈启懋《走向多级格局的世界转型期形势》，《太平洋学报》1995 年第 2 期。

③ 李少军：《国际政治学概论》，上海人民出版社 2009 年版，第 121 页。

冷战后的大国关系较之冷战期间发生了深刻的变化，主要体现在：第一，大国之间"相互防范与制约、相互依存和合作是大国关系的基本内涵"①；第二，大国之间从战略层面考量，致力于建立与其他大国间的战略伙伴关系，大国合作的机制化将逐步形成；第三，大国之间的相互依存与相互制衡，增加了在双边及多边关系中维护各方力量共同利益的需要，大国关系已经不是冷战时期的"零和"概念，"多极化时代的大国关系在许多场合是一损俱损，而通过合作可以共同得益"②。世界秩序是依据国际力量对比关系来确定大国之间的权力和利益分配格局，面对新的国际形势特点，大国只有理智根据自身综合国力情况合理定位，在追求国家利益的同时不损害国际社会共同利益，才是符合时代潮流的选择。

（二）经济因素作用显著上升

冷战后国际形势的另一突出特征是经济因素在国际关系领域的作用显著上升。冷战及冷战的结果使各国清醒地认识到：国家的生存与发展，国家在国际社会中的地位、作用和影响力，不再单纯取决于一国军事力量的强弱，而是取决于以经济为基础的综合国力的较量。因此，各国都把经济利益放在对外政策的首要位置，为本国经济发展创造良好的国际国内环境。经济因素在国际关系中的作用愈加重要，主要体现在两个方面：

第一，随着各国把国家发展战略重点转向经济领域，各类型国家经济实力的消长成为国际关系的经济基础，世界经济力量向多元化发展。一方面，美国、西欧和日本仍旧是最发达的资本主义国家，在世界经济体系中处于主导地位，对世界经济的发展产生举足轻重的影响；另一方面，第三世界国家经济发展迅速，尤其是进入90年代以来，第三世界许多国家经济得以恢复和发展，"国际社会认为发展中国家已

---

① 倪世雄、赵曙光：《国际形势的变化与世界秩序的重建》，《吉林大学社会科学学报》2010 年第 1 期。

② 陈佩尧：《亚太地区的大国关系与中国》，《中山大学学报》1997 年第 5 期。

经成为世界经济中一支强大的力量"①。随着第三世界国家力量的发展壮大，对国际事务的发言权也将进一步增大。在世界经济力量走向多元化、均衡化的形势下，加大了一国在国际事务中"为所欲为"的经济政治成本，强行将一国意志强加于他国的做法将越来越难以行得通，经济利益的相互制约使国际关系变得更加错综复杂。

第二，经济全球化与区域经济集团化同时发展，既加深了国与国之间的相互依存关系，又强化了国际组织的政治功能，促进了国际政治与世界经济间的互动与渗透，但同时也模糊了两者间的界限，导致国际政治经济化和世界经济政治化。20 世纪 80 年代中期以后，世界经济一体化进入了重新高涨并加速发展的新时期，"西欧、北美、亚太等地区的区域性一体化获得了实质性进展"②。1993 年 11 月 1 日，《马斯特里赫特条约》正式生效，欧盟正式诞生。1994 年 1 月，北美自由贸易区成立。在西欧和北美区域经济集团化的推动下，亚太地区虽未形成制度化的经济合作组织，但对地区经济合作的要求日趋强烈。1989 年 11 月在澳大利亚堪培拉举行首届"亚洲太平洋经济合作部长级会议"③，1994 年印度尼西亚茂物会议上，与会各国领导人发表了《共同决心宣言》，"规定了亚太地区贸易和投资自由化的原则及实施时间表"④，切实推进亚太地区的一体化进程。区域经济集团化促使资金、服务以及人员在集团内自由流动，加深了成员国间的国际分工和相互依存，同时增强了这些国际经济组织在重大国际问题上的政治干预能力。

与区域经济集团化同时进行的是经济全球化进程。经济全球化最早由特莱维于 1985 年提出，冷战后这一提法被广泛应用。国际货币基金组织认为，经济全球化是指跨国商品与贸易及资本流动规模和形式的增加，以及技术的广泛迅速传播使世界各国经济的相互依赖性增强。

---

① 王和兴：《从世界经济角度看冷战后的国际形势》，《国际问题研究》1995 年第 2 期。
② 辛琪：《世界经济全球化趋势与我国的战略对策》，《世界经济研究》1997 年第 1 期。
③ 1993 年 6 月改名为亚太经合组织，后发展为亚太地区最具影响力的经济合作官方论坛。
④ 王和兴：《从世界经济角度看冷战后的国际形势》，《国际问题研究》1995 年第 2 期。

经济全球化使生产要素跨越国界，在全球范围内自由流动，加速了各国、各地区间相互融合，这是冷战结束以来世界经济最重要的特征之一。尤其是 20 世纪 90 年代以来，以信息技术革命为中心的高新技术迅猛发展，对世界各国经济、政治、军事及文化方面都造成了全面而深刻的影响，任何国家都无法避免全球化带来的冲击，世界各国同时面临经济全球化带来的机遇和挑战。有学者指出，"经济全球化进程实际上是一个大规模经济实力和政治权力再分配的过程"①，国家能否在全球化过程中抓住机遇，在世界经济发展和国际竞争中占据有利地位，对国家的生存和发展起到至关重要的作用。

经济全球化对国际政治及国际关系产生了重要影响。具体来说：一是经济因素在国际政治中的作用表现更为直接，经济利益最大化成为各国对外政策的根本出发点，经济手段成为某些资本主义强国实现国际政治目的的主要手段；二是经济全球化使国家在处理国际关系问题时，除考虑国家利益外，同时不能忽视国家间的共同利益，这种共同利益不仅表现在经济领域，还扩展到政治、安全等其他领域，随着国家间经济相互依存加深，"一荣俱荣一损俱损"的局面开始形成，共同地区利益和全球利益明显增多，国际关系更加错综复杂；三是经济全球化使国际安全内涵发生了变化，安全从传统安全领域扩展到包括经济安全、环境恶化、疾病蔓延、跨国犯罪、移民浪潮、恐怖主义等在内的非传统安全，增加了国际安全合作的紧迫性；四是经济全球化使国际组织作用增强，对规范国家行为和促进国际关系的良性发展产生了积极的作用。经济全球化催生了一批协商地区问题或全球问题的国际组织，这些国际组织和国际规则的不断发展、充实和完善，对大国和"问题国家"的约束将得到增强，在一定程度上促使国际体系以渐进式逐步完成变革。

（三）国际安全形势变化

冷战时期，在美苏领导的两大集团对峙下，国家安全被认为面临

---

① ［英］施瓦布·斯马杰：《经济全球化的影响》，《书报简讯》1996 年第 15 期。

的主要威胁是军事和政治威胁，实现安全的手段主要靠军事手段。冷战结束后，国际安全形势发生了根本的变化，和平与发展成为时代的主题，局部战争和地区冲突固然难以避免，但已成明显的下降趋势，传统的军事威胁系数大大降低，各国不再将应对军事威胁而进行扩军备战置为国家安全战略的首位。随着国际安全环境的变化，经济全球化的发展，安全的内涵突破了以军事威胁为主要内容的传统概念，有了明显的扩展和延伸。

1. 安全主体扩大化

在传统的安全威胁中，安全的主体是国家。在新的安全概念和安全理论中，安全的主体至少要包括个人、国家、地区、世界和非政府组织。[①] 安全主体的变化主要归因于世界经济政治的发展和经济全球化，是威胁源多样化的必然结果。主张安全主体的扩大化有一定的现实意义，但就现实的国际政治环境来讲，国家仍然是最主要的安全主体，国家之间在诸多领域的安全博弈与合作仍然是国际安全关系的主要内容。

2. 安全内容的多元化、综合化

冷战后的国家安全问题，从军事领域扩展到了经济、政治、金融、资源、文化、科技、社会、环境、信息等各个领域，且相互渗透、相互影响，任何一个领域出现问题都有可能造成对国家安全的重大威胁。可以说，"所有问题都附属于军事安全的时代不复存在"[②]，安全威胁多元化、综合化是冷战后安全形势的主要特征。

其中，"经济安全"[③] 成为国家安全的重要内容，在国际安全中的地位日益突出。两极格局瓦解后，国家间的竞争表现为以科技为先导，以经济为基础的综合国力的较量。经济实力成为决定一国国际地位的

---

① 参见王逸舟《论综合安全》，《世界经济与政治》1998 年第 4 期。

② ［美］罗伯特·基欧汉、约瑟夫·奈：《权力与相互依赖》，门洪华译，北京大学出版社 2002 年版，第 27 页。

③ 所谓经济安全，其含义就是保障国家经济（包括科技）发展战略诸要素的安全，在参与国际竞争和经济合作中维护国家利益和争取优势地位，特别是保护本国市场和开拓国际市场。——引自何方《当前的国际安全形势》，《现代国际关系》1995 年第 11 期。

首要因素，经济利益成为国家优先考虑的根本利益。经济安全地位的凸显，给国际安全形势和国际关系带来了两个方面的影响：一是造成矛盾和紧张。随着经济全球化的发展，国际分工和世界市场体系的扩大，少数资本主义大国以经济利益遍布世界为由，在维护本国经济安全的名义下，或肆意干涉他国或地区安全事务，或激烈争夺资源和市场导致国际关系出现紧张局势，使"维护经济安全的斗争成为国际斗争的主要内容"[①]；二是达成合作与共识。经济全球化虽然为各国在经济安全领域展开广泛的协调与合作提供了广阔的前景，但同时造成国际社会相互依存日益加深，加剧了国家间关系的脆弱性与敏感性。在此背景下，各国认识到建立国际合作制度和规则的必要性，在地区甚至全球范围内构筑利于经济安全的制度框架方面基本达成共识。

另外，非传统安全威胁给国家及世界安全造成极大的冲击，呈愈演愈烈之势。经济全球化的负面效应，是带来了诸如金融危机、环境污染、核扩散、恐怖主义、国际犯罪、海盗、疾病蔓延、毒品走私等一系列非传统安全问题，使安全威胁呈现突发性、不确定性、分散化特征。

然而，尽管冷战后国家安全增添了许多新的内容，经济因素作用凸显，但从1995年以来国际关系的实践看，传统意义上的战略安全考虑在国家制定跨世纪的国际战略中仍然是首要的因素。[②] 在无政府的国际社会中，生存与安全始终是国家制定对外战略时要考虑的首要因素。安全形势的变化虽然一定程度上缓和了国家在安全问题上的"零和"思维模式，但"安全的核心仍然是与国家生存与发展相关的战略与政治军事范畴"[③]。经济全球化的发展，虽然增加了国家间的共同利益，使国家达成了一定程度和范围内的安全合作，但国际关系的现实是，主权国家仍是国际安全的主体，涉及国家生存与发展的核心安全利益，仍是国家制定安全战略和安全政策的根本出发点，如何协调好国家利益与国际共同利益考验着各国领导人和执政者的智慧。

---

① 何方：《当前的国际安全形势》，《现代国际关系》1995年第11期。
② 参见祁玫《简析大国关系中政治和安全因素》，《世界经济与政治》1998年第2期。
③ 李怀义：《亚太安全：概念与模式》，《国际政治研究》2000年第4期。

3. 安全模式、手段的变化

20 世纪 80 年代开始，尤其是冷战结束以后，随着国际安全形势的变化，安全主体的扩大和安全内容的延展，国家维护安全的模式和手段也发生了变化。

冷战结束后，出现了一种新的安全模式，合作安全。合作安全最早由加拿大外长约·克拉克于 1990 年 9 月在联合国大会上提出。1993 年 9 月，澳大利亚外长埃文斯在联合国发表演讲时阐述了合作安全概念。埃文斯指出："合作安全是一种广泛的安全取向，强调确保而非威慑；是包容性的而非排斥性的；喜好多边主义胜于双边主义；在军事解决办法和非军事解决办法之间并不偏爱前者；认为国家是安全体系中的主要行为者，但也接受非国家行为者扮演重要的角色；强调在多边基础上形成'对话的习惯'。"① 合作安全较之以联合国为代表的集体安全更适合冷战后的国际形势，究其原因主要在于：合作安全是一个相对宽泛、灵活的概念，它承认国家利益既相互冲突又相互依存的事实，承认国际社会囊括大小强弱层次不等的国家，讨论的议题可以广泛包括高级政治和低级政治，强调通过协商与对话达成最大公约数的合作，比联合国的大国一致原则更符合冷战后变化的国际安全形势。冷战后，基于这一模式的安全机制得到迅速发展，成为处理国与国之间关系和维护安全利益的新模式。

在维护安全的手段上，也出现了不同于以往的显著变化。面对国际安全问题中出现的经济与金融安全、恐怖主义等非传统安全，把安全完全等同于军事安全的思维模式已经过时，仅仅依靠国家权力与军事手段维护安全难以奏效，综合运用包括经济、政治、外交、军事、文化等在内的国家力量维护安全成为国际社会的一致共识。

二　冷战后亚太安全形势变化

冷战后，亚太地区的政治、经济和安全形势发生了巨大的变化。

---

① 参见尹桂云《合作安全：亚太地区可行的安全模式选择》，《当代亚太》1999 年第 10 期。

经济上，20 世纪 80 年代后期以来，亚太地区经济持续高速增长，是世界上经济发展最具活力的地区，成为世界主要大国利益交汇地区，地区内各国的经济合作加深了各国间的相互依赖，为地区安全稳定奠定了物质基础；政治上，美苏两极政治格局瓦解，形成美国、中国、日本、俄罗斯及东盟五大力量相互合作、相互竞争的地区力量平衡局面，推动了亚太地区政治多极化的发展；安全上，和平、稳定与发展是亚太地区安全形势的主流，国际关系的主旋律从军事对抗转变为经济合作与竞争，然而国际社会没有绝对的安全，冷战后亚太地区的安全问题较之冷战期间更加错综复杂，一方面存在冷战遗留下的"旧问题"，另一方面面临全球化与经济发展带来的"新问题"，同时还存在因地缘战略竞争带来的安全隐患，这些问题在一定条件下都可能会对地区稳定局面造成巨大冲击。

（一）冷战后亚太地区安全环境变化

冷战结束后，两极对峙格局结束，亚太地区的安全环境总体上从军事对抗走向相对和平与稳定，地区内的国际对立关系或实现正常化，或走向缓和，热点问题也逐渐降温，各国都把国家战略重点调整到提高以经济为基础的综合国力上，形成了既对立又合作、既相互竞争又相互依赖的局面。然而，在总体局面相对稳定的情况下，亚太地区也存在一些潜在威胁和不稳定要素，归结起来，主要包括三个层次上的安全问题。

一是历史和冷战遗留问题。在亚太地区，一方面存在有关领土、岛屿以及海洋疆界的划分和归属等历史长期遗留的争端问题，如中日关于钓鱼岛的争端、日韩关于竹岛之争、中国南海诸岛的主权纷争、日俄关于北方四岛的归属争端；另一方面存在冷战遗留下的问题，如朝鲜半岛问题和台湾问题。这些遗留问题多为涉及国家核心利益的领土、领海主权和海洋权益问题，直接影响国家的军事、政治安全，间接威胁亚太地区的安全稳定。在这些问题上处理不当，有可能引起各国间的相互猜忌和军事对抗。

二是国家地缘战略竞争引起的安全利益冲突问题。从地缘政治上看，"亚太地区可以说是世界主要大国战略利益的交汇处"①。冷战后，亚太地区基本形成了以美中日俄和东盟为主要力量的地缘安全战略态势，任何一方基于国家安全利益进行的安全战略调整，都会引起其他各方的关注并对本国安全战略进行相应调整。随着地区内各国经济相互依存态势的加强，各国间的安全利益有重合相近的部分，但仍不能忽视对立冲突的部分。在地缘战略上，美国从其维持霸权的全球战略出发，谋求成为构筑亚太地区安全框架的主导力量；日本的亚太战略是以强大的经济实力为基础，加快迈向政治大国的步伐，推动亚太地区的政治经济及安全体系向利于日本的方向发展；中国凭借经济的高速发展逐渐崛起为地区内大国，对亚太地区事务的影响力不断增强；俄罗斯的亚太战略目标则是"一方面重新确立在亚太地区的大国地位，维护自身的经济和安全利益，另一方面把'亚太外交'作为'美欧外交'的平衡，在战略上对美欧进行牵制，抗衡美国力图削弱俄罗斯的企图"②；东盟主要是利用大国间的相互制衡关系，通过积极推动地区安全对话以提高在亚太地区的发言权和影响力。冷战后，各大力量在该地区的战略意图和目标各有不同，尤其是相互间关系处于调整期，极有可能"会不时因矛盾、分歧突出或由于一些'不确定因素'和未来预期性估价不同，而出现起伏和波折"③，成为影响地区安全的潜在威胁。

三是全球化带来的非传统安全问题。冷战后，全球化的发展与相互依赖的加强及跨国性安全问题的涌现，给亚太地区的安全带来了新的挑战。亚太地区的非传统安全威胁大致可以分为三类：一、是自然灾害，包括各种地质灾害及流行疾病威胁；二、人类自身对社会造成的威胁，包括跨国犯罪、毒品走私、恐怖主义、海盗、金融危机等威

---

① 禹锡熙：《冷战后中美日三边关系的变化与亚太地区安全》，《国际政治研究》2000 年第 3 期。

② 俞晓秋：《大国关系与冷战后的亚太地区安全形势》，《世界经济与政治》1997 年第 12 期。

③ 同上。

胁；三、人类利用自然不当造成的威胁，包括环境污染、生态破坏及资源短缺等威胁。非传统安全问题严重影响亚太地区的经济社会稳定，客观上推动了亚太国家的多边安全合作。

综上可见，冷战后亚太地区的安全环境呈现出多层次性、复杂性和多样化的特点。安全环境是动态的、不断变化发展的过程，随着国际社会力量对比和权力结构的发展变化，安全问题的严重性和紧迫程度会出现阶段性的上升或下降。在大国势力相对均衡的形势下，威胁国际社会共同利益的非传统安全问题就有可能会成为主要威胁，那么国家间要求合作的呼声就高，安全环境相对良好；反之，在地区内出现某国力量迅速壮大、某国大幅调整安全战略、某国谋求地区霸权扩张安全利益等情况下，作为潜在威胁的遗留问题和领土争端问题就有可能迅速上升为地区的不安定因素，从而引起相关国家借机扩张军事安全利益，对地区安全造成严重威胁。因此，亚太地区的安全实现，势必是一个长期复杂的、充满矛盾与斗争、缓和与动荡不断反复的过程。

（二）冷战后亚太地区的大国关系

亚太地区的安全形势，与大国力量对比和大国之间的关系息息相关。早在70年代，亚太地区的多极化就已经出现，形成了"中、美、苏、日四大力量相互制约的局面"[1]，成为影响亚太地区安全形势的主要变量。冷战结束后，亚太地区多极化不断发展，大国关系愈加复杂化。

从国家实力看，亚太地区的大国力量对比有所变化。美国在冷战后实力虽有所下降，但在地区内仍然是最有影响力的国家，尤其是通过加强与日本、韩国、澳大利亚、菲律宾等国的军事同盟关系，对亚太地区的军事安全具有举足轻重的影响力；日本则凭借强大的经济实力，逐渐确立了在地区内的大国地位，通过经济

---

[1] 张蕴岭：《合作还是对抗——冷战后的中国、美国和日本》，中国社会科学出版社1997年版，第96—97页。

援助及外交手段对亚太地区的安全产生影响；中国经济保持高速增长，在地区内的影响力不断增强；俄罗斯因国内经济不稳定和政局动荡，在地区内的影响力明显下降。大国综合国力强弱与力量对比的此消彼长，是影响亚太地区安全形势变化的主要变量，各国在冷战后加快提高本国以经济为基础的综合国力也是出于在地区内占据优势地位的战略考量。

从大国间关系看，冷战后，中美日三边关系成为制约亚太地区安全形势走向的主要权力框架。冷战后初期，中美关系、中日关系不确定，日美关系相对稳定但需要时间调整，任何一对双边关系的变化都会影响另外两对双边关系的变化，对地区安全形势产生影响。在中美日三边关系中，如果其中一方能够与其他两方都保持相对友好关系，那么这一方占据中心位置的可能性就高，获益也会较为丰厚，同样在地区安全事务中的发言权也会相对提高。冷战结束后初期，日本相对于中美两国，更愿意同时保持与中美两国的友好关系，在地区大国战略关系中获益。进入 21 世纪后，随着大国力量对比变化及国际环境的变化，中美日三国之间的战略关系不断调整，既存在竞争对抗的一面，又存在相互合作的一面，三边关系保持良性互动，将对亚太地区的稳定与发展起到积极的促进作用，反之，则对地区安全造成重大冲击。正如有学者指出的："在关系到亚太地区当前形势和未来格局发展的主要力量中，在很大程度上取决于美、日、中三大力量及相互关系的演变。"①

（三）冷战后亚太地区的安全模式

根据上述亚太安全形势的分析可见，亚太地区的安全环境既有历史原因造成的遗留问题，又有新形势发展造成的现实问题，同时还受到地区内大国战略利益竞争造成的不安定因素影响。冷战后的亚太地区安全呈现出多层次、多元化、复杂性、潜在性等诸多特征。面对复杂的地区安全环境，对冷战后亚太地区安全模式的选择，各国也表现

---

① 李五一：《大国关系与未来中国》，中国社会科学出版社 2002 年版，第 398 页。

出不同的倾向性。

冷战期间的安全模式主要表现为两大军事集团间的对峙。冷战后以苏联为首的军事集团的解体，并没有带来以美国为首的军事集团的解散，反而不断扩大和强化。北约东扩和日美同盟"再定义"使各自的防卫范围都得到扩大，成为美国维护其霸权战略的重要工具。同样，关于亚太的安全保障，美国强调依靠其主导的军事同盟。美国在1994年7月发表的《国家安全战略》报告中指出："我们同日本、韩国、澳大利亚、泰国和菲律宾等盟国良好的双边（同盟）关系以及美国继续承担在那里驻军的义务将为美国在亚太地区发挥安全方面的作用奠定基础。"① 随着冷战后国际安全形势的变化，美国不得不把参与多边安全合作作为地区安全的一个重要方面，但基本限于非传统安全领域，双边军事同盟始终是其实现安全利益的主要选择。

尽管如此，亚太地区的多边安全合作在冷战后仍得到了积极发展，这主要得益于东盟的倡导和推动。东盟是亚太多边安全合作的积极倡导者，东盟利用地区外大国美国、中国、日本在安全问题上的困境和矛盾，有效运用地区安全合作机制——东盟地区论坛来推动亚太多边安全合作，并增强其在亚太安全问题上的发言权。中国和俄罗斯对多边安全合作由起初的保留态度逐渐变得积极，支持东盟主导下的多边安全合作的开展。日本的态度起初也比较消极，但基于本国发展战略和日美同盟的变化，日本欲在亚太地区政治和安全发面发挥更大的作用，态度也变得积极。但同时应该看到，冷战后日本并没有改变"以日美同盟为安全基轴"的基本认识，在亚太安全模式上，日本亦主张日美同盟为主，多边安全合作为辅。

冷战后，亚太地区的安全保障，主要围绕是依靠双边军事同盟、还是依靠多边安全合作这两种模式展开竞争。两种安全模式其实是两

---

① The White House, "A National Security Strategy of Engagement and Enlargement"，转引自钱文荣《双边军事同盟与多边安全合作的关系》，《太平洋学报》1998年第3期。

种安全观的体现，前者明显带有冷战思维印记，后者是更符合时代发展潮流的合作安全思维。正如有学者指出的："冷战后的亚太地区，一直存在着两种安全观和安全模式的竞争，那就是以美国为核心的双边和多边军事同盟与东盟地区论坛为代表的多边安全合作。"① 不难预测，在亚太地区秩序未定之前，两种模式的竞争还会存在较长一段时期。随着地区安全形势的发展，地区内各国逐渐认识到多边安全合作的重要性，认识到很多安全问题靠军事力量无法解决，需要多国加强合作才能实现安全。但同时应该看到，虽然多数国家主张发展多边安全合作，但并不认为多边安全合作可以取代军事同盟，多边安全合作因其自身的局限性和不完善性，并不能解决因传统安全威胁和大国战略对抗带来的军事威胁，因此不少国家认为军事同盟仍然是最可靠的安全保障。所以目前无论哪种安全模式都或多或少存在一些缺陷，仍需要进一步完善与整合。

三　冷战后的东南亚安全格局变化

1989 年马耳他会谈后，东南亚的安全形势发生了重大变化，面临重建地区秩序的新的课题。东南亚地区安全格局的变化主要包括三个方面：一是从地缘战略格局上看，苏联解体、美军撤退引起新的权力不平衡和"权力真空"②，美苏中三角权力平衡状态向中美日三边关系过渡；二是东盟自身的自律性和"坚韧性"不断提高，并发展为囊括东南亚十国在内的"大东盟"，成长为地区内一支重要的政治力量。冷战后东盟通过组建东盟地区论坛和推行"大国平衡"战略，希望靠自己的力量填补"权力真空"，把东南亚建成和平、自由的中立地带，不断增大在地区安全事务中的发言权；三是日本与东盟在相互的对外战略中地位不断提升。日本得益于冷战期间与东盟建立

---

① 钱文荣：《双边军事同盟与多边安全合作的关系》，《太平洋学报》1998 年第 3 期。

② 1989 年末由新加坡领导人提出的"权力真空论"，是一种政治意义极强的言论，作为一种新的"威胁论"备受关注，即受美苏军事力量撤退的影响，印度、中国、日本会"进出"东南亚。此后这种威胁论被"中国威胁论"取代。

起的密切的经济关系，以及凭借冷战期间积累的协调东盟与印支关系的"桥梁政策"的外交经验，为实现"大国化"的政治目标，欲以东南亚为跳板在地区安全事务中发挥主导作用，而东盟则欲借助日本的力量促成地区外大国（主要是中美）的权力制约，并将其作为平衡东南亚军事态势的一个筹码，希望日本能够在该地区发挥更重要的作用。

（一）美苏中三角关系向中美日三边关系过渡

三角关系最早由英国学派代表人物马丁·怀特在其 1977 年的著作《国家体系》中提出。马丁·怀特认为，在国际政治中是否构成一个三角关系，要满足以下三方面的条件：第一，三国中任何一国在与另一国的关系中，都会顾虑到第三国；第二，当合作关系从一国改变为另一国时，任何一国的政治、军事力量都足以改变战略平衡；第三，任何一国都不与其他两国中的任何一国保持稳定且永久的合作关系。在战略三角关系中，与相互不友好的两国都保持友好关系的国家，则成为三角关系中的中心国家，能够占据战略优势地位。由于马丁·怀特对三角关系的限定被认为过于严苛，存在明显的缺陷，现实世界中难以存在"理想型"的三角关系模式，之后，美国学者格厄尔·迪特默 1981 年在其著作《世界政治》中对三角关系模式做出了更为细致的分析和界定。他将三角关系模式分为了"三人共处"式、"浪漫婚姻"式、"稳定婚姻"式和"单位否决"型。在此基础上，一些学者对国际政治中的三角关系各自从不同角度尝试作过一些探讨，并通过实例进行了分析，但三角关系理论目前仍处于摸索阶段，并未形成完善的理论体系，对三角关系的界定也未形成明确的结论。尽管如此，三角关系理论所构建的认识框架，却为我们分析大国间博弈和战略互动提供了一个新的视角。

冷战终结宣告了美苏中三角关系的结束。关于冷战后在东南亚地区及亚太地区是否存在新的三角关系，国内外学者众说纷纭。日本学者须藤季夫含糊指出："如果在冷战结束后，东南亚依然存在大国关系的话，那将是美、中、日新的三角关系。"① 中国一些学者则认为，三角关系的提法是基于权力政治，以三个"角"各自的权力对抗和利益角逐为出发点，但冷战后大国间不再是纯粹"零和"对抗的关系，而是由于相互间共同利益增多，已经转变为一种既相互竞争又相互合作的态势，因此用强调"边"的三边关系的概念更符合国际政治的现实。② 中国学者任晓等认为中美日三边关系可视为初级的或不甚严格的三角关系，三角关系是高级的三边关系。因此，国内更趋向于将中美日界定为三边关系，用相关实例对中美日三边关系的演变和战略互动进行深入的剖析。本书基本认可中国学者的看法，认为冷战后在东南亚地区及亚太地区，构成中美日三边关系。这种三边关系在 20 世纪 90 年代初步形成，进入 21 世纪后不断深化和发展。中美日三边关系的演变和战略互动作为影响地区安全形势的一个重要因素，对地区安全格局产生举足轻重的影响。未来中美日三边关系是否会上升为三角关系，既与每个国家的国家实力和利益追求有关，同时受到三边互动关系态势的影响。不管如何，这都将是一个长期且复杂的过程。

（二）东盟的发展

东盟自 1967 年成立以后，经过 20 世纪七八十年代的发展，不仅实现了经济的高速增长，而且通过展开成果显著的"东盟外交"，在解决地区事务中的作用不断增大。90 年代以后，东盟进入扩大发展期，成长为一个成熟的国际组织，在冷战后亚太地区的区域合作中开始显示出中心作用。主要表现在三个方面：一是横向上扩大组织，完成"大东盟"的组织框架；二是纵向上实现经济合作多元化，加强了各国间在政治、经济、军事领域的合作，使东盟更具"坚韧性"；三是在处理与地区外大国关系上，理念和手段更加成熟，通过

---

① ［日］須藤季夫：『東南アジア国際関係の構図——理論地域学をめざして』、勁草書房 1996 年、170 頁。

② 参见刘卫东《21 世纪中美日三边关系》，中国社会科学出版社 2014 年版，第 32—33 页。

制度化建设平衡地区外大国的影响，在地区安全框架构建中开始发挥主导作用。

首先，东盟组织的扩大，为东盟在地区发挥更大的作用提供了组织基础。冷战时期，东南亚国家暴露出受地区外大国政策深刻影响的脆弱性，越南战争以后，东南亚出现大陆部的社会主义国家和岛屿部的资本主义国家的两极化，长期对立。冷战终结，使原来基于美苏对抗的意识形态对立弱化，东盟与印支三国的关系得以大幅度改善。随着地区主义的发展，"大东盟"意识呼之欲出。1995 年越南加入东盟，随后老挝（1997 年）、缅甸（1997 年）、柬埔寨（1999 年）先后加入东盟，东盟成为涵盖整个东南亚地区的组织。

其次，东盟的经济发展，以及东盟各国在各个领域的合作，使东盟实现了纵深方向上的延伸，东盟的"坚韧性"显著增强。1979—1989 年，东盟各国在这一时期，在日本"雁形战略"模式带动下，实现了经济的高速增长，在经济领域成为第三世界的典范。冷战结束以后，随着东南亚地区大国对立影响因素的下降，地区内各国更加重视经济合作与发展，积极推进区域内的经济合作构想。1990 年 12 月，马来西亚总理马哈蒂尔倡导建立"东亚经济集团"（EAEG），但因遭到美国、澳大利亚等国反对未能实现。1997 年东亚金融危机爆发以后，东盟倡导下的东亚经济合作构想进入实质性探讨阶段。除经济合作外，东盟各国在政治、安全等方面的联系也更加密切。1994 年 ARF 成立，促进了地区内的安全合作和相互信赖。正如日本学者指出的，"ARF 虽然是一个松散的协商机构，但各国通过这一平台开始摸索最大公约数的地区合作政策"①。

最后，东盟在处理与大国的关系上，开始显示出更多的自主性。冷战期间，东盟受到大国关系的强烈影响，沦为东西冷战的试验场。在东西对抗的夹缝中，东盟开始思索如何平衡地区外大

---

① ［日］山影进：『ASEANパワー：アジア太平洋の中核へ』、東京大学出版会 1997 年、311 頁。

国的影响，争取相对宽松的国际政治和安全环境。1979—1989 年，东盟利用对话国关系、联合国，展开了成果显著的"东盟外交"，在成功解决柬埔寨纷争中发挥了主导作用。冷战后，东盟适应新的大国关系，一方面，有效利用《东南亚友好合作条约》；另一方面，利用与地区外大国的对话制度和扩大外长会议，通过多边协调的制度构建弹性应对地区外大国影响，平衡大国关系。在国家及地区的安全问题上，东盟的做法明显更加主动和外向。1991 年，美军基地全面从菲律宾撤出，东盟国家认识到在安全保障方面进行合作的必要性，采取了不同于以往的军事现代化路线，开始了由重视国内治安到重视领海防卫的战略转换。在安全问题上，东盟的"外向型"倾向具体表现在：增强超出东盟各国自卫范围的军事力量、尝试多国间军事合作、通过地区论坛实现安全网络的组织化及签署非核地带条约等多方面。

　　如上所述，冷战后，东盟由于国际环境变化及自身力量的壮大，在国际社会中的发言权明显增强，加之其地理位置特殊，在大国的对外政策中东盟占据重要的战略地位。这一点从冷战后中美日的东盟外交中就可窥见一斑。当然，东盟还存在依赖区域外大国的一面，但可以预见，东盟"在亚洲太平洋合作制度化过程中显示出的中心作用，今后将会向强化外向化方向发展"①。从冷战后期开始，在东南亚地区已经开始出现从国际战略格局深刻制约地区战略关系的局面，逐渐向东南亚各国对上位体系保持相对独立性的局面的推移。在这个过程中，作为中间权力的东盟，在地区作用不断增强，可以说，今后东盟对中美日在亚太地区的三边关系及亚太地区安全战略格局的变化产生的影响将会越来越大。

---

　　① ［日］須藤季夫：『東南アジア国際関係の構図——理論地域学をめざして』、勁草書房 1996 年、94 頁。

第二节　冷战后日本谋求发挥安全作用的国内因素

一　冷战后日本国家战略目标的确立

国家战略，是指为实现国家总目标而制定的总体性战略概括。国家战略的制定和实施，涉及对形势的判断和自我定位、国家核心利益界定、战略目标的确立和实现路径等关键要素。战后，日本的国家战略经历了三个演变阶段：战后至20世纪70年代以"吉田路线"为导向的"经济中心主义"发展阶段；80年代至90年代中期"正常国家化"战略目标清晰化阶段；90年代中期以后至今，切实推进"正常国家化"阶段。[①]

战后日本国家战略的演变，伴随着日本在国际社会中自我定位和身份构建逐渐清晰化的过程，同时伴随着日本核心利益界定趋于扩大化的过程。战后初期，日本的核心利益是恢复和发展经济，重返国际社会。以吉田茂为代表的战略精英分析利弊，将日本定位为通商国家，最终确立了以经济为中心的国家发展战略。之后得益于国际社会的冷战环境，日本经济得以迅速恢复和发展。实现经济发展的日本在美国的军事保护下，谨慎探求可以发挥日本作用的有限的外交空间。但是，以经济发展为中心的"吉田路线"虽然促进了日本经济的腾飞，却不能解决日本经济腾飞后何去何从的问题，显示出在国家长远发展战略构想上的贫困。由此，从20世纪80年代开始，日本以强大的经济实力为后盾，开始明确提出要思索日本国家身份和发展方向问题。1985年，时任日本首相中曾根康弘明确提出要进行"战后政治总决算"，使日本成为"政治大国"，指出"作为国家的长远目标，应当追求实现自我。这是更为理想的生存方式，实现独立，维护安全和追求给予

---

① 参见杨伯江《战后70年日本国家战略的发展演变》，《日本学刊》2015年第5期。

国际责任意识的自我实现"①。可见，日本开始将"自我实现"纳入国家核心利益范畴。尽管如此，这一时期日本的国家战略仍仅停留在战略构想阶段，缺乏对战略体系的完整设计和对战略实现路径的明确规划。

　　冷战结束后，日本才真正开始走上重构国家身份，并寻求国际社会认同的路程。冷战后，"吉田路线"分化为两种立场："一是继续以和平的国际协调的经济国家为中心的立场；二是重视日美同盟，致力于修改宪法和行使集体自卫权，与美国共同维持秩序的立场。"② 事实证明，后者逐渐成为日本对外战略理念的主流舆论。集中阐述冷战后日本新的国家身份诉求的是 1993 年小泽一郎在《日本改造计划》中提出的"正常国家论"，小泽一郎主张摆脱战后以来的"战败国"身份和战后体制，使日本成为与其他发达国家平起平坐的"正常国家"，在国际上发挥与其国家经济实力相称的政治和军事作用。③ 这象征着日本对战后国家身份和对外发展战略从模糊走向清晰。就其实质而言，"正常国家论"是一种谋求改变"二战"以来日本国家性质的战略理念，主张把在军事上自我约束的日本变成与别国毫无二致的日本。④自此，成为"正常国家"，实现日本国家利益，成为冷战结束以来日本国家发展的基本方向，同时也是日本制定和施行国家对外政策的根本出发点。20 世纪 90 年代中期以后，日本在实现"正常国家化"的既定目标下，通过不断扩大国家核心利益界定，完善战略体系设计，明确战略目标实现路径，切实推进新的国家身份在国际社会中的构建和认同进程。

　　国家战略是一国基于国家利益、国际国内环境和本国综合实力，对本国在未来较长一段时期内的发展目标和发展路径的设计和规划。

① ［日］中曾根康弘：『二十一世紀日本の国家戦略』、PHP 研究所 2000 年、37 頁。

② ［日］吕耀东：《战后日本外交战略理念及对外关系轨迹》，《日本学刊》2015 年第5 期。

③ ［日］小沢一郎：『日本改造計画』、講談社 1993 年、110 頁。

④ 参见刘世龙《冷战后日本的外交战略》，《日本学刊》2003 年第 5 期。

日本在 20 世纪 90 年代中期确立了实现"正常国家化"的国家战略目标，尽管在之后不同时期有一些政策上的调整，但基本没有脱离这一国家发展战略的总体框架。日本的国家安全战略作为这一总体框架之内极其重要的一环，既是冷战后日本国家战略的重要组成部分，同时对实现这一国家战略目标起到了主要的推动作用。

二　冷战后日本国家安全战略的调整

国家安全战略，是关于维护国家安全的宏观筹划，是平时或战时，组织和运用军事、政治、外交、经济等综合力量以实现国家战略目标的艺术和科学。国家安全战略所涉及的内容主要包括国家维护安全的出发点、国家面对的主要安全问题以及国家维护安全的途径与手段等要素。[1]即明确国家要维护的安全目的是什么（安全利益）、内容是什么（安全问题）以及怎么实现安全（安全模式或手段）。冷战结束后，基于国际和亚太地区安全形势的变化，日本重新审视本国所面临的安全环境，对国家安全战略做出较大调整。冷战后日本的安全战略是日本国家战略的一个重要组成部分，其制定和实施既是维护日本国家安全的需要，同时包含着日本推进实现"正常国家化"的政治目的。上述两个目的"一明一暗"，分别构成冷战后日本安全战略和安全政策演变的两条主线。

（一）日本的安全利益

国家利益是一国制定和实施对外政策的根本出发点和立足点。一国对国家利益的界定和判断，是一国制定对外战略和政策的基础。是否能够理智客观对本国的国家利益做出明确界定，是否能够采取适当合理的手段实现国家利益，不仅关系到一国安全和对外战略发展方向，同时对国际关系及国际安全产生重要影响。日本由于"二战"期间误判国家利益，实施对外侵略扩张，而自食战争恶果，所以战后很长一段时间，"国家利益"成为日本政府极力回避的词汇。直到冷战结束后，面对变化的国内外政治经济环境，日本国内再度掀起讨论日本国

---

[1]　李少军：《国际政治学概论》，上海人民出版社 2009 年版，第 175 页。

家利益的热潮。

关于日本的国家利益，日本国内看法不一，不同政治势力围绕何谓日本的国家利益及如何实现日本的国家利益问题，大体形成了两种截然不同的主张。一种是基于和平主义的国家利益观，主张应该站在长远角度考虑日本的国家利益，在维护世界的和平与繁荣中促进日本的经济增长，通过国际协调手段实现日本的国家利益；另一种是基于现实主义和狭隘的民族主义的国家利益观，片面强调日本的军事地缘政治利益，主张通过日美同盟和发展日本的防卫力量维护日本的安全，追求利己的国家利益。冷战结束之初，日本国家利益的重点是提高本国国际地位，主要通过日美同盟、多边外交及经济、文化和 ODA 手段获取国家利益。进入 21 世纪后，随着日本国内政治右倾化的发展，"日本国家利益重点转向本国海洋权益优先，获取国家利益的手段转变为依靠军事和日美同盟扩大化、地区合作"[1]。冷战结束至今，日本国内和平主义的国家利益观日渐式微，通过国际协调实现国家利益的主张更多体现在经济领域；而基于现实主义和狭隘的民族主义的国家利益观逐渐占据上风，尤其是在安全保障领域，主张以强权政治和军事实力为后盾获取国家利益。

国家利益是一个复杂的、动态的概念，包含多个方面的内容和多个层次。其中，安全利益是一国生存和发展的基本条件，是最核心利益。[2] 一国安全战略和政策的最终目的，是维护促进国家生存与发展的国内外安全环境，保证本国的安全利益免于威胁或侵害。安全利益是什么？国际社会中虽未对安全利益做出明确的界定，但根据冷战后国际安全环境的变化，笼统来说，各国追求的安全利益应该是一种"综合的安全利益"[3]。安全利益从不同角度可以划分为不同的种类，

---

① 刘江永：《日本的国家利益观、对外战略与对华政策》，《外交评论》2012 年第 5 期。

② 参见蔡拓《国际关系学》，南开大学出版社 2005 年版，第 62 页。

③ 冷战结束前的国际政治中，政治、经济、军事基本具备明确的界限，不同问题属于不同的领域。冷战结束后，全球化的发展，模糊了高级政治和低级政治间的界限，安全概念的内涵扩大，多数情况下，一国的安全利益不再局限于军事方面，而是涉及包括政治、经济、军事及文化等多个领域的综合利益。

从其重要程度划分，可以分为核心安全利益、重要安全利益、一般安全利益等；从其紧迫程度划分，可以分为当前安全利益和长远安全利益；从其涉及领域划分，可以分为经济安全利益、政治安全利益、军事安全利益、文化安全利益等；从其涉及范围划分，可以分为国家安全利益、地区安全利益、国际安全利益。

国家利益中包含相对永恒的利益和可变利益，同样，安全利益中也存在相对永恒的利益和可变利益。相对永恒的安全利益是指涉及国家生存与发展的利益，是核心安全利益。一般来说，核心安全利益主要包括国家的领土不受威胁或侵犯，人民的生命和财产安全得到保障等。当然各国因为国情不同，在核心国家利益的具体内容界定上会存在不同。日本在《外交蓝皮书》中，把日本核心安全利益笼统规定为日本国家、国民的安全与繁荣。具体来说，包括领土防卫，保护国民生命、财产，维护国家主权，维持政治、经济、社会秩序等。其中，维护经济利益安全对日本尤为重要，尤其是战后，在日本外交中占据中心地位。这是由于战后日本在"吉田路线"的指导下，确立了以经济发展为中心的国家发展路线，取得了世界第二经济大国的地位，从此日本的经济利益不仅限于国内，跨国投资使得日本的海外利益剧增，大大增加了日本经济安全利益的风险性。随着经济全球化的不断发展，国家间经济关系相互依赖不断加深，维持开放稳定的自由贸易体制、稳定的能源供应更加被日本视为关乎国家生存发展的核心安全利益。因此，维护经济安全利益成为日本制定安全政策的一个根本安全出发点。

安全利益不是一成不变的概念，既受到国家主观因素的驱动，又随着国际安全环境的改变而不断发生变化。冷战结束后，在国内政治环境和国际安全环境的变化中，日本对各阶段安全利益重心的判断各有所不同。冷战结束之初至90年代中期之前，日本认为周边军事威胁的可能性大幅下降，安全利益的重心在于维持开放稳定的自由贸易体制，促进经济的持续稳定增长，在国际贡献中实现"政治大国"目标；90年代中后期以后，台海危机和朝鲜半岛危机迭发，日本安全利益重心开始向周边安全倾斜，通过日美同盟"再定义"确定日美同盟为日本国家安全的基轴；进入 21 世纪以后，受国内政治右倾化发展、地区地缘战略演变及国际恐怖主义等多重因素影响，日本安全战略重心从九州转变为西南诸岛等领海防卫和领空防卫，[①] 安全利益中日益优先强调海洋安全和海洋权益。在此背景下，日本的海空军事力量得到质和量的发展，主要通过日美同盟和自主防卫维护日本安全利益。安倍晋三二次执政后，日本安全利益中强军自保的理念更加强烈，维护日本安全利益的手段演变为"出发点是要靠自己，现实中则依靠并主动利用日美同盟"[②] 的政策思路。

安全利益是安全战略和安全政策的根本出发点和归宿，不同时期针对不同的国家和地区，谋求的安全利益必然既有相对永恒的部分，又各有侧重的方面。明确国家安全利益中的恒量与变量，才能抓住安全政策演变的一般规律，并透析不同时期的阶段特征。

（二）日本的安全模式选择

1951 年，《日美安保条约》签署以后至冷战结束，日本在安全模式上，选择主要依靠美国的军事保护，同时辅以经济和外交手段实现国家安全。冷战结束后，随着国内外安全环境的变化以及日本安全利益目标的扩展，日本在探索实现国家安全的模式上有了新的变化，呈现出层次性和多元化的特征。

首先，日美安保体制是维护日本安全的主要模式的认识，没有在根本上发生动摇，并得到进一步加强。冷战结束后，东西方对立随之终结，围绕日美同盟是否具有存在的必要性，曾在日本和美国国内有过争论，加上日美经济摩擦问题，使日美同盟陷入了短暂的"漂流期"。但很快，美国认识到在日本保持前方兵力对实现美国利益的必要性，日本国内也重新确认了日美同盟之于日本安全维护的重要意义。

---

① ［日］谷内正太郎：『日本の外交と総合的な安全保障』、株式会社ウェッジ2011 年、34 頁参照。

② ［日］長島昭久：『活米という流儀』，转引自吴怀中《战后日本安全政策的演变》，《国际政治研究》2015 年第 1 期。

1996 年 4 月，日美首脑发表《日美安全保障联合宣言》，重申日美安全伙伴关系的重要性，并大幅扩展了日美同盟的作用和适用范围。自此，日美同盟由双边安全体制转变为维护亚太地区安全秩序的"支柱"，适用范围"从'日本有事'扩大为'日本周边有事'，从日本本土以及菲律宾以北的'远东地区'扩大到整个亚太及波斯湾地区"①。自此，日美同盟不仅是日本安全政策的基轴，同时成为日本在亚太地区谋求安全秩序主导权，推进实现日本"正常国家化"的主要倚靠力量。

其次，多边安全对话与合作是日本在安全模式上的新选择。冷战后安全内涵的扩大和世界多极化趋势的发展，使合作安全成为新的国家安全模式。过去，日本在安全模式上单纯依靠日美同盟，造成了对美国的过度依赖，冷战后面对新的安全形势，日本意欲参与主导世界新秩序的战略意图明显，"尽可能地减少对美依赖程度并为日后增加可供选择的国家安全模式，是日本合乎逻辑的选择"②。从战略上讲，日本之所以选择多边安全对话与合作的安全模式，也有其深层打算，即谋求在亚太地区安全秩序构建上掌握主动权，在地区安全事务中发挥主导作用。

最后，通过联合国，在"国际贡献"名义下扩展安全利益。冷战期间，在美苏对峙格局下，联合国一度沦为美苏两个超级大国冷战的场所，其作用的发挥受到极大限制。冷战结束后，联合国在国际事务中的地位和作用得到提升，在解决地区冲突及世界共同面临的政治经济问题方面开始发挥重要作用。日本在冷战后为实现"大国化"的政治目标，在外交政策中强调联合国的作用，并通过参与联合国的维和行动使日本自卫队走出了国门。冷战结束伊始，日本在 1990 年版的《外交蓝皮书》中就指出："在从对立走向对话的历史潮流中，可以说联合国迎来了重新讨论其体制和机能的新时期。"③ 此后日本在国际上

---

① 杨伯江：《"日美安全保障联合宣言"意味着什么》，《现代国际关系》1996 年第 6 期。

② 刘世龙：《战后日本的亚太战略选择》，《日本学刊》2000 年第 3 期。

③ 日本外务省：『外交青書—我が外交の近况』（第 34 号）、1990 年（http：//www. mofa. go. jp/mofaj/gaiko/bluebook/1990/h02－2－4. htm）。

积极游说联合国改革，并主张日本在联合国发挥更大的作用，意图借助联合国提升本国影响力，实现安全目标和安全利益。

可见，冷战后，日本在国家安全模式选择上不再完全依赖美国，而是形成了层次较为分明的多元化安全模式。在双边层次上主要依靠日美安保体制，"再定义"的日美安保体制显著提升了日本在维护周边安全和地区安全上的战略地位；在地区层次上积极推进多边安全对话和机制的构建，意欲发挥主导作用；在全球层次上主张发挥联合国的作用，通过积极参与联合国维和行动，提升日本在国际上的政治影响力。从冷战后日本在国家安全模式上的战略选择可以看出，日本国家安全的内涵显著延伸，附带上了更多的"政治意图"和"大国色彩"。

综上所述，冷战结束后，日本凭借强大的经济实力，在东南亚地区及亚太地区的安全作用显著增强。日本能够在该地区发挥更大的安全作用，主要得益于当时的国际国内环境。

从地区战略大格局看，苏联解体，俄罗斯对亚洲的政策急剧后退，与此同时，美军撤退，造成了东南亚地区"权力真空"。冷战后初步形成的中美日三边关系中，中美、中日关系不确定，日本期望与美国、中国同时保持友好关系，占据三角关系的中心位置的可能性较高。

从日本与东盟的关系看，一方面，冷战期间日本与东盟之间已经建立起密切的经济、政治联系，日本与东盟各国之间互相拥有利害的经济利益关系。尤其是20世纪80年代以来，日本取代美国，成为东南亚地区最大的投资者和东盟最大的贸易伙伴，东盟则成为日本第三大贸易伙伴。由于东盟在经济上对日本的依赖程度颇高，对日本的一些要求不会不考虑。另一方面，从安全保障问题角度考虑，美军撤退，东盟国家对地区外中国影响力的增强抱有戒心，希望日本在地区安全中发挥一定作用，以平衡中国可能对东南亚地区安全造成的影响。

从日本国内看，冷战后日本调整国家发展战略，逐步确立以"大国化""正常国家化"为国家发展主要方向，表现在对外政策上，首先是重视亚洲外交，谋求在地区安全中发挥更大作用。冷战结束之初，日本《外交蓝皮书》中指出："我国亚洲外交的一个重要基轴就是与东盟各国的关系，为此今后必须深化我国与东盟各国的关系。我国在柬埔寨问题上展开积极外交，也是由于认识到了解决成为东南亚不安定因素的问题，确保东盟各国进一步发展的重要性。"① 可见，借助东盟这一地区平台寻求发挥地区安全作用的路径，成为冷战后日本安全政策的现实选择。

第三节　新秩序构想下日本发挥安全作用的路径选择

20 世纪 90 年代前期，在冷战结束国际关系各要素尚在调整中的背景下，日本凭借其经济实力期待的是美日西欧三极主导的世界秩序。在这一构想下，日本力图构筑新的国际安全框架，日美同盟陷入短暂的"漂流期"，日本国内出现"脱美"倾向，而将"安全政策的注意力和主攻目标首先转向国际贡献，意图占位拥权、增加影响"②。这一时期，日本希求的安全保障，可以说不是日美同盟，而是联合国和多边的安全保障机制。③ 具体来说，一是进行积极的外交宣传，向东盟国家传达日本要发挥更大安全作用的意图；二是在联合国框架内发挥日本的国际作用和日本自卫队的作用；三是在亚太地区多边安全对话机制构建中发挥主导作用。在日本希冀做出积极的"国际贡献"的口号下，东南亚再次成为日本欲在安全方面发挥作用的最合适的舞台。

一　进行积极的外交宣传

冷战结束，改变了冷战期间形成的地区及世界力量格局。日本和

---

① 日本外务省：『外交青書—我が外交の近況』（第 34 号）、1990 年（http：//www．mo-fa．go．jp/mofaj/gaiko/bluebook/1990/h02－1－2．htm）。

② 吴怀中：《战后日本安全政策的演变》，《国际政治研究》2015 年第 1 期。

③ ［日］森本敏：『アジア太平洋の多国間安全保障』、日本国際問題研究所 2003 年、61 頁。

西欧在冷战期间，经济均获得飞速发展，各自成为世界力量的一极，美国虽然霸权相对失势，但无论从经济上还是军事上仍是世界上力量最强大的国家，因此日本一些政治精英认为，冷战后新的世界秩序应该是美日西欧三极主导下的新的制度与安排。如在1990年5月日本出版的《外交论坛》中，当时外务省事务次官粟山尚一发表了《动荡的九十年代与日本外交的新展开》一文，他在文章中提出了"5：5：3理论"，认为由于美国、西欧和日本的经济产值分别为5万亿美元、3万亿美元和3万亿美元，总和占世界经济总值的2/3，且三方享有共同的自由、民主、人权等价值观，因此新的世界秩序应该由美日西欧三者共同承担。

在新的世界秩序构想下，日本主张推行积极的、有志向外交，通过国际贡献发挥日本的作用，维护日本及世界的和平与繁荣。1989年10月2日，在第116次国会上日本首相海部俊树发表的演说中，关于日本和世界的关系强调："重新讨论日本能够为世界做什么，应该做什么，并制定政策，展开为世界的和平与繁荣付出努力的有志向的外交。"1990年3月2日，在第118次国会演说中，海部俊树再次强调，"90年代是一个新的时代，是一个充满希望和不安的时代，在这个时代里，为了构建一个充满希望的新的国际社会，我们要积极参与构筑新的国际秩序，展开有志向的外交"，并指出"我国拥有靠国际社会发展积聚的经济力量、技术实力和经验，我们迎来了可以为地球社会作出积极的贡献的时代"。中山太郎外相进一步强调，"通过大幅度扩展日美欧三极关系，就有可能构筑起新的国际秩序……没有世界的和平与繁荣，就没有日本的安全与繁荣，日本的行动对世界的和平与繁荣产生极大的影响，在这种认识下，我们痛感自身的重大责任，为了日本和世界的和平与繁荣，我们决意竭尽全力奋战在第一线"。① 1990年版日本《外交蓝皮书》开篇明确指出："在历史转换期之际，作为国际秩序

---

①　日本外务省：『国会における内閣総理大臣及び外務大臣の演説』、1990年3月2日（http: www. mofa. go. jp/mofaj/gaiko/bluebook/1990/h02 – shiryou – 1. htm#a3）。

主要责任国之一，我国的责任和作用越来越大……我国为发挥国际责任，将推进积极的外交。"① 可见，冷战后初期日本的对外政策，重点是要强调在建立新的国际秩序上做出"国际贡献"，而这种贡献显然不再是局限于经济领域，而是包含政治和安全领域，这也契合冷战后日本实现"政治大国"国家战略目标的追求。

在新的国际秩序构想下，这一时期日本的东南亚政策，除继续推进经济关系之外，重点是以东南亚为舞台，在建设国际秩序方面发挥政治、安全作用，争取东盟的支持，扩大日本的国际权力。因此，在日本的亚太特别是东亚外交战略格局中，东盟的地位不断上升。② 日本对东盟的重视，从冷战结束以来几乎历届首相都首访东南亚这一惯例上可以看出。

1991 年 5 月 3 日，日本首相海部俊树出访东盟五国（马来西亚、文莱、泰国、新加坡和菲律宾），并在新加坡发表题为"日本与东盟——寻求新时代的成熟的伙伴关系"的演说，向东盟宣传新时期日本的对外政策。海部俊树的演讲内容分为四个部分：一是关于海湾战争，二是关于国际秩序的特征，三是关于 90 年代亚太地区的展望和日本的作用，四是关于日本与东盟成熟的伙伴关系。

与以往不同的是，海部俊树此次访问东盟，重点强调了两点。第一点是关于日本的作用，强调日本要在国际社会发挥政治和安全作用。海部俊树表示："我痛切地感到，在国际秩序的变革时期，如今对我国在亚太地区做出国际贡献的期待，不仅限于经济领域，在政治方面也很大。"在地区及世界安全的国际贡献问题上，海部俊树指出："迄今为止，我国积极参与了解决地区纷争与对立，今后，我们决意将付出更多的努力……在此次危机中，我国主要通过提供资金的形式做出了贡献。但今天，我国面临的问题是，在这种局面下，为了国际社会的和平与稳定，仅仅提供财政支持是否能够尽到充分的责任？今后，

① 日本外务省：『外交青書—我が外交の近況』（第 34 号）、1990 年（http://www.mofa.go.jp/mofaj/gaiko/bluebook/1990/h02 – contents – 1. htm）。

② 参见王公龙《90 年代日本对东盟的外交政策》，《日本学刊》1997 年第 4 期。

作为和平协作的一环，我国决意要在人员方面做出贡献。"① 他指明人员方面的贡献包括海湾战争结束后向伊拉克、科威特派遣参与联合国维和行动的政务官、在西伯利亚湾进行扫雷活动及派遣扫海艇等。在此基础上，海部俊树进一步强调，日本期望通过在和平协作上付出努力，在国际社会中积极地承担自己的责任。可见，日本的逻辑是从财政贡献扩大到人员贡献，为今后在地区及国际事务中发挥政治和安全作用作铺垫。第二点是关于日本与东盟的关系。海部俊树认为："东盟和日本，应当认真思考为了亚洲太平洋的和平与繁荣能够做什么，并朝着这个目标，构筑共同思考、共同努力的成熟的伙伴关系。今后，在培育能够就所有问题展开毫无忌惮的对话关系的同时，努力发展进一步的合作关系。"海部俊树的这一发言虽然比较隐晦，但"所有问题""毫无忌惮"两个用词应该是包含了日本要在包括经济、政治、安全等领域与东盟进行大胆对话的含义，进而进一步提升日本—东盟关系。海部俊树的此次演说，可以说是冷战后日本对东盟政策的一个转变，在福田主义的"经济政治并重"之后，政治优先于经济，放在了首位。

1993 年 1 月，宫泽喜一首相访问东盟 4 国（印度尼西亚、马来西亚、泰国和文莱），发表了题为"亚洲太平洋新时代及日本与东盟的合作"的演说，阐明了亚洲太平洋政策的基本方针。宫泽喜一在演说中，开篇便指出："冷战结束后，面向亚洲太平洋的未来，日本与东盟各国应该展开怎样的合作，为此日本应该做什么，重新思考这些问题是我此次访问东盟各国的目的。"② 他强调要在四个方面加强与东盟各国的合作：

"第一是确保地区内的和平与安定的合作。在国际秩序变革的今天，亚洲太平洋地区各国必须对该地区将来应有的和平与安定秩序抱

---

① 日本外務省：『外交青書—我が外交の近況』（第 35 号）、1991 年（http：//www. mofa. go. jp/mofaj/gaiko/bluebook/1991/h03 – shiryou – 2. htm#a2）。

② 日本外務省：『外交青書—我が外交の近況』（第 37 号）、1993 年（http：//www. mofa. go. jp/mofaj/gaiko/bluebook/1993_ 1/h05 – 1 – shiryou – 2. htm#a2）。

有长期的构想。日本期待通过地区内各国间的安全对话，产生一些想法，经过讨论，在具有共同的问题意识基础上，逐渐明确该地区安全保障的应有状态。同时，日本也想积极参与策划这样的讨论；第二是日本与东盟各国有必要加强合作，发展开放的、有活力的亚洲太平洋地区经济；第三是推进民主化、保障人权，日本与东盟各国共同致力于开发与环境等共同课题；第四是日本与东盟携手合作，促进印支的和平与繁荣。"①

宫泽喜一的演说强调要在该地区发挥日本的积极作用，即促进地区政治、安全对话，积极参加以美国为基轴的宽松的协调体制，发挥国际秩序建构者的作用。为此，"日本必须与美国之外的其他的国家发展关系，并非对美一边倒，而要在对美基轴基础上，构建各种协调关系，这是积极重要的"②。此次，宫泽喜一提出的对东盟的新政策，有两点值得注意。第一点是关于日本与东盟关系定位的坐标体系。冷战期间，日本是从东西方对峙体系下看待与东盟的关系，在冷战体制下日本与东盟的关系具有一定的被动性和从属性，而宫泽喜一在演说中首先强调的就是要立足亚太重新看待日本和东盟的关系，为了亚太的和平与繁荣，日本和东盟需要肩负起责任，要在亚太地区发挥主导作用，明显是主张将双边的合作关系扩展到地区层次，进而提升新时期日本—东盟关系；第二点是关于地区安全保障对话机制的构建。宫泽喜一提出的东盟政策与以往最大的不同是，第一次明确表示积极参与亚太地区安全保障秩序构建的意志。日本提出日本要在亚太地区安全合作机制的构建方面，与东盟携手合作。这"实际上是希望东盟支持日本有关安全问题的主张，扩大日本在东盟地区政治与安全方面的影响力"③。在地区安全中发挥日本作用，既是新时期日本的东南亚政

---

①　日本外务省：『外交青書—我が外交の近況』（第 37 号）、1993 年（http：//www. mo-fa. go. jp/mofaj/gaiko/bluebook/1993_ 1/ho5 - 1 - shiryou - 2. htm#a2）。

②　［日］中西輝政：『アジアはどう変わるか：90 年代のアジアの総合安全保障』、日本経済新聞社 1993 年、346 頁。

③　邓仕超：《从敌国到全面合作的伙伴：战后东盟—日本关系发展的轨迹》，世界知识出版社 2008 年版，第 111 页。

策的重要内容，又是日本实现其国际秩序构想和走"大国化"道路的必然选择。

二　推动多边安全保障机制构建

20 世纪 90 年代前半期，日本强调通过"国际贡献"在地区安全中发挥主导作用的另一条路径，是主张加强地区安全合作，与东盟共同推动亚太地区多边安全保障机制的构建。

冷战结束后，关于多边安全保障机制的构想，最先于 1990 年由澳大利亚外长提出，起初美国和日本担心会削弱两国同盟关系，对多边安全保障持怀疑态度，但很快日本认识到在亚太地区主导推动多边安全保障机制构建对日本的意义，便转为支持态度，利用东盟在地区安全上的积极态度，顺水推舟，开始积极探索推进地区安全对话的尝试。1991 年 6 月，由菲律宾、泰国两国主办的关于亚太安全保障合作的讨论会在马尼拉召开，会上东盟各国强调扩大外长会议的重要性，随后在 7 月召开的年度阁僚会议中，再次强调中立地带宣言、《东南亚友好合作条约》、东盟外长扩大会议的作用。在此基础上，1991 年 7 月 22—24 日，日本外相中山太郎出席第 24 届东盟外长扩大会议，代表日本政府正式提议把东盟外长扩大会议作为亚太地区政治安全问题的对话场所，并建议设置安全保障协议的高级事务会谈，作为日美同盟之外的补充，主张通过多边协调制度弹性应对亚太地区安全问题。1993 年 1 月，宫泽喜一首相在曼谷再次强调："东盟外长扩大会议所进行的政治与安全对话将是十分有意义的，日本将积极支持和参与这种对话。"①

这一阶段，日本与东盟在推动地区安全合作上显著的成果是东盟地区论坛的成立。冷战结束后，日本政府的安全保障政策向新的方向转换，其中之一就是"在地区安全保障合作上的积极姿态"，为此，"日本政府支持以东盟外长扩大会议为中心的地区的政治、安全保障

---

① 参见欧阳俊《冷战后的日本对东南亚关系》，《东南亚》1998 年第 3 期。

对话，这种对话从 1994 年起，中国、俄罗斯加入，发展成为东盟地区论坛"①。经过日本政府和东盟的努力，1993 年 7 月，在东盟外长扩大会议上决定设立东盟地区论坛，并在次年成功举办首届论坛。东盟地区论坛是亚洲第一个，也是唯一一个官方的安全对话场所，日本对该论坛的成立及将来发展成为稳定地区安全的一支重要力量抱有很高的期待。1994 年在首届东盟地区论坛上，日本外相河野洋平表示："我对冷战结束后不久，这个论坛就成为现实感到非常激动。"② 1995 年 7 月，河野洋平外相再次表示东盟地区论坛加强地区安全对话是非常必要的，强调日本相当重视东盟地区论坛在地区安全中的作用。

冷战后日本在推动地区安全合作过程中，对日本防卫政策做出了新的调整。日本的防卫政策自 1957 年 5 月制定的《国防基本方针》以来，基本以日美安保体制和自卫队为两大支柱，冷战结束后增加了多边安全保障的内容。1994 年 8 月，日本防卫问题恳谈会向村山富市首相提出"日本的安全保障与防卫力量的应有状态——面向 21 世纪的展望"报告书（通称"樋口报告"）。该报告书的特色就是提倡多边安全保障战略，强调自卫队的作用不仅限于"本国的防卫这一本来的作用"，而应发挥包括参与联合国的维和行动，推进世界、地区的军备管理，促进地区的安全保障对话，加强日美安全保障合作等多方面的作用。"樋口报告"从更广阔的视野确立安全保障政策，谋求日本能动的、建设性的行动。由于"为促进多边安全保障合作的防卫力量作用"列在"充实日美安全保障合作关系"之前，美国的安全专家怀疑日本开始将安保重点从视为基轴的日美安保向多边安保转变。

在这一阶段，较之日美同盟，日本更加重视与东盟合作，推进多边安全保障机制构建和地区安全合作，究其原因，主要包括以下几个方面：

第一，确保日本在东南亚的经济安全利益。冷战结束后，经济安全成为日本安全战略中一个重要内容。众所周知，冷战期间日本在东

---

① ［日］渡边昭夫：『现代日本の国际政策』、有斐阁 1997 年、23 页。
② 参见欧阳俊《冷战后的日本对东南亚关系》，《东南亚》1998 年第 3 期。

南亚的经济扩张，使其在东南亚拥有利害的经济利益。此外，东南亚地理位置重要，其域内的马六甲海峡更被日本视为"生命线"，"日本所需石油的80%、铜的42%、铁矿石的17%经马六甲海峡和龙目海峡运输"①。因此，确保东南亚这一"潜在热点地区"的和平与稳定，是维护日本在东南亚地区经济安全利益的必然要求。而很显然，维护日本的经济安全利益，单靠日美安保体制已经很难奏效，需要通过多边安全对话，增进地区内各国间的相互了解，增信释疑，从而创造有利的安全环境。

第二，日美同盟进入短暂的"漂流期"。冷战结束后，日美关系出现三个结构性问题，即"苏联威胁消失、日美国力接近、日本的傲慢心理"②。在苏联威胁消失与经济对立激化背景下，日美两国出现"作为冷战产物的日美安保体制是否还有存续必要"的议论。尤其是1993年1月克林顿政权上台后，从之前共和党的重视外交的政策转变为以国内经济重建为重点，"美国甚至产生了日本已经取代苏联成为主要敌人的看法"③，日美经济矛盾在此期间进一步激化，日美同盟关系受到冲击进入反思阶段。实际上日美经济摩擦早在冷战时期已经显露，如1969—1971年的纤维问题交涉，1985—1986年的半导体问题交涉，但经济问题在当时的东西方冷战体制下没有发展到影响两国关系的地步。冷战后，"苏联威胁"意识淡化，美国的经济困境与日本的经济大国化同时出现，日美间的经济问题便凸显出来。1992年，美国对日贸易逆差达到500亿美元，这引起美国的高度重视，开始对日本实行高压政策。然而，美国的高压政策不仅没有达到预期效果，反而激起日本国内的"脱美""厌美"情绪。1994年2月，日本首相细川护熙访美，在日美首脑会谈中，细川护熙拒绝了美国提出的日本从美国进

---

①　陆俊元：《从地缘政治看日本的安全战略》，《日本学刊》1995年第3期。
②　［日］添谷芳秀：「冷戦後の日米関係—アジア・太平洋地域における新秩序の要」、山本正ほか『1990年代の日本とアセアン：激動の国際環境における新たな役割』研究報告書、総合研究開発機構1993年、47頁。
③　［日］五百头旗真：《战后日本外交史：1945—2010》，吴万虹译，世界知识出版社2013年版，第228页。

口产品的数值指标的要求，成为战后第一次对美国说"不"的日本首相。同时，1994 年美国对日贸易逆差达到 660 亿美元，创下历史最高纪录。日美之间的经济问题导致日美同盟在一定程度上出现了信任危机。美国学者认为："如果从政府间对话的情况来判断美日关系状况的话，那么有理由得出这样的结论：两国关系到 20 世纪 90 年代中期已进入了一个危机阶段。"① 然而，日美相互信任危机的出现，对日本来说并不完全是坏事，至少在这短暂的"漂流"期间，日本找到了作为大国的重要存在感，并意识到日本走向国际社会的途径，美国的作用固然重要，但不再是唯一凭靠。在这一认识基础上，日本深切体会到"为构建新的世界秩序，多边主义是至关重要的"②。总之，日美同盟短暂的"漂流"状态一定程度上改变了日本在安全问题上的看法，即更加多元化的亚太安全合作是符合日本的国家利益的。

　　第三，增加在亚太事务中的发言权，扩大成为地区性主导大国的地区基础，为成为"正常国家"和建立美日西欧主导的世界新秩序创造条件。冷战后，日本的国家战略目标有两个，一个是成为 1993 年小泽一郎在《日本改造计划》中提出的"正常国家"，另一个是实现美日欧主导的世界新秩序。冷战后小泽一郎对于日本成为"正常国家"的强调虽然没有明确指出但却内含这样一种想法，即"日本应在更重要的地缘政治方面从美国对安全事务的包办下解放出来"③。尽管如此，但由于受到历史原因（战败国身份）和现实原因（日本宪法和日美同盟的制约）的限制，在具体的实现路径上仍需要迂回。至少在冷战后初期最理想的策略是，积极参与世界范围的维和行动和地区范围的安全合作，由此获得在国际社会发挥大国作用的国际认同，为其未

---

① ［美］兹比格纽·布热津斯基：《大棋局：美国的首要地位及其地缘战略》，中国国际问题研究所译，上海世纪出版集团 2007 年版，第 145 页。

② ［日］添谷芳秀：「冷戦後の日米関係——アジア・太平洋地域における新秩序の要」、山本正ほか『1990 年代の日本とアセアン：激動の国際環境における新たな役割』研究報告書、総合研究開発機構 1993 年、50 页。

③ ［美］兹比格纽·布热津斯基：《大棋局：美国的首要地位及其地缘战略》，中国国际问题研究所译，上海世纪出版集团 2007 年版，第 147 页。

来成为真正意义上的"正常国家"和世界大国奠定基础。

第四，牵制中国。20 世纪 90 年代以来，随着中国综合国力不断增强，美国和日本开始在国际上散布"中国威胁论"，这使得东盟一些国家对日渐强大的中国产生了忧虑心态，加之部分东盟国家在南沙群岛问题上存在争端，东盟国家试图通过构建地区安全机制，将中国也纳入机制中，通过借助外部干预力量，在一些问题的解决上向更加利己的方向倾斜。在东盟的这一心态下，日本试图尽力利用和联合东盟，"借助东盟的力量抗衡中国在亚太地区日益扩大的影响力"[1]。

三 参与联合国维和行动

这一时期日本发挥安全作用的第三条路径是强调联合国的作用，参与联合国的维和行动。日本的这一做法不仅使自卫队走出国门，同时得以借机修改和完善相关法制，实现了海外派兵合法化，为以后日本以军事手段介入地区安全事务做好了铺垫。在相关法制修改完成后，日本派遣自卫队参加了柬埔寨的维和行动。

冷战结束后，以联合国在解决海湾危机中发挥作用为契机，日本在外交政策中不断强调联合国的中心作用。1991 年 8 月 5 日，海部俊树在第 121 次国会演说中谈及和布什总统的会谈，指出："本次首脑会议就构筑新的国际秩序问题，表明了要重视以联合国为中心的多国合作的态势。这给结束了冷战格局的世界，予以了健全的方向，也是延续了以往我国一贯提倡的联合国中心主义的立场。"[2] 此后，宣传日本应在联合国发挥更大作用，以及争取"入常"成为冷战后日本外交政策的目标之一。日本争取"入常"，实质是要求扩大日本的国际权力，在新的世界秩序构建中发挥主导作用，更大程度实现日本的国家利益。尽管至今日本仍未能如愿以偿，但是强调在联合国中发挥日本作用的

---

① 王公龙：《90 年代日本对东盟的外交政策》，《日本学刊》1997 年第 4 期。

② 日本外务省：『外交青书—我が外交の近況』（第 35 号）、1991 年（http：//www. mo-fa. go. jp/mofaj/gaiko/bluebook/1991/h03 – shiryou – 2. htm#a2）。

主张，却为日本自卫队走出国门，修改相关防卫法制找到了"合理的依据"。

　　日本强调在联合国发挥更大的作用，逻辑之一就是要在联合国的维和行动中做出日本的"国际贡献"，而且认为这种贡献不应该仅仅停留在财务贡献上，还应包括人员的贡献，这其实是为自卫队走出国门及修改相关法制寻找依据。中山太郎外相在第 45 次联合国大会一般讨论的演说中明确提到："海部总理表明：在今后的国际社会中，日本要为保护和维持和平的联合国行动以及支援联合国行动的国际努力提供支持，为了更加恰当地发挥这种责任，要重新研究现行法制，为了向国际社会做出贡献，要在日本国宪法框架内尽到最大的责任，从这一观点出发，要认真探讨如联合国维持和平合作法等新的法律的制定。"① 在通过联合国做出国际贡献的逻辑基础上，中山太郎进一步强调："我认为迎来大变革时代，应该认真讨论联合国自身的作用、职能是否充分适应正在逐渐形成的新的国际秩序。所有的联合国加盟国都应名副其实站在相同立场上，迎接新的合作时代，参加联合国行动。"②

　　这样，在"国际贡献"和在联合国发挥日本作用的逻辑架构下，日本国内开始修改相关法制，使日本自卫队走出了国门，而最先实践的地区依旧是东南亚。东南亚继成为战后日本在地区发挥经济、政治作用舞台之后，再次成为日本在地区发挥安全作用的试验场。1992 年 6 月 15 日，日本国会强行通过了《关于联合国维持国际和平合作法》（"PKO"法）和《关于派遣国际紧急援助队法修正案》，在不修改宪法的条件下，突破了日本向海外派兵的政治禁忌。在法案通过后，同年 9 月 17 日，日本向柬埔寨派遣自卫队人员，参加联合国的维和行动。日本这次维和行动共派出 600 名工程部队人员，负责道路和桥梁的修复工作。尽管这次维和行动中自卫队人员主要进行的是协助联合

---

① 日本外務省：『外交青書—我が外交の近況』（第 35 号）、1991 年（http：//www. mo-fa. go. jp/mofaj/gaiko/bluebook/1991/h03 – shiryou – 2. htm#a2）。

② 同上。

国维和行动的后勤工作，但对日本来说其意义是重大的。为实现这次派兵，"日本完成了以参加维和行动的名义向海外派遣自卫队的立法，使日本迈出了军事力量重新走向海外的第一步"①，紧接着实现了战后以来首次向海外派兵。日本发挥地区安全作用的初步尝试，打破了自战后以来国内的政治禁忌，日本的战略精英们似乎获得了某种"勇气"，此后不但在国内掀起了修改宪法的热潮，在军事安全战略上也越走越远。

战后日本的外交政策基本是在"协调"与"自立"之间寻求平衡，在什么政策领域表明自主性，发挥多大程度的自主性，虽然由所处的国际环境、国内政治状况及当时首相个人资质与判断来决定，但实际上日本有一贯将亚洲尤其是东南亚看做多多少少能够寻求一定的政策自主性的地区的倾向。冷战结束后，日本这种寻求自主性的势头更加猛烈，在推进"大国化"和主导构建世界新秩序的双重目标下，这种自主性开始尝试拓展到安全领域，最初的路径选择就是，进行积极的外交宣传、参与联合国维和行动及推动地区安全合作。可见，20世纪90年代以来日本对东南亚政策的重心已经从经济领域逐步转移至政治、安全领域。

第四节　日美同盟"再定义"后日本发挥安全作用的路径调整

20世纪90年代中后期，朝核危机与台海危机并发，日美同盟短暂的"漂流期"结束。日美同盟经过"再定义"，成为介入亚太地区安全事务的安全机制，日本把安全政策的重心转向周边安全。"日美同盟经历从'漂流'到'再定义'的过程，这个转换过程也意味着日本逐步放弃了探索'多边安全合作论'和'适度脱美'路线"②，重

---

① 米庆余：《日本近现代外交史》，世界知识出版社2010年版，第479页。
② ［日］田中明彦：『安全保障—戦後50年の模索』，转引自吴怀中《战后日本安全政策的演变》，《国际政治研究》2015年第1期。

新明确日美同盟为日本安全基轴。这一时期，日本开始把防务重点逐步转向中朝方向，在积极推动日美同盟扩大防卫领域和范围的同时，调整防卫政策，充实防卫力量，完善相关立法，应对"周边事态"，保卫日本安全。在此背景下，日本对东南亚的安全政策重点，是强调双边安全合作和军事交流，将日本的防卫范围和军事作用扩大到东盟地区。

一　重新确立日美同盟为"安全基轴"

进入20世纪90年代中后期以后，日本面临的国内外环境发生了急剧的变化，对日本政治精英对国家安全环境的认识和判断造成了一定冲击。从日本国内看，经济上，1989年日本经济发展达到峰值后，进入90年代，经济泡沫破灭，陷入萧条。加之，战后长期以来形成的官僚主导和利益阶层固化的僵化体制，未能使日本抓住信息技术革命和全球化浪潮的机遇，导致经济发展严重衰退；政治上，"55年体制"崩溃后，加剧了日本国内政治的动荡；安全上，1995年发生了阪神淡路大地震和奥姆真理教的恐怖事件，加剧了国内社会的动荡和不安。从周边安全环境看，朝核危机和台海危机的迸发，使日本感觉到周边安全环境恶化。1993年3月，朝鲜单方面宣布退出《核不扩散条约》，引发了第一次朝核危机。朝核危机使日本警醒地认识到，日本无力单独应对朝鲜的核威胁，即使在冷战结束后，日本仍需要美国的核保护伞。朝核危机之后，1996年3月，台湾进行"总统直选"，中国大陆在台湾海峡及其邻近地区举行了陆海空联合军事演习和导弹发射试验，美国则将两艘航空母舰开至该地区，台海危机爆发。台海危机使日本对威胁的认识发生了改变，即"台湾海峡危机的事实告诫人们：传统的权力游戏并未过时"[①]，当周边环境中出现军事威胁时，多边安全机制和联合国并不能真正发挥作用，日本可以依赖的只有日美同盟，由

[①] ［日］五百头旗真：《战后日本外交史：1945—2010》，吴万虹译，世界知识出版社2013年版，第184页。

此催生了日美安保的"再定义"。

如前所述，美国曾有过将日本视为冷战后新的敌人的看法，日本也产生过离美倾向，冷战后日美安保体制根基在 90 年代前期曾发生动摇。美国政府担心同盟本来的职能形式化，开始重新讨论日美安保体制的作用。1994 年 9 月 5 日，前哈佛大学国际政治学教授约瑟夫·奈出任美国助理国防部长，负责国际安全事务，日美关系出现从紧张重新趋向接近的态势。1995 年 2 月，克林顿政权发表《美国东亚和太平洋地区安全战略报告》（又称为"奈报告"）。报告称，日美安保关系在美国的亚洲太平洋安全保障政策中占有重要位置，日美同盟不仅对日美两国，而且对确保整个亚洲太平洋的和平与稳定都具有重要意义。该报告在驳斥安保消除论的同时，强调虽然必要的军事力量削减已经结束，但在今后 20 年间，作为亚洲地区的前方展开能力，美国有必要维持 10 万人规模的美军兵力。"奈报告"的发表，标志着美国克林顿政府调整亚太战略，回归对亚太盟国的重视和依赖，重新把安全放到了美日双边外交的首位。而美国对日战略调整的根本原因在于，美国深知维护其霸权利益离不开日本，日本是美国在亚太不可或缺的战略支点。

如果说"奈报告"在美国奠定了日美同盟"再定义"的政策基础的话，那么紧接着"奈报告"，在 1995 年 11 月出台的新《防卫计划大纲》则在日本为同盟"再定义"奠定了基础，可以说是对美国对日战略调整的回应。为使日本能够配合美国的战略调整，1994 年 11 月，美国白宫决定对日采取集中的主动行动，由约瑟夫·奈和其他有关高级官员同日本方面讨论新《防卫计划大纲》对于美国的重要性并传达美国的希望，即"希望是美日双边同盟而不是联合国或多边主义成为日本未来战略大纲的基础"[1]。1995 年 11 月 28 日，日本安全保障会议和内阁会议通过了新《防卫计划大纲》，正如美国所希望的，新《防卫计划大纲》突出特点之一，就是强调日美安保体制对确保日本安全

---

① 任星、刘星汉：《论二十世纪九十年代的美日同盟》，《美国研究》2000 年第 4 期。

和日本周边地区安定的国际环境是"不可或缺的"。同时，新《防卫计划大纲》还把日美安保体制的作用从日本防卫扩大到地区安全和国际防务上，为日美同盟"再定义"提供了新的支点。

在日美双方前期的政策准备之后，在约瑟夫·奈的主导下，日美两国积极进行了日美安保体制的"再定义"。1996 年 4 月 17 日，桥本龙太郎首相与克林顿总统共同签署《日美安全保障共同宣言——面向21 世纪的同盟》。宣言指出，以《日美安保条约》为基础的日美同盟关系是维持面向 21 世纪的亚洲太平洋地区安定与繁荣的基础。冷战后，面对东亚地区的不安定状况，作为前方展开战力，"再定义"的日美同盟确认了维持美军存在的必要性。在此基础上，"漂流"的日美同盟从单纯的双边关系经过"再定义"，扩展成为维持地区安定和防止纷争的合作框架。在东亚发生不测事态时，合作的重点转变为两国通过有效的责任分担快速有效应对有关事态的体制构建。日美同盟经过"再定义"，其性质、作用和范围都发生了深刻变化：从其性质上讲，日美同盟从冷战期间的双边安全合作体制变成冷战后的亚太地区安全机制，实质上是一种基于美国霸权利益和日本国家利益扩大化的强权战略体制；从其作用上讲，日美同盟体制的作用从对抗苏联威胁、保障日本安全变为应对亚太地区的"不确定因素"和处理"不测事态"，实际上是使两国的军事合作超越了联合国和地区安全合作的制约；从范围上讲，同盟体制的适用范围"从'日本有事'扩大为'日本周边地区有事'，从日本本土及菲律宾以北的'远东地区'扩大到整个亚太及波斯湾地区"①，因此日美同盟的防卫的范围已经完全超越了自卫的最大范围，扩展到了整个亚太地区。

日美同盟的"再定义"，使日本在军事上被完全纳入了美国的地区战略和全球战略中，为日本自卫队在地区安全和国际安全中发挥更大作用提供了政策依据。紧接着，1997 年新《日美防卫合作指针》和1999 年的《周边事态法》则对日本自卫队发挥军事作用作了更加明确

---

① 杨伯江：《"日美安全保障联合宣言"意味着什么》，《现代国际关系》1996 年第 6 期。

的规定。新《日美防卫合作指针》明确规定了在包括远东的日本周边
地区有事时，日本有对美军进行后方支援的义务。新指针中规定：
"在日本遭受武力攻击时，日本要立即对武力攻击做出主体行动，美
国要与日本进行适当的合作……双方要有效地统一运用各自的陆海空
军部队，自卫队主要是在日本领域及周边海空领域实施防御作战，美
军则要支援自卫队作战……自卫队和美军要共同实施保卫日本周边海
域的作战及保护海上交通的共同作战。"① 《周边事态法》指出，所谓
"周边事态"，是指"如若放置不管将会酿成可能对我国进行直接武力
攻击的事态等，在我国的周边地区对我国的和平与安全造成重要影响
的事态"。根据政府的说明，"'周边'不是一个地理概念，而是着眼
于事态的性质的概念"②。根据《周边事态法》，一旦日本周边"有
事"时，日本自卫队可以进行后方支援和后方搜索救助活动。除此之
外，1999 年 5 月，与《周边事态法》一起经国会通过的还有《自卫队
法修正案》和《日美相互提供物品和劳务协定修正案》，至此，新
《日美防卫合作指针》的法律框架最终完成，自卫队的活动范围和作
用得到扩展和强化，日本防卫开始从专守防卫的"内向型"向维护周
边和国际安全的"外向型"方向转变。

二　"桥本主义"确立新的政策框架

经过日美同盟"再定义"后，日本重新调整了对东南亚的政
策框架。1997 年 1 月 7 日至 14 日，东盟成立 30 周年之际，日本
首相桥本龙太郎访问文莱、马来西亚、印度尼西亚、越南和新加
坡东盟五国，发表了题为"走向日本·东盟新时代的革命——更
广泛深入的伙伴关系"的演说，阐述了日本对东盟的政策，被称
为"桥本主义"。

桥本龙太朗的演说主旨在于，使日本与东盟的关系变成适应新的

---

① 米庆余：《日本近现代外交史》，世界知识出版社 2010 年版，第 507—508 页。
② ［日］西川吉光：『日本の安全保障政策』、晃洋書房 2008 年、190 頁。

时代要求的更广、更深的合作关系。他指出：在改革日本与东盟关系之际，必须从三个方面强化共同的框架：

"第一，深化和扩大以首脑外交为主的包括所有层面的不断交流。……包括有必要进一步强化日本与东盟间各个层面的政策对话，进一步增进首脑间的个人信赖关系，为确保 21 世纪地区的和平与稳定，关于今后亚洲太平洋的安全保障，必须推进两国间的坦诚对话。第二，为使我国与东盟的友好关系成为真正的磐石，要进一步增进国民间的相互理解，在文化方面展开丰富多彩的合作关系。……通过文化交流，期待进一步培养亚太共同体意识。第三，对于国际社会面临的种种问题，日本与东盟要相互分享知识和经验，采取一致合作。……日本与东盟要在全球范围内发挥更大的作用，共同致力于解决面向 21 世纪的种种国际课题，如恐怖活动、环境、健康、福利的提高以及粮食、能源、人口、艾滋病、贩毒等，如此才能带来日本与东盟关系的扩展与深化。"①

"桥本主义"是继"福田主义"以来，日本在东南亚政策上的又一次重大的调整，它主要包括三个方面的转变：第一，提升了日本与东盟的合作关系，使之从援助与被援助的经济关系扩展提升到加强在所有层面所有领域的对等合作关系，并相对淡化经济方面，优先强调安全保障方面的合作；第二，人员与文化交流的出发点发生了改变，从增强日本与东盟的相互信赖变为培养亚太共同体意识，实际是从亚太地区的视野看待日本与东盟关系，增强连带感和地区责任感；第三，立足点由限于双边范围的合作扩展到了全球范围，尤其是在联合国的合作。②

"桥本主义"之后，日本对东南亚政策的立足点和框架发生了改变，一方面，将日本与东盟的关系放在亚太地区甚至是全球视野下来

---

① 日本外務省：『橋本総理大臣演説：日本—ASEAN 新時代への改革——より広くより深いパートナーシップ』、1997 年 1 月 14 日（http：//www.mofa.go.jp/mofaj/press/enzetsu/09/eha_0114.html）。

② 参见王公龙《90 年代日本对东盟的外交政策》，《日本学刊》1997 年第 4 期。

考虑，日本与东盟的合作更多是为了解决地区及国际问题；另一方面，此后日本对东南亚的政策框架趋向更加综合，涵盖了经济、政治和安全等各个方面。

三　开展双边安全对话与军事交流

日美同盟关系经过调整和"再定义"后，被确立为亚太地区安全秩序的主要框架，日本对东南亚的安全政策也被置于这一框架之下。这一点在桥本龙太郎的演说中有明确阐述，他强调："在日本与东盟将视野投放在即将到来的新世纪、积极强化共同合作之际，最重要的前提条件是毫不动摇地确保该地区的和平与安定，而我深信确保和平最重要的要素，是美国在亚洲的军事存在。日美安保体制是确保美国军事存在的主要框架，因此在此我想明确阐明，我国今后将继续坚信日美安保体制的可靠性。日美安保体制将作为维持地区安定和经济繁荣的公共产品发挥作用，无论在哪种意义上都不针对特定国家。"[①] 桥本龙太郎的演说实际上是向东盟宣传日美安保体制在亚太地区安全中的中心作用，争取东盟国家的理解和支持，并意图将日本与东盟的双边或多边安全合作置于日美安保体制框架之下。

同时，日美同盟"再定义"前后，也完成了可以军事介入东南亚地区安全事务的体制准备。其一，美国与东南亚的关系进一步加强。1995 年 2 月，美国国防部发表"奈报告"，意味着对亚太盟国的重视与依赖的回归，依据此报告，美国加强了与东南亚国家的关系，具体体现在三个层次上：即恢复和加强与菲律宾、泰国的传统同盟关系；推进同新加坡、马来西亚、印度尼西亚等准盟国和非盟国的关系；改善同越南等原敌对国家的关系。[②] 其二，冷战后初期，由于美国在东南亚地区的军事收缩，使日本在地区内的安全作用增强，日美同盟介

---

① 日本外务省：『橋本総理大臣演説：日本―ASEAN 新時代への改革――より広くより深いパートナーシップ』、1997 年 1 月 14 日（http：//www.mofa.go.jp/mofaj/press/enzetsu/09/eha_0114.html）。

② 参见陈志《日美同盟与东南亚地区安全问题研究》，《日本研究》2010 年第 4 期。

入东南亚地区安全事务从"美主日从"趋于形成"日美平衡"的局面，而日美同盟经过"再定义"后，"日本自卫队联手美军干预东南亚地区安全问题的合作机制最终确立"①，为日美同盟加强在该地区的军事影响力扫清了障碍。其三，日本的相关法制实际上已经把东南亚纳入自卫队的防卫范围。1995 年的新《防卫计划大纲》，将日本海上自卫队的活动范围从 1000 海里扩大到 2000 海里，马六甲海峡被包括在内。1999 年的《周边事态法》，把包括东南亚在内的大部分亚太地区都划进了"周边事态"，表明日本军事介入东南亚的动向显现。

在上述背景下，在 20 世纪 90 年代后半期，日本对在东南亚地区发挥安全作用的路径进行了调整，重点推进双边的安全对话和军事交流。

首先，推进双边安全对话，并从部长级提高到定期的首脑会议。1997 年 1 月，桥本龙太郎首相提议"就地区性安全问题同每个东盟成员国举行坦诚的双边对话"。1997 年 1 月，桥本龙太郎访问越南时，日越双方决定设立国防副部长级定期协商制度，扩大两国在安全保障领域的对话。1997 年 12 月，日本与东盟首脑会议在马来西亚首都吉隆坡举行，双方就安全保障合作以及国防部门的定期协商和军事交流达成了协议。会后双方又发表联合声明称，面向 21 世纪，今后要加强首脑对话，尤其是在政治安全领域的对话与交流。自此，每年召开日本与东盟首脑会议成为惯例，这样，双边之间的安全对话就从部长级提高到了定期的首脑会议。1998 年 1 月，日本防卫厅做出决定，今后将继续扩大与东南亚各国的安全保障对话，具体包括：除与越南进行交流之外，今后特别是要加强与菲律宾、泰国和印度尼西亚各国的交流；除进行舰队间的友好访问之外，还要积极进行武官之间的交流。

其次，日本与东南亚国家防卫领域相关负责人开始进行接触，并展开军事交流。1995 年，日本派出高级防卫官员出访泰国和印度尼西

---

① 徐万胜：《冷战后的日美同盟与中国周边安全》，社会科学文献出版社 2009 年版，第 196 页。

亚，并同越南展开了军事交流。1996 年 3 月，日本海上自卫队远洋练习航海部队派出 4 艘护卫舰，同新加坡海军进行了战术训练和发光信号训练。5 月，日本海上自卫队远洋航海部队派出 1 艘护卫舰、1 艘练习舰，同泰国海军进行了通信、反潜和战术训练。1997 年 1 月和 2 月，日本防卫事务次官村田直昭和航空幕僚长村山鸿二，分别对越南、泰国和印度尼西亚进行了访问。1998 年 1 月，防卫厅长官久间章生访问越南，实现了日越两国国防部门之间最高级的安全对话。2000 年 5 月，防卫厅长官瓦力访问新加坡和越南，新加坡同意日本自卫队在东南亚地区救助日本人或执行维和任务时，可以使用新加坡国内的军事基地，与越南则就两国防卫官员举行定期会议和共同防御外来威胁进行了磋商，同时商谈了在南海共同搜救和打捞渔船等相关事宜。

第五节　政策评价

冷战结束后的 20 世纪 90 年代，日本欲在亚太地区乃至世界范围内发挥安全作用，一方面是为了确保日本的经济安全利益，另一方面是为实现"大国化"的政治目标，在构建新的世界秩序中发挥主导作用。这一时期，日本与东南亚的关系突破了政治、经济方面，扩展到了安全领域，主要路径是通过经济和政治外交手段，向东盟宣传日本在地区发挥政治安全作用并寻求理解和支持。日本积极的外交活动取得了一定成效，同时也受到一些因素的制约。

一　政策成效

东盟不仅在地缘上是日本安全的屏障，而且是确保日本经济安全的支柱之一。冷战结束后，日本之所以积极开展与东盟的安全对话，一是为了促进东南亚这个"潜在的热点地区"的和平与稳定，保持经济生命线的畅通和海上运输线的安全，实现在东南亚的安全利益；二是为了通过发挥东盟地区论坛等在创建亚太多边安全保障机制中的积极作用，来建立区域安全保障网络，创设有利的安全环境，并力求掌握未来在亚太安全机制中的主导权。可以说，日本在这一时期对东南亚的外交政策，取得了较为显著的成效。

第一，主导构建了以 ARF 为代表的多边安全对话机制，增强了日本在地区安全事务中的发言权。在"福田主义"阶段，日本与东盟通过首脑访问和日本与东盟论坛、日本与东盟外长会议及日本与东盟经济部长会议等常设机制促进了日本与东盟关系的发展，积累了经验。冷战结束以后，日本充分利用这些对话机制，通过在地区多边合作框架中提起安全议题，促进多边安全保障对话机制的建设，加强与东南亚国家双边的安全对话与交流，实现了在亚太地区安全中发挥积极作用的战略意图。

第二，利用日美同盟框架将东南亚地区纳入日美安保的防卫范围，进一步强化了日本在亚太地区的安全地位和作用。日美同盟经过冷战结束初期的调整，通过 1996 年新《日美防卫合作指针》和 1997 年日美同盟的"再定义"，同盟的安全保障范围扩大到亚太地区，其中包括南海海域和马六甲海峡。日本在亚太地区的安全地位和作用得到强化，欲与美国共同主导冷战后亚太地区的安全事务。在安全防卫上，日本政府认为，在冷战结束后的新形势下，扩大防卫区域，建立区域安全保障网络，主动、全面地参与外部世界特别是亚太地区的安全事务，才能保障日本的安全。同时，日本还积极介入东南亚地区安全事务，寻找自卫队发挥作用的途径。1992 年日本向柬埔寨派出维和部队，实现了日本自卫队首次出兵海外，加强与东南亚国家的军事合作对话与交流，安全政策中的军事手段运用初见端倪。这为日本在东南亚地区使用军事手段发挥安全作用奠定了基础。

第三，通过与东盟构建多边安全合作机制，拓展了日本外交活动空间，降低了对美依赖，为通过安保实现更高层次的国家目标"探路"。冷战期间，日本外交基本是"美主日从"，缺乏独立的外交空间。在安全问题上，更是唯美国"马首是瞻"。冷战结束后，日本开始逐步向推行"美亚并重"的自主外交战略的方向转变，通过主导多边安全机制的构建，日本增强了对美发言权，一定程度上降低了对美依赖，在地区安全上积极探索可以发挥日本作用的自主空间。同时，冷战结束前后，日本国内一些战略精英对安全的看法也在发生变化，开始向安全"既可以是目的又可以是实现更高层次的国家目标的手段"的认识转变。正如日本有学者所指出的："从维持国家独立的观点来说，安全保障本身就是目的，但在现代，将广义的安全保障作为实现更高层次的国家目标的手段，这一点是很重要的。"① 这里虽没有提出更高层次的国家目标是什么，但就冷战后日本对外政策实践来看，在安保上积极作为，正是为实现"大国化"国家战略目标服务。

二　东盟对日本发挥安全作用的反应

20世纪90年代以前，大部分东盟国家希望日本在该地区所发挥的作用仅限于经济方面，但进入90年代后，部分东盟国家期望日本在政治与安全方面同样发挥更加重要的作用，以制衡正在崛起的其他地区大国，这表明新一代东盟领导人对日本的态度已经开始转变。新加坡前外交部长黄根成曾经说过："日本积极参与东盟的政治与安全对话，反映了日本—东盟关系正在走向成熟。"除了双边的安全合作安排之外，东盟也赞同日本在东南亚多边安全合作机构，如东盟地区论坛中扮演积极角色。此外，东盟还欢迎日本在其他地区安全事务中发挥积极作用，例如维持和平、预防外交、防止核武器扩散等。但由于包括东盟在内的亚洲国家对日本在地区发挥安全作用仍抱有警惕心理，所以，东盟希望日本发挥的作用还是有限的，起码东盟不希望日本在军事方面过于积极。正如日本学者指出的："虽然亚洲各国认为没有日本参加的地区安全保障比较困难，但日本一旦真正单独发挥领导作用，亚洲各国会感到不安，东盟期待在地区保留美国军事存在和日美

---

① ［日］神山洋介：『日本の安全保障戦略構想』、2004年7月、松下政経塾（http://www. mskj. or. jp/report/9. html）。

同盟，却不愿日本单独发挥作用。"①

三　日本发挥安全作用的限制因素

冷战结束后的 20 世纪 90 年代，日本以东盟为跳板进行了在地区发挥安全作用的初步尝试，虽然取得了一定的成效，但日本要实现主导地区安全秩序的目的，受到两方面因素的制约。

一方面，受到日美同盟体制的制约。日本亚洲外交的基本路线是"福田主义"，亚洲外交的基础是加强与东盟的关系，这一路线是在美国的亚洲政策框架内，追随美国的亚洲政策而设定的。日本的国际战略，基本是在日美两国关系的框架内推进。因此，日本对东南亚的安全政策受到美国东亚战略的极大制约，是以符合美国的战略利益为前提的，这注定日本在地区安全中发挥独立作用的空间不会太大。

另一方面，历史问题的制约。由于历史原因，包括东盟在内的亚洲国家对日本在地区中发挥安全尤其是军事作用心存警惕。1997 年，马来西亚总统马哈蒂尔曾明确表示："日本应该在经济上作为负责的领导者发挥作用，在安全方面我们不需要领导。"②

可见，日本在地区安全中单独发挥作用的余地有限，在日美同盟框架和多边安全机制中寻求最大限度的"日本作用"才是其现实的选择。

①　［日］中西辉政：『アジアはどう変わるか：90 年代のアジアの総合安全保障』、日本経済新聞社 1993 年、372 頁。

②　转引自乔林生《日本对外政策与东盟》，人民出版社 2006 年版，第 220 页。

第 三 章

反恐契机下日本对东南亚地区
安全介入的逐步加深

冷战结束后的 20 世纪 90 年代，日本对东南亚的安全政策，主要是通过政治外交手段，构建多边安全对话机制和开展双边安全对话，宣传日本在地区及国际社会应发挥安全作用。进入 21 世纪，日本对东南亚的安全政策较之前一时期，在目标和手段上都有了进一步发展。21 世纪初日本的安全政策内容，是"由国际及地缘政治重大事态，以及国家战略及对外政策等内外综合因素决定的"①。国际及地缘政治重大事态主要指 2001 年"9·11"事件后席卷全球的反恐战争，和地区内中国、印度等新兴国家的崛起。"9·11"事件改变了国际社会对国际安全环境的主流认知，使应对以恐怖威胁为代表的非传统安全问题，成为 21 世纪初国际安全的基调。而中国的崛起，尤其是 2008 年金融危机以后中国的持续崛起，正在改变着地区内国家力量对比格局，被美日等国视为最大的潜在"威胁"因素。面对现实的恐怖威胁和潜在的"中国威胁"，一方面，日本不失时机将其转变为推动"国防正常化"和"军事大国化"的有利借口，介入国际安全事务，继续发挥日本的作用，并趁机修改完善国内相关安全防卫法制，加强自主防卫能力构筑；另一方面，日本将 21 世纪的国家战略目标明确指向海洋，并将自身定位为"海洋国家"，开始重点加强西南海域的防

---

① 吴怀中：《战后日本安全政策的演变》，《国际政治研究》2015 年第 1 期。

卫能力和相关法制建设。

　　21 世纪初日本对东南亚的安全政策，主要是在反恐背景下，通过与东盟建立反海盗合作机制与配合美国反恐，间接或直接派遣自卫队达到东盟地区，加强在该地区的军事影响，借机发展日本海上军事力量。继 20 世纪 90 年代日本在东盟地区做足欲发挥安全作用的政治宣传后，21 世纪初以反恐为契机，日本又将东南亚作为其发挥军事安全作用的一个支撑点，不断加深对该地区的安全介入力度，并借机谋求日本的海权利益。

第一节　日本介入东南亚地区安全的国内外背景

一　"9·11"事件后东南亚的安全形势

　　21 世纪初，东南亚地区的政治、经济及安全形势发生了复杂深刻的变化。尤其是"在亚洲金融风暴和'9·11'事件之后，中美日等大国在东南亚的存在与影响发生了很大的变化"①。具体变化包括：一，在美国认为恐怖主义是当前最重大的威胁的判断下，实现快速缓和，"美国希望与中国实现新的战略共存"②，中国继续推进"以经济建设为中心"的战略，对美国反恐问题上表现出的"单边主义"采取隐忍和克制态度。中美两国在东南亚地区的力量对比二元格局开始形成，中国在经济上的优势、美国在军事和安全上的优势各自呈上升趋势；二，中日两国在经济上呈现竞争态势，中国在东南亚的影响力上升，日本致力于与东盟构建"经济、政治、安全全方位的成熟伙伴关系"，力图保持在东南亚的优势地位；三，日美同盟在东南亚反恐中扮演重要角色，增强了对该地区安全事务的影响。以日美同盟"再定义"为标志，日本重新回归到追随美国的战略。尤其是 2001 年小泉纯

---

① 曹云华：《东盟与大国关系评析》，《国际政治研究》2003 年第 2 期。
② ［日］添谷芳秀：『日本のアジア構想』、慶應義塾大学出版会 2004 年、209 頁。

一郎组阁以后，在反恐背景下，"日本开始了对美国的深度追随和'建设性追随'"①。具体来说，"9·11"事件后东南亚地区的安全形势变化主要包括以下三个方面：

第一，美国在东南亚的安全网络与日本作用同时得到强化。"9·11"事件后，美国发动反恐战争，加快了其全球同盟体系的调整，进一步加强了与东南亚国家的军事安全合作，形成了"美国主导的强化了的地区安全网络"②，美国欲借助反恐契机将军事力量回调至东南亚的动向明显。主要的手段，则是加强与东南亚国家的军事合作关系，提供经济援助支持东南亚国家的反恐行动，以及进行军事演习和防卫交流等。东盟国家在反恐背景下，除进行地区内各国间的军事演习外，也表现出欲强化与美军关系的动向。美国不但与菲律宾、泰国、新加坡等传统盟友加深了军事合作，还与马来西亚、印度尼西亚、越南等非盟友国家拓展了防务交流。2003 年，美国更是给予菲律宾和泰国"主要的非北约同盟国"的地位。2003 年 10 月，美国与新加坡为强化反恐对策、军事合作，双方达成了今后就签订新国防与安全保障协约进行交涉的协议。11 月，越南国防部长范文茶访问美国，同月，双方军事交流便有了新的进展，如美军舰船在越南战争后首次实现停靠越南港口。2003 年 10 月，美国总统布什首次出访菲律宾、泰国、新加坡、印度尼西亚四国，扩大了美国的反恐阵营。

美国加强与东南亚国家在反恐上的军事合作，需要日本在军事上给予更大程度的支持、参与和配合，因此日本的作用与战略价值被强调。早在小布什竞选总统时，就曾强烈指责克林顿的"重华疏日"政策，当选后，小布什一再强调"要加强与盟国的关系"，尤其是与日本的关系。"9·11"事件后，日本政府声称全力支持美国反恐活动，日本成为 21 世纪消除恐怖主义威胁、制衡中国和促进亚洲在美国主导下保持安全稳定的重要基石。以此为契机，日本在 20 世纪 90 年代建

① 杨伯江：《战后 70 年日本国家战略的发展演变》，《日本学刊》2015 年第 5 期。
② 陈志：《日美同盟与东南亚地区安全问题研究》，《日本研究》2010 年第 4 期。

立起来的一些国家法制框架开始显示出实际意义，日本不仅在反恐和反海盗等国际行动中投入实际兵力，其国防安全的重心也在这一时期转向西南方的海洋，日本开始了在海洋安全方面的法制建设与军事战略的部署调整。

第二，中国与东盟的经济合作发展迅速，中国在东南亚的影响力呈上升趋势，与日本在该地区形成竞争态势。中国与东盟关系的发展，始于政治关系的改善。20世纪70年代以来，中国与东盟国家先后恢复邦交关系，至1991年中国和文莱建交，中国和东盟实现了关系全面正常化。政治关系改善，促进了双方经贸关系的发展。尤其是1997年亚洲金融危机之际，中国政府坚持人民币不贬值，对稳定地区的金融秩序做出了贡献，赢得了东盟国家的信任，双边贸易关系进一步发展。2000年11月在新加坡举行的第四次"东盟与中日韩（10＋3）"政府首脑会议上，朱镕基总理提出建立中国—东盟自由贸易区的提议，东盟积极响应。至2001年，双边贸易突破400亿美元，东盟成为中国的第五大贸易伙伴，中国也成为东盟的第六大贸易伙伴。至2005年上半年，双边贸易额又增至597.6亿美元，东盟跃升为中国第四大贸易伙伴、第五大出口市场和第四大进口来源地。[①]

与此相比，日本由于经济泡沫破灭和政局动荡，到20世纪90年代中后期，日本和东盟的"雁形发展模式"处于难以为继的状态。面对中国与东盟关系的突飞猛进、东盟多个国家的最大贸易伙伴从日本转到中国、中国在东亚峰会等多边机制中的影响力也不断提升的境况，日本认为中国对其在东南亚地区的优势地位构成了挑战，意识到与中国在该地区的博弈和较量可能会日趋激烈。尤其是2001年11月，中国提出与东盟缔结FTA协定构想，对日本造成很大冲击。日本学者指出："与中国对东盟实行的政治合作战略行动相比，日本对东盟的态势呈现被动倾向。"[②] 21世纪最初几年，中国不断推进与东南亚地区在

---

① 参见乔林生《日本对外政策与东盟》，人民出版社2006年版，第269页。

② ［日］庄司智孝：「多元的関係の追求——中国の台頭と日本の東南アジア政策」、恒川潤編『中国の台頭——東南アジアと日本の対応』、防衛省防衛研究所2009年、169頁。

经济、政治、安全等方面的合作，这使日本感受到主导权转移的压力，但因存在日美同盟制约的顾虑，日本在对东南亚政策调整上有一定的滞后性和迟疑性。

然而，虽然在经济上对东南亚国家影响力下降，但为了维持在东南亚地区的传统影响，保持在该地区的战略主导地位，防止中国势力渗透，日本抓住了反恐有利时机，并巧妙利用了东南亚国家对中国崛起抱有的不安心理，在地区安全上得以发挥更大的作用。有学者指出："从中日在该地区的竞争关系的视角来看，加强与东南亚国家的非传统安全合作，可以作为地区内的合作框架，保持日本在该地区的影响力。"① 为平衡地区内中国力量的崛起，开拓与东南亚在非传统安全领域的合作，谋求日本作用的扩大化和多样化，逐步加深对该地区的安全介入程度，是这一时期日本在东南亚保持影响力的现实选择。

第三，东盟对日本在东南亚地区发挥安全作用的态度明显松动。自战后以来，日本与东盟的关系主要在于经济方面，20世纪80年代开始，日本尝试向东盟游说要在该地区发挥政治作用，冷战结束后，日本又积极向东盟宣传要在该地区发挥安全作用。在90年代以前，东盟的大部分国家希望日本在该地区发挥的作用仅限于经济方面，但在冷战结束后，特别是进入21世纪以来，"越来越多的东盟国家赞同日本在政治与安全方面也在该地区扮演重要角色"②。菲律宾前外交部部长多明哥·西亚松表示："日本与东盟地区的合作必须超越经济领域，应该包括和平与安全事务。"③ 可见，东盟对日本在该地区发挥军事与安全作用的态度变得宽容，疑虑和担心明显减少。

究其原因，主要在于东盟一直奉行"大国平衡"战略，随着中国力量的崛起及"中国威胁论"的散播，东盟对中国产生警惕，期待通过日美同盟尤其是日本作用的发挥，来平衡地区内中国影响力的提升。

---

① 乔林生：《日本对外政策与东盟》，人民出版社2006年版，第269页。

② 曹云华：《东盟与大国关系评析》，《国际政治研究》2003年第2期。

③ Hardew Kaur, "Ensuring We're Not Bitten by the Same Dog Twice", 转引自曹云华《东盟与大国关系评析》，《国际政治研究》2003年第2期。

而且，经历过金融危机后的东盟，在经济发展上还需要日本的经济援助。正如新加坡国防与战略研究所的副研究员波布兴达·辛格所说："尽管东盟批评日本在东南亚金融危机中出力不够，但是，东盟继续把日本看作是其最重要的经济伙伴，东盟认识到日本在这个地区的经济存在是必要的，它不仅有助于东盟恢复经济，且能帮助东盟重振昔日的雄风与活力。"① 东盟经济上对日本的依赖，增加了日本利用 ODA 和经济合作打安全牌的可能性。

二 日本的安全利益变化

"9·11"事件后日本在东南亚的安全利益是：确保自日本本土至东南亚和中东海上运输线的畅通，有效应对交通线沿线地区的恐怖袭击和海盗等突发事件，维护日本安全利益；稳定日本周边环境，以"美主日从"的方式参与主导亚太地区多边安全机制。

这一时期东南亚形势的变化，使日本在东南亚的安全利益有了新的变化，其中，与海洋因素相关的利益比重明显上升。21 世纪以后日本对东南亚的安全政策，开始被放在摸索制定海洋战略的进程中进行定位和考量。日本开始寻求作为"海洋国家"的身份认同，推进相关海洋法制建设，将国家发展战略明确指向海洋，使其在该地区的安全利益有了进一步扩展。

日本国家发展战略指向海洋是从战后开始，但对海洋的认识产生显著的变化则在冷战结束后。日本战败，宣告了在陆军主导下作为"大陆国家"谋求发展的路线行不通。战后，吉田茂主张在自由贸易体制下，作为海洋国家、通商国家谋求生存发展，并将其付诸实施。在"吉田路线"引领下，日本实现了经济高速增长，确立了世界经济大国的地位。为确保其经济安全和海上通道安全，日本历届政府强调海洋对日本的生存和发展具有生死攸关的重要意义。冷战期间，日本

---

① Bhubhindar Singh, "ASEANs Perceptions of Japna: Change and Continuity"，转引自曹云华《东盟与大国关系评析》，《国际政治研究》2003 年第 2 期。

对海洋重要性的认识主要是基于对经济安全的考虑，在安全保障上基本限于本土和领海的"专守防卫"。冷战结束后，随着国际形势的变化和世界海洋权益纠纷日趋激烈，以及日本要做军事大国的战略目标日渐清晰，日本提出要从"岛国"走向"海洋国家"的战略构想，表明日本对海洋意义的考虑不再限于经济，而是扩展到安全领域。20世纪90年代以后，日本将本国的安全与繁荣与世界的和平与安全密切关联，日本自卫队在广阔的海域上开始展开与他国的合作，在海洋上从事各种活动，这意味着"在安全保障方面，对日本来说，海洋的意义不断扩大"①。从时间进程看，日本政府是从90年代中期以后开始筹划海洋战略，到小泉纯一郎上台以后，真正将制定海洋战略提上日程。② 可见冷战后，日本对海洋的认识正在发生变化，即从"依靠海洋谋生存"的内向型向"追求海权"的外向型转变。

在日本尚未形成系统的海洋战略构想中，东南亚具有重要意义，是由于进入21世纪，日本在该地区的安全利益和海洋息息相关。

第一，确保日本的能源安全利益，重视东南亚能源国家和海洋资源。日本是能源极度匮乏的国家，一次性能源99.7%依赖进口，确保能源的稳定供应对日本安全具有生死攸关的重要性，是日本国家的核心利益。东南亚地区能源蕴藏量丰富，其石油资源和天然气资源分别占世界油气资源量的7.5%和8.1%，经历过两次石油危机的日本，寻求能源多元化战略，尤其重视与东南亚的能源外交。东南亚地区的印度尼西亚、马来西亚和文莱是日本天然气、原油的主要进口国，占其总进口的4/5，原油占1/5以上，印度尼西亚是日本最大的天然气供应国、第二大煤炭供应国、第六大石油供应国。

进入21世纪后，国际和地区能源安全形势发生了一些显著变化：一是"9·11"事件后，美国发动伊拉克战争，中东的恐怖活动影响到当地的石油生产和出口，加剧了日本在能源供应安全上的不安全感；

---

① 日本国際問題研究所：『守る海、繋ぐ海、恵む海—海洋安全保障の諸課題と日本の対応』、2012年3月（http：//www2. jiia. or. jp/pdf/reaach/H23_ Sea/01_ Takano. pdf）。

② 参见李秀石《日本国家安全保障战略研究》，时事出版社2015年版，第113页。

二是随着中国、印度等新兴国家的崛起，国际市场对能源的需求激增，日本担心日益壮大的中国会抢占其在东南亚能源市场上的份额，更加重视在东南亚的能源安全利益；三是马六甲海峡在日本的海上交通线路中居于重要的战略地位，海盗武装袭击事件威胁到日本的能源运输安全，因此东南亚周围海域安全是日本关注的重点。通常来说，大规模的能源消费及极高的对外依赖程度会加剧能源需求国在安保上的脆弱性。日本正是由于在能源问题上的脆弱性，才在能源安全保障问题上表现出强烈的积极性，将确保能源安全利益作为21世纪经济安全利益的重中之重。1994年《联合国海洋法公约》生效后，规定领海12海里，专属经济水域200海里，在具备一定条件的情况下可最大限度延长到350海里。小泉纯一郎在其任期内曾多次提到："推进我国周边大陆架及海底资源勘探，确保海洋权益。"[1] 可以看出为确保能源，日本逐渐将重心转向开发和勘探海洋能源，不断扩大海洋权益并获取经济利益。

第二，从维护"海上通道"安全到追求海权利益。战后以来，自日本本土至东南亚和中东海上运输线一直被日本视为"海上生命线"，海上安全历来是日本关注的重点。"9·11"事件后，为有效应对交通线沿线地区的恐怖袭击和海盗等突发事件，海上通道安全成为日本在这一时期确保安全利益的首要问题。在日本与东盟加强反海盗合作的过程中，日本巧妙地将维护海上通道安全，与推进本国"军事大国化"的政治目标和海洋战略指向结合在一起，利用日美联合反恐的有利局势，积极推动日本海上防卫力量的发展，并通过为美国等联军反恐提供后勤，锻炼了实战能力，借助日美同盟机制获取在西太平洋的海权利益。由此可见，日本从（主要从经济角度关注海洋安全的）动机，逐步转变为以获得海权和主导海洋安全事务为目的，在反恐契机下，日本在东南亚地区的安全利益进一步扩大和深化。

---

① 首相官邸：『第164回国会における小泉内閣総理大臣施政方針演説』、2006年1月20日（http://www.kantei.go.jp/jp/koizumispeech/2006/01/20sisei.html）。

在上述国内外因素驱动下，日本在"9·11"事件以后，以美国掀起的反恐战争为契机，逐步加深对东南亚地区安全介入的力度和深度，实现其在该地区的多重安全利益。

第二节　日本介入东南亚地区安全的实现路径

"9·11"事件后，日本对东南亚的政策进入新的阶段。小泉纯一郎内阁对东南亚的政策包括三个基本的战略方向：经济方面，积极推动与东南亚的区域经济合作，力图巩固日本在该地区经济上的优势地位，进而主导东亚的一体化进程，争夺地区经济合作的主导权，确保其经济大国地位；政治方面，加强与东南亚国家的双边政治关系，构建与东盟的"战略伙伴关系"，谋求在地区合作与争当联合国常任理事国等事务上寻求东盟的支持，进而为日本成为政治大国及主导构建国际新秩序创造条件；安全方面，重点是利用反恐契机，加强与东南亚国家在非传统安全尤其是反海盗方面的合作，展开双边军事对话与军事交流，增强日本在该地区的军事影响，同时通过东盟地区论坛推进地区安全的预防外交，主导东亚安全机制构建，为日本在地区发挥更大的安全作用和实现"正常国家"做铺垫。小泉纯一郎的东南亚政策涵盖经济、政治、安全等各个方面，较为综合全面，其中，地区合作是政策的核心内容。① 之后，安倍晋三、麻生太郎和福田康夫内阁在继承小泉纯一郎对东南亚的基本政策基础上，进一步深化了日本与东盟在经济、政治及安全方面的关系，在福田康夫内阁期间更是提出了重视东南亚的"新福田主义"。21世纪前十年，日本与东盟从"主从关系"完成了向对等的"战略伙伴关系"的转变。

安全方面，在美国掀起全球反恐背景下，日本重点通过加强与东南亚在非传统安全方面的合作，持续加深对该地区的安全介入力度，增强日本对该地区的安全及军事影响力。冷战结束后，随着亚洲安全

---

① 参见米庆余《近现代日本外交史》，世界知识出版社2010年版，第460页。

局势的缓解，东南亚在美国全球安全战略中的地位相对下降，美国除在该地区保持适当的军事存在，确保美国在当地的利益不受威胁以外，整体收缩了在该地区的军事部署。"9·11"事件以后，美国掀起全球反恐活动，才与东南亚的军事关系变得日益密切。小布什政府对东南亚的外交政策，"除经贸层面外，更重视东南亚的安全价值"①，在东南亚地区着重打击恐怖主义、宗教极端分子和海盗，并组建了东南亚"第二条反恐阵线"。日本借助美国反恐的东风，加强与东南亚在反恐、打击海盗、维和等非传统安全领域的合作，通过东盟地区论坛、首脑会谈与东盟进行安全对话的同时，重点推进日本与东南亚反海盗合作机制构建和军事合作交流，并以此为抓手，逐步加强在该地区的军事影响，这成为其推进"军事大国化"和海权利益扩张战略的重要一环。

一 首脑外交：提升与东南亚的安全合作关系

"9·11"事件后，在美国推动全球反恐战争中，东南亚的安全价值被强调，美国开始构建在东南亚地区的安全网络，加强了与东南亚国家的军事合作关系。在美国的战略部署中，把中东到东北亚包括东南亚在内的地区视为"不稳定弧"，日本则作为美国应对"不稳定弧"地带可能出现之威胁的指挥中心和后勤支援中心，东南亚身处其中，成为"日美同盟军事介入的重点和前沿"②。小泉纯一郎紧跟美国步伐，投身于反恐，通过参加"东盟与中日韩（10+3）"首脑会议等，认识到了东南亚外交的重要性，进一步加强了与东南亚国家的关系。③尤其在安全上，呈现出军事介入东南亚安全事务的动向。

这一时期，日本主要通过首脑外交从战略上提升和深化与东南亚的安全合作关系，介入东南亚地区安全事务，增强对东南亚地区安全

---

① 宋清润：《"冷战后美国—东南亚军事关系"研究现状述评》，《现代国际关系》2013年第8期。

② 陈志：《日美同盟与东南亚地区安全问题研究》，《日本研究》2010年第4期。

③ ［日］田中明彦：『アジアの中の日本』、NTT出版株式会社2007年、291頁参照。

的影响力。"9·11"事件发生后，小泉纯一郎首相于次日9月12日立即召开了记者见面会，明确表明态度要全力配合美国反恐。9月13日，即与菲律宾总统阿罗约举行首脑会谈，这次会谈是日菲两国首脑的首次会谈。两国首脑在会谈中确认今后要继续密切合作，构筑更高层次的伙伴关系，协调在两国间、地区及全球问题上的意见。双方认为，近年东南亚海盗活动猖獗，对船舶航行造成重大威胁，对亚洲太平洋地区的安定和经济繁荣造成巨大影响。双方确定在去年4月召开的国际海盗对策会议及今年10月召开的亚洲海盗对策会议取得的成果基础上，就打击海盗展开地区合作。菲律宾总统阿罗约在会谈中表明，确信《日美安保条约》有利于维护地区的和平与安定，并表明支持日本加入安保理事会常任理事国。① 日本与菲律宾同为美国在亚洲的军事盟友，"9·11"事件发生后，两国首脑在第一时间进行会谈，就加强地区内的安全合作交流意见具有非同一般的意义。

2002年1月，小泉纯一郎访问菲律宾、马来西亚、泰国、印度尼西亚和新加坡东盟五国，并在新加坡发表题为"东亚的日本与东盟——坦诚开放的伙伴关系"的演说，阐述了日本对东盟的外交政策，提出21世纪日本与东盟要作为"坦诚的伙伴关系"，在"同行并进"的基本理念下加强合作。② 主要内容如下：

第一，日本支持东盟各国的各项改革，继续加强湄公河地区的开发合作。第二，继续强化安全方面的合作。一是与东盟积极合作削减贫困、预防纷争；二是通过东盟地区论坛，与东盟一起为地区安全做出贡献；三是就全球性问题与东盟在世界范围内尤其是在联合国内加强合作。小泉纯一郎提出与东盟进行未来合作的"五项设想"，其中，安全方面强调要与东盟从根本上强化包括反恐在内的安全合作并形成"轴心"，具体包括，日本要与东盟加强在反海盗、海上警备机构间的

---

① 首相官邸：『日·比首脑会談共同記者発表』、2001年9月13日（http：//www. kantei. go. jp/jp/koizumispeech/2001/0913nitihi. html）。

② 首相官邸：『東アジアの中の日本とASEAN—率直なパートナーシップを求めて』、2002年1月14日（http：//www. kantei. go. jp/jp/koizumispeech/2002/01/14speech. html）。

合作，以及能源安全保障方面的地区合作。此后，小泉纯一郎在任期内7次出访东盟，与东盟国家首脑举行了8次会晤，全面提升与东盟包括安全在内的合作关系，把双方关系推进到"成熟"的新阶段。

在此基础上，日本从战略合作伙伴关系的高度，加强了与东盟在反恐和维护地区安全中的合作。2003年12月，日本与东盟在特别首脑会议上，发表了《日本东盟战略协作伙伴关系东京宣言》（简称《东京宣言》）和"行动计划"，表明双方为维护地区和平，要提升在政治、安全合作及各个方面各个层次上的伙伴关系。双方通过双边对话及ARF等地区和国际合作框架，共同致力于和平解决地区纷争，强化在反恐、打击海盗及其他跨越国境犯罪、大量破坏性兵器和运输武器等相关物资的军缩、不扩散领域的合作。① 与此同时，日本正式宣布加入《东南亚友好合作条约》，表明日本要在安全领域加强与东盟的合作。2004年12月，日本与东盟国家签署了《东盟—日本反对国际恐怖主义联合宣言》，加强双方在反恐上的具体合作。2005年12月，小泉纯一郎出席第11届东盟首脑会议，发表题为《深化并扩大日本—东盟战略性合作伙伴关系》共同声明，声明称双方将基于平等立场共同致力于地区的和平、安全与繁荣，并承诺向东盟提供75亿元的财政援助。

2007年7月，日本首相安倍晋三在访问印度尼西亚时发表题为《日本与东盟：共享理想未来》的政策演说。安倍晋三对东盟基于法律和人权的"普遍价值观"推进东盟共同体建设给予了积极评价，并指出日本今后将重点援助自由贸易协定实施、湄公河流域开发等经济领域的问题，以及和平解决地区纷争问题。2007年8月20日，安倍晋三出访印度尼西亚，就日本对东南亚的基本政策发表演说。主要内容包含三个方面：一是希望今后与东盟在更深、更广的领域拓展关系；二是为消除东盟地区内部差距，日本将在今后对经济较为落后的柬埔

---

① 首相官邸：『新千年期における躍動的で永続的な日本とASEANのパートナーシップのための東京宣言』、2003年12月12日（http://www.kantei.go.jp/jp/koizumispeech/2003/12/12sengen.html）。

寨、老挝、缅甸和越南四国（湄公河流域国家）开展援助；三是日本今后将在安全保障领域加强与东盟的合作。

2008 年 5 月 22 日，福田康夫在由日本经济新闻主办的主题为"亚洲的未来"的国际交流会议上，发表题为《太平洋成为"内海"之日——共同走向未来亚洲的五项承诺》的政策演讲，旨在与东盟建立"共享未来理想、共同思考和共同行动的伙伴关系"，被称为"新福田主义"。福田康夫在其政策演说中主要阐述了五点内容：第一，推动东盟落实"普遍价值观"，坚决支持东盟共同体的建设；第二，加强日本与美国的同盟关系，作为亚太地区的公共财富；第三，日本作为"和平合作国家"，为亚太及世界的和平做出自己的"贡献"；第四，加强青年交流；第五，应对气候变化。[1]"新福田主义"的核心在于：一是强调日美同盟关系是"稳定亚太地区的装置"，二是强调亚洲向太平洋地区"开放"，达到成为紧密的"内海"的程度，三是提议构建"亚太合作网络"。福田康夫的主张实质是通过强调日美两国在亚太军事存在的重要性，确立日本在东南亚及亚太地区的领导地位。"新福田主义"包含"企图通过整合、建设地区非传统安全合作机制，掌握地区主导权的战略设计"[2]。

由上可见，21 世纪前十年，自民党四届内阁通过频繁的首脑外交，大幅提升了与东南亚的安全关系，将双方关系推进到更加对等、成熟的阶段。日本通过首脑外交积极构建与东南亚在非传统安全方面的合作机制，既增强了在地区安全中的作用，同时为其在该地区推行安全主张和政策奠定了组织基础。虽然双方合作内容集中在非传统安全领域，但通过首脑外交，日本密切了与东南亚国家的双边或多边安全关系，利于加大对东南亚地区安全事务的介入，扩大在该地区的军事影响，提高其军事干预地区事务的能力，这为日本逐步走向军事大

---

① 首相官邸：『太平洋が「内海」となる日へ—「共に歩む」未来のアジアに5つの約束』、2008 年 5 月 22 日（http://www.kantei.go.jp/jp/hukudaspeech/2008/05/22speech.html）。

② 李秀石：《日本国家安全保障战略研究》，时事出版社 2015 年版，第 199 页。

国铺平了道路。①

二　多边外交：推进以预防外交为主的东盟地区论坛进程

20世纪90年代，日本积极主导构建亚太地区多边安全机制，在日本的推动下，东盟地区论坛（ARF）成立。虽然，日美同盟经过"再定义"后，日本重新确认日美同盟是维护日本和亚太地区安全的"基轴"，把多边安全机制定位为发挥辅助作用，但其作为日本发挥地区安全作用、增强国际影响力的重要途径之一，仍受到日本政府的重视。进入21世纪后，日本积极推动东盟地区论坛向第二阶段目标"预防外交"迈进，强调日本要发挥"议长"的作用，为亚太地区创设良好的安全环境做出日本的"贡献"，其实质是要增强对地区安全事务的介入程度，并发挥主导作用。

日本认为预防外交是解决东亚安全问题的有效途径，原因在于，一方面可以确立国家间共同的行为准则确保地区安全，另一方面可以彰显其对东亚安全建构的重要性。在小泉纯一郎提出的对东盟政策的"五项设想"中，提到日本要同东盟各国合作，在进一步增加建立信任措施的同时，开展预防外交相关讨论，深化并推进东盟地区论坛进程。② 日本前外务省综合外交政策局安全保障政策科长平松贤司，曾发文强调日本作为东盟地区论坛"议长"的作用，并称"提出一些构想，引导各国展开具体的讨论，是我国作为议长的责任"③。平松贤司所主张的"提出一些构想"，实质是指可以由议长国设置会议议题，对地区内的"不安定因素"展开讨论。日本希望东盟地区论坛可以作为地区安全对话平台，有效解决地区内"南海争端""台湾问题"和"朝鲜半岛问题"等传统安全议题。中国认为日本的这一提议违背东

---

①　参见乔林生《日本对外政策与东盟》，人民出版社2006年版，第217页。

②　日本外务省：『小泉総理による日・ASEAN協力の「5つの構想」』、2002年6月14日（http://www.mofaj/area/asean/5_koso.html）。

③　［日］平松賢司：「アジア太平洋型の安全保障機構は成立するか」、『外交フォーラム』1999年特別篇、121頁。

盟地区论坛倡导的"不干涉内政"原则，提出强烈反对。中国的反对得到大部分东盟国家的支持，拒绝了日本的相关提议。

日本在 21 世纪推进东盟地区论坛向以预防外交为主的多边安全合作转变，就东盟地区论坛自身的发展进程来说是具有一定意义的。然而，日本却利用议长国的身份，设置干涉别国内政的安全议题，试图将中国置于多边安全合作框架进行牵制，由于这与东盟所坚持的"东盟方式"和"大国平衡"战略原则并不一致，日本的战略意图未得以实现，在多边安全合作中日本与东盟的安全合作频频受阻，对多边合作的期待日渐式微，对以东盟地区论坛为主的地区多边安全合作态度从"乐观的自由主义变为悲观的现实主义"①。此后一段时期，日本仅将东盟地区论坛视为非传统安全领域合作的平台，重心转向与东盟国家双边的军事对话与交流。

三　"借船出海"：反恐名义下将军事触角伸入东南亚

日本配合美国参与反恐行动，"借船出海"，使日本海上力量可以"名正言顺"经由东南亚海域进入印度洋，逐步在东南亚海域确立了"准军事存在"。"9·11"事件后，9 月 19 日小泉纯一郎当即发表了三项基本方针和七项具体措施。其中包括：自卫队为对抗恐怖活动的美军提供医疗、输送和补给，派遣自卫队舰艇收集情报，对巴基斯坦、印度等进行紧急支援。小泉纯一郎本人还在 9 月 25 日急速访美，会见小布什总统，明言"作为同盟国的一员，不遗余力进行最大的支援与协助，在不行使武力的范围内尽最大可能进行支援"。2001 年 10 月，通过了《反恐特别措施法》，使日本海上自卫队可以在印度洋对美军进行石油补给活动。2001 年 11 月，为支持美国在阿富汗的军事行动，日本以反恐为名派出舰队通过东南亚海域驶向印度洋，这是战后日本第一次在战争状态下派遣自卫队。11 月 25 日，日本派遣第二批战舰

---

① 任慕：《冷战后日本与东盟地区安全合作的限制因素分析》，《东南亚研究》2012 年第 6 期。

经由马六甲海峡直达印度洋。2002 年 12 月，日本以"协助美国打击恐怖势力"为名，派遣海上自卫队最先进的"雾岛"号驱逐舰，前往印度洋支援美军的"倒萨"行动。2003 年 4 月，日本派遣 3 艘军舰赴印度洋支援美军的伊拉克战争。日本在反恐名义下，使日本海上军事力量获得了在东南亚海域活动的合法性。

此外，日本还每年参与以美国为首的多国联合军事演习，和与东盟国家的双边军事演习，加强海上军事合作，不断推进海外派兵的扩大化以及与东南亚各国的军事合作。为获得东南亚国家对日本自卫队进行海外活动的理解和支持，2005 年 1 月 9—11 日，日本防卫厅长官大野功统访问印度尼西亚、新加坡、马来西亚 3 国，向其说明日本2004 年修改的新《防卫计划大纲》，并向东南亚国家强调日本自卫队的海外活动是其"本来任务"。2005 年 5 月 2 日，日本派遣自卫队员参加了美泰等国在东南亚举行的最大规模的"金色眼镜蛇"联合军事演习，这是日本自卫队首次正式参加这一演习。

由此，在反恐名义下，日本开始将军事触角伸入东南亚，为日后日本对该地区进行军事力量的持续渗透奠定了基础。

四　主导反海盗合作机制：在马六甲海峡确立"准军事存在"

进入 21 世纪后，日本开始明确提出对海洋国家身份的追求，并着手摸索制定综合海洋战略。日本在推进海洋战略的过程中，为了确保海上航线的安全，十分重视海上军事力量。东南亚域内的马六甲海峡航线历来被日本视为攸关日本生死利益的"海上生命线"，在马六甲海峡及周边海域的海盗事件频发，并与恐怖主义出现合流动向的情况下，日本抓住有利时机，在打击海盗和海上恐怖主义方面，加强与东南亚国家的合作：一方面，积极促成多国合作，缔结安全航行的地域协定，谋求在海洋安全合作中的主导权；另一方面，加紧构建与东南亚海上军事合作体制，将日本海军力量逐渐渗透到东南亚海域。

首先，主导东南亚反海盗合作机制构建，欲在亚洲反海盗和海上反恐怖主义的体制中发挥主导作用。1999 年，小渊惠三首相在会晤东盟首脑时,首次提出合作打击海盗活动的建议。2000 年 4 月,日本在东京主办了亚洲地区反海盗及武装劫船的国际会议,在强化打击海盗的信息共享体制、警备体制的合作、人才培养等方面达成一致,签署了《亚洲海盗对策备案 2000》。2001 年 10 月,小泉纯一郎首相正式倡议缔结"亚洲反海盗协定",声称日本在亚洲地区加强多边合作,旨在打击海盗、确保海上运输安全和稳定。2003 年 6 月 24 日,小泉纯一郎与印度尼西亚总统梅加瓦蒂进行会谈,双方首脑重视解决东南亚海域日益严重的海盗问题。会谈双方首脑认为海盗活动的增加,对包括日本在内的邻近各国海上运输安全造成严重威胁,同时对地区的社会及经济发展产生恶劣影响。双方一致认为应紧急强化包含尽早签署《亚洲海盗对策地区合作协定》在内,有关打击海盗活动的合作。①。2004 年 11 月,在日本主导下,东盟十国及中国、日本、韩国、印度、斯里兰卡、孟加拉国的代表在东京签署了《亚洲地区反海盗和武装劫船合作协定(RECAAP)》。关于日本主导下构建的反海盗合作体制,有学者指出:"尽管还不是一个以防范传统安全威胁为主要宗旨的国际机制,但是在传统安全和非传统安全相互交织的时代,这个以克服非传统安全威胁为主要目的而建立的政府间海上安全合作机制,在当前国际和地区安全形势复杂变化动荡背景下得以建立,具有非同寻常的含义。"②

其次,以马六甲海峡反海盗为中心,投入大量人力、物力资源,以情报共享中心的主导者的身份来构建与东南亚各国军事合作体制。日本企图通过此举把军事力量渗透到东南亚海域、特别是马六甲海峡及印度洋海域。③ 2000 年 11 月,日本首次派遣海上保安厅的巡视船前往印度和马来西亚,演练打击海盗。2002 年 2 月,日本又派出大型巡

---

① 首相官邸:『日インドネシア首脑会谈共同声明』、2003 年 6 月 24 日(http://www.kantei.go.jp/jp/koizumispeech/2003/06/24seimei.html)。

② 蔡鸿鹏:《日本主导东南亚反海盗合作机制对地区海洋安全事务的影响》,《东南亚研究》2007 年第 3 期。

③ 参见张卫娣、肖传国《21 世纪日本对外战略研究》,军事科学出版社 2012 年版,第 61 页。

视船，在马六甲海峡、菲律宾及印度尼西亚沿岸的航线上巡逻。2003年6月，日本和印度尼西亚总统举行首脑会谈，小泉纯一郎表示为支援在马来西亚设立的东南亚地区反对恐怖主义中心及增强反恐能力，今后将继续推进对东盟各国法律执行相关人员的培训。日本支援东盟各国增强海上保安及相关部门的反海盗能力，并尽可能提供"硬件"支持。同时，为了能与海上保安厅及相关部门及时交流意见、增强海上安全，要扩大现有的合作机制。[①] 2005 年 3 月，马来西亚成立统一管理海洋事务的海上法令执行厅后，日本便派遣海保厅人员作为国际协力事业团的专家前去进行技术指导，举行"特殊救援技术讲座"等，从加强其海警执法能力入手，破解马六甲海峡沿岸国的反介入防线。日本参与东南亚地区反海盗合作的方式，主要包括提供巡逻艇、进行人员培训、协助指导当地国家的反海盗工作等。

小泉纯一郎下台后，继任的安倍晋三、麻生太郎、福田康夫三届自民党内阁继续以马六甲海峡为中心，支持东南亚反海盗和反恐能力的建设，并"首次把对东盟安全合作的出发点——马六甲海峡安全问题，提到'确保海上运输安全'的高度，在海洋战略法制建设中实现了立法"[②]。2007 年，安倍晋三内阁将"确保海洋资源开发利用、海上运输安全与维持海洋秩序"列入《海洋基本法》，8 月，安倍晋三在与印度尼西亚、马来西亚两国首脑会谈时，表明要为确保马六甲海峡安全做出积极的贡献。2008 年 3 月，福田康夫内阁发表了《海洋基本计划》，关于海上通道安全问题，规定：第一，重点加强维护马六甲海峡安全的合作框架建设，以亚洲反海盗信息共享中心为平台，通过培养人才等方式支持相关国家提高打击海盗等的能力；第二，将海盗、走私、偷渡、恐怖活动等海上安全问题统一定义为"海洋治安对策与确保航行安全问题"，与亚洲各国海上治安机构开展打击走私、偷渡、

---

① 首相官邸：『日本 ASEAN 特别首脑会議：日本 ASEAN 行動計画』、2003 年 12 月 12 日（http://www.kantei.go.jp/jp/koizumispeech/2003/12/12keikaku.html）。

② 李秀石：《日本国家安全保障战略研究》，时事出版社 2015 年版，第 317 页。

恐怖活动等方面的协调与合作。① 两个月后，福田康夫推出"新福田主义"，强调为了维护以马六甲海峡为中心的海上交通线安全，要与以东盟为首的各国进一步加强合作。充分利用ODA，推进与东盟及亚太各国的防灾合作，把亚洲各国的紧急援助机构结成网络，构筑在大规模灾害发生时可以提供紧急援助的体制。

最后，高效利用ODA和防务资源，扩大在马六甲海峡的"准军事存在"，为日本在海洋安全领域发挥主导作用奠定物质基础。战后以来，日本对东南亚的ODA，主要集中在经济领域，以实现和扩大日本在东南亚的经济利益为主要目的。进入21世纪，日本对东南亚的ODA更多涉及安全领域，尤其重视对马六甲海峡沿岸国海上警卫能力提高的援助。2006—2007年，日本利用ODA日元贷款帮助印度尼西亚在马六甲海峡沿岸设立了4个具有自动识别船舶功能的系统、33个应对海难事故和海盗的无线电局，无偿援助印度尼西亚建造了3艘巡逻船和3艘高速巡逻艇，加强印度尼西亚的海警实力。同时，通过向马来西亚派遣海上保安厅专家和进行海警人才培训等提供技术援助。2009年3月，日本为援助马来西亚打击海盗与走私，向其无偿提供了14艘快艇和40台夜视监控设备。在东南亚各国海上执法能力不足的情况下，日本通过高效利用ODA，支援东南亚相关各国的海上执法能力建设，为其提供人员、技术和设备援助，以此为筹码，实现了日本在该地区的政治和安全诉求。最终，日本获得了马六甲海峡沿岸国与其进行海峡航行安全合作的同意，在马六甲海峡及东南亚沿海区域确立了日本海上保安厅的"准军事存在"。

由上可见，日本开始思考从"海洋国家"的身份出发重新定义日本的安全保障战略。前防卫省官员西川吉光认为："从战略观点定义日本国家，日本是海洋国家，是在与世界各国的经济活动中谋求生存与发展的通商国家。在作为海洋国家的战略定位下，日本的安全保障

---

① 综合海洋政策本部：『海洋基本計画』、2008年3月18日（http://www.kantei.go.jp/jp/singi/kaiyou/kihonkeikaku/080318kihonkeikaku.pdf）。

战略指针应具备以下几个原则：一是要将'海主陆从'作为日本安全保障政策的根本原则；二是以民主、自由和开放主义为基调构筑政治、社会和文化体制；三是在维持发展日美同盟的同时，要在东亚海洋同盟构筑中发挥主导权；四是在考虑国力的基础上，谨慎避免过度依存及向走向强权倾斜；五是拥有自身的世界战略，并具备可能实行世界战略的搜集世界规模的情报的能力。"① 21 世纪初期日本在海洋外交方面践行了西川吉光的一些主张，例如在强化日美同盟的同时，通过反海盗机制构建，在海洋安全保障方面加强了与东南亚国家的合作；为积极构建西太平洋国家同盟等海洋国家联盟组织做准备，以谋求在海洋安全合作中的主导权，扩张日本在西太平洋的海权利益等。

第三节　政策评价

一　日本介入东南亚地区安全的动机及特征

（一）动机

冷战结束后，日本开始谋求在安全领域中发挥作用，碍于"和平宪法"限制，日本欲在安全领域发挥作用，主要通过"国际贡献"，以"人的安全保障"为合理依据，探索日本可以在安全领域发挥作用的途径。小泉纯一郎内阁成立后，在与东南亚的安全合作方面，继承上届内阁的政策，仍以"人的安全保障"为切入点，在全球反恐背景下，通过推进与东南亚的非传统安全合作，不断加深对该地区的安全介入，将日本的军事力量逐步渗透到该地区。其主要动机包括以下几个方面：

第一，维护日本在东南亚地区的经济利益和海上安全利益。冷战结束后，东南亚地区内的恐怖主义、海盗、毒品生产与贩运等非传统安全问题日益突出，严重威胁东南亚地区社会的稳定和海上交通线的安全。"9·11"事件发生后，"东南亚成为恐怖主义和海盗活动的高

---

① ［日］西川吉光：『日本の安全保障政策』，晃洋書房 2008 年、265—266 頁。

危地区，且两者呈现合流的新动向"①，对东南亚国家的安全提出了严重挑战。由于东南亚地区不仅战略位置十分重要，而且其域内的全长约600公里的马六甲——新加坡海峡，是连接太平洋和印度洋的重要海上通道，包括海盗在内的非传统安全问题，对区域外大国的安全利益也造成威胁，引起区域外大国的广泛关注。对日本来说，一方面，维持包括马六甲海峡在内的海上航线的安全，一直是其反复强调的攸关日本生死的核心利益；另一方面，自战后以来，东南亚地区一直是日本重要的能源进口地、贸易出口地和对外投资对象，日本在东南亚拥有广泛的经济利益，而非传统安全问题造成的地区不稳定威胁到了日本在该地区的经济利益。出于自身利益的考虑，日本对东南亚地区的非传统安全问题尤其是海盗问题格外关注，因此重点推进与东盟在反海盗机制构建方面的合作。

第二，从非传统安全切入，推进由日本主导的地区安全合作进程，为未来在亚太安全领域发挥中心作用和构建地区安全秩序打下基础。从20世纪80年代中期开始，日本提出"政治大国"的国家战略构想。冷战结束后，小泽一郎又提出"正常国家论"，日本在追求"大国化"的道路上稳步前进。在日本看来，要成为真正的大国，需要在地区及世界发挥日本的安全作用。鉴于东亚国家对日本在地区做出"安全贡献"的戒备心理，日本从80年代后相继提出"综合安全保障""人的安全保障"的概念，选择从非传统安全的视角进行切入，为日本在地区安全中发挥作用寻找合理依据。正如日本学者所指出的，"日本对非传统安全保障的'关注'，不会招致地区内各国的'反感'，非传统安全保障使日本在东南亚发挥更加积极的作用成为可能"②。其实质，就是借助非安全安全合作，以东南亚为跳板，增强日本在地区安全中的影响力。

第三，在非传统安全合作"外衣"下，趁机完善相关安全法制建

---

① 王光厚：《东南亚的非传统安全问题》，《外国问题研究》2011年第1期。
② ［日］庄司智孝：「多元的関係の追求——中国の台頭と日本の東南アジア政策」、恒川潤編『中国の台頭——東南アジアと日本の対応』、防衛省防衛研究所2009年、175頁。

设，构筑自主防卫能力，通过打破政治束缚释放军事能量，提高日本在该地区的军事影响力，为"军事大国化"做准备。"9·11"事件后，小泉纯一郎内阁立即作出指示，称要全力配合美国反恐。9月19日，小泉纯一郎在记者会见中就应对美国恐怖事件做出回应称，日本政府将支持同盟国美国，提供最大限度的支援与合作，并列举了七条具体措施。其中，第一条、第三条和第六条对派遣自卫队做出了规定。即派遣自卫队配合美国反恐，主要从事医疗、运送、补给等支援活动；派遣自卫队舰艇从事情报收集活动；派遣自卫队从事包括人道支援在内的难民救助活动。面对记者的提问："在现下形势还未明朗的情况下，为什么今天要以正式的形式举行记者招待会?"小泉纯一郎回答："我想尽快清楚表明日本的态度……我判断迅速采取行动比较好。"①从小泉纯一郎的部署和答记者问中可以窥见，或许他认识到借助日美同盟反恐为日本自卫队走向海外，释放日本军事能量提供了一个绝佳的机会，应该果断迅速采取行动。

　　紧接着，日本完成了相关法制建设，通过《反恐特别措施法》《自卫队法修正案》《海上保安厅法修正案》，突破了日本海外派兵的地域限制、武器使用限制及国会对海外派兵权限上的限制。2003年，众议院又通过"有事法制"三法案，为日本开展海外军事行动构建法制框架。2004年的新《防卫计划大纲》指出，21世纪日本实现安全目标的主要手段包括：日本自身的努力、日美安保体制、与国际社会的合作，并突出强调："防卫力量是在我国遭遇威胁及排除威胁时，表达国家意志和能力的安全的最终保证。今后，关于防卫力量，在新的安全环境下，将部分继承'基础的防卫力构想'，同时有必要有效应对新的威胁和多样化事态。"② 有学者指出："2004年的《防卫计划大纲》将自身努力放在首位，可见日本更加重视自身军事力量在维护

---

① 首相官邸：『小泉内閣総理大臣記者会見：「米国テロ事件への対応」』、2001年9月19日（http：//www. kantei. go. jp/jp/koizumispeech/2001/0919sourikaiken. html）。

② 首相官邸：『平成17年度以降に係る防衛計画の大綱について』、2004年12月10日（http：//www. kantei. go. jp/jp/kakugikettei/2004/1210taikou. html）。

国家利益中的作用。"①

其后，日本在与东南亚展开以打击海盗为主要内容的非传统安全合作过程中，更加注重双方军事交流，并多次进行军事演习，不断提高日本自卫队的能力建设，为逐渐释放军事能量寻找突破口。

第四，通过加强以反海盗为主要内容的非传统安全合作，推进日本海洋战略，并在亚洲海洋安全合作中抢占主导权。冷战结束后，日本开始筹划海洋战略，并在国际社会中寻求"海洋国家"身份的认同。要追求海权利益，需要有强大的海上力量作支撑。然而，由于东亚及东南亚国家的戒备以及日本"和平宪法"的约束，日本无法拥有海军，更无法参与海上武装作战。日本利用打击海盗密切与东南亚国家的海上安全合作，不仅使日本海上自卫队军舰可以自由进出亚太海域，在该地区确立日本的"准军事存在"，而且可以锻炼日本海上自卫队的各项能力。同时，还能够逐步实现日本主导的海洋安全合作的目的，在海洋安全中抢占主导权。

（二）特征

日本在反恐背景下趁机加强对东南亚地区的安全介入，表现出三方面的特征：

第一，经济利益与安全目标高度融合。罗伯特·基欧汉和约瑟夫·奈指出："非传统安全问题的凸显，使得高级政治问题和低级政治问题之间已经没有严格的'等级之分'。"② 随着全球化的发展，国与国之间经济上相互依存关系不断加深，包括经济安全在内的非传统安全不再是单纯的低级政治领域的问题，而是攸关国家生存和发展的重要利益。日本加强与东南亚的非传统安全合作，既包含维护日本在东南亚的经济利益，在中国与东盟关系日益密切的背景下，防止日本在与东南亚经济合作中失去优势地位的目的，同时也是为了实现在地

---

① 胡继平：《从新防卫大纲看日本安全战略的调整方向》，《现代国际关系》2006 年第1 期。

② ［美］罗伯特·基欧汉、约瑟夫·奈：《权力与相互依赖》，门洪华译，北京大学出版社2002 年版，第27 页。

区安全中发挥主导作用的安全目标，两者紧密关联。

第二，安全合作方式多样化，更注重军事合作与交流。在日本与东南亚的安全合作中，综合运用多种手段加强在地区安全上的影响力。主要包括：利用 ARF、"东盟与中日韩（10＋3）"等多边安全合作机制增强日本在安全事务上的发言权；通过人员交流与培训、提供技术援助和联合军事演习等方式，在提高东南亚部分国家的军事能力建设的同时，提升日本的军事存在感；通过首脑外交等高层交流，密切与东南亚相关国家的军事合作关系；安全方面的合作突破了以往的通过多边安全对话和间接的经济援助的方式，军事方面因素显然增多，可以说，借反恐契机加强与东南亚的非传统安全合作，增强在该地区的军事影响，是这一时期日本对东南亚安全政策的最显著特征。

第三，立足马六甲海峡，加强与沿岸国的安全关系，重点谋求海权利益。进入 21 世纪，海洋战略成为日本国家战略中一个重要组成部分。因此，小泉纯一郎时期对东南亚安全政策的重心是立足马六甲海峡，通过与马六甲沿岸国构筑反海盗机制，不断推进日本海上军事力量发展，追求日本的海权利益。

二　日本介入东南亚地区安全的成效及限制因素
（一）成效

21 世纪初，日本在推进其"正常国家化"和构思综合海洋战略的国家战略目标下，借助与美国联合反恐的有利时机，进一步深化发展与东南亚的安全合作关系，以打击马六甲海峡及周围海域的海盗和海上恐怖主义为主要立足点，利用经济援助、积极外交和军事交流等手段，不断巩固日本在东南亚及亚太地区安全中的战略地位，取得了一定的政策成效。

首先，借助反恐契机积极完善相关法制建设，从立法高度确立日本与东南亚在安全领域的合作，成为其推进修宪强军和海洋战略的重要一环，并初见成效。从 20 世纪末开始，日本确立实现"正常国家化"的目标后，更加注重自主防卫能力的构筑，而"手法主要倚重

'软件'的强化，即通过打破战后以来的政治政策束缚来释放军事能量"①。"9·11"事件后，日本国会通过了《反恐特别措施法》《自卫队法修正案》《海上保安厅法修正案》，突破了海外派兵限制。2004年通过"有事法制"七法案，把马六甲海峡列入"周边事态"范围。2007年通过的《海洋基本法》和2008年通过的《海洋基本计划》，将日本与东盟在反海盗安全问题上的合作，在海洋战略法制建设中实现了立法。通过上述立法，日本将与东南亚的安全合作纳入日本国家安全战略和综合海洋战略总体设计之中，在21世纪初具体化为日本与东南亚的非传统安全合作，并在此名义下大幅拓展了其海外军事干预能力，日本干预地区安全的力度和深度明显增强。

其次，日本成功瓦解马六甲海峡沿岸国反介入防线，主导东南亚反海盗机制构建，在亚洲多边海上安全机制构建中发挥了主导作用，为日本主导构建海洋秩序积累了经验和砝码。2005年以前，马六甲海峡沿岸国对日本设法染指其海上领土主权的图谋十分警惕，并拒绝日本提出的在马六甲进行打击海盗的多边演习建议。之后日本通过高效利用ODA和外交游说，使这些国家立场松动，不仅马来西亚已经同日本、泰国举行了以打击马六甲海峡海盗为目的的海上军事演习，印度尼西亚领导人也已经同意与日本全面加强在马六甲海峡的合作，其中包括航行安全、海洋环境和海事安全。

最后，以打击海盗和保护海上交通线安全为由，深化与东南亚国家的军事交流与合作，日本自卫队在海洋上的活动范围扩大到东南亚及更大海域，成功实现对东南亚海域及南海海域的军事渗透，为其海洋战略的全面实施奠定了基础，同时增加了对中国的军事压力。这一时期日本全面加强与东南亚以反海盗为重点内容的非传统安全合作，不仅成功将日本海军力量渗透到东南亚海域，在马六甲海峡确立了日本的"准军事存在"，为推进海洋战略奠定了基础，同时通过加强与中国有领土和海洋权益之争的东盟国家（如新加坡、越南、菲律宾、

---

① 杨伯江：《战后70年日本国家战略的发展演变》，《日本学刊》2015年第5期。

印度尼西亚等）在政治上、军事上的关系，有意恶化中国与上述国家的关系，对中国进行有效的牵制，为日本在与中国的地缘战略竞争中抢占先机提供了条件。

（二）限制因素

日本意欲借助推进与东南亚非传统安全合作，参与东南亚地区安全事务，提升其在地区安全中的影响，实现在地区安全中发挥领导作用。同时，借机修改本国相关法律，实现日本海外派兵的永久化和制度化，逐步突破宪法禁区，为"大国化"目标铺平道路。这些既定目标受到地区内权力结构和其他相关因素的制约。

第一，日美同盟关系的制约。东南亚历来被日本视为战略"后院"，也是其对外政策中追求自主性的主要试验场，但仍摆脱不了日美同盟关系的制约。尤其是小泉纯一郎执政时期，在对外政策上重新回归对美国的深度追随，将日美同盟框架定义为日本安全政策的核心。小泉纯一郎曾指出21世纪日美同盟面临三方面挑战："一是'9·11'事件后我国的安全；二是全球化时代我国的繁荣；三是亚洲太平洋地区的安定与繁荣。"[①] 即认为日美同盟关乎日本的安全与繁荣，"日美安保框架是日本应对战略不确定性最佳的安全保障"[②]。对东南亚的安全合作与利用合作关系谋求地区安全主导权，也必定是以服务美国的亚太和全球安全战略为前提，日本追求的安全利益要以不防碍美国的国家利益为限。日本在该地区发挥什么作用、能够发挥多大程度安全作用，同样要符合美国的亚太和全球战略部署。日本在加入《东南亚友好合作条约》的态度上曾犹豫不决，正是忌惮美国态度的典型例证。可见，日本固然希冀在东南亚实现其多重的安全利益目标，但美国从自身的战略利益考虑，并不希望日本分享其在亚太的主导权，更不能容忍日本在西太平洋权益的扩张影响到美国的海权利益。美国、

---

①　［日］小泉純一郎：『21世紀の日米同盟：3つの挑戦』、2002年9月10日、首相官邸（http：//www.kantei.go.jp/jp/koizumispeech/2002/09/10nitibei.html）。

②　任慕：《冷战后日本与东盟地区安全合作的限制因素分析》，《东南亚研究》2012年第6期。

日本在亚太的战略目标矛盾，制约着日本对东盟的安全政策只能在一定范围内，日本不可能实现完全的"自主"。

第二，中国—东盟关系的制约。进入21世纪，中国—东盟关系进展迅速，不仅在经济上利益交汇点增多、政治上互信关系增强，在地区安全合作上也有进一步发展。2002年底，中国与东盟成员国签署了《南海各方行为宣言》，确认双方致力于加强睦邻互信伙伴关系、共同维护南海地区和平与稳定。2003年11月，中国加入《东南亚友好合作条约》，双方确认共同致力于构建面向和平与繁荣的战略伙伴关系，进一步加强经济合作、政治和安全互信，共同维护地区的和平与稳定。尽管日本抛出东亚共同体构想，以及企图在多边安全框架下鼓动与中国有领土摩擦的东盟国家讨论南海问题，以此来稀释中国在东南亚的发展优势并制衡中国，但对东南亚国家来说，搭上中国发展的"快车"，谋求经济的繁荣与发展才是关系到核心利益的问题。日本通过与东南亚加强非传统安全合作谋求主导优势，牵制中国的战略意图，受到中国—东盟关系的制约，收效甚微。

第三，东盟"大国平衡"战略的制约。进入21世纪，东盟在经济合作、政治机制构建、地区安全合作方面都成为地区内一支举足轻重的力量，其所倡导的"东盟方式"也受到区域内各国和地区外大国的欢迎和支持，但不可否认，东盟国的发展仍受到区域外大国权力结构的影响。东盟一直以来都奉行"大国平衡"战略，认为地区内任何一个大国过分的权力增长都不利于东盟的安全。随着中国力量的崛起，东盟对中国产生一定的警惕心理，虽然期待日本在地区安全中发挥作用，但随着中日在东南亚形成竞争态势，东盟希望通过平衡中国和日本两个东亚大国的矛盾，增强自身影响力。所以，东盟不希望日本主导地区安全，更不希望日本军事力量在该地区过度增长。

第 四 章

美国战略调整背景下日本与东南亚
军事安全关系的全面强化

进入 21 世纪后，美国的政策调整和中国的和平崛起，成为影响亚太局势的两大主要变量，同时也是影响日本东南亚政策的主要外部因素。2010 年以后，亚太局势发生了两个方面的重大变化：一是奥巴马政府提出"重返亚太"战略，改变了亚太地区力量对比结构，加剧了地区大国博弈，使亚太安全格局发生重大变化；二是中国成功应对 2008 年金融危机后，作为新兴市场国家显示出强劲的发展势头，推动着地区政治、经济格局的变化。为稀释中国在亚太不断上升的影响力，美国政府推崇运用"巧实力"的"重返亚太"战略，以中国与东南亚相关国家的南海争端和中日钓鱼岛主权争议为主要抓手，加大了对东南亚的投入和对日本的利用。东南亚成为大国激烈博弈的舞台，日本成为美国"重返亚太"的主要战略支点。

在此背景下，日本对东南亚安全政策的方向发生了重大变化：即政策重心从以反恐为由加强与东南亚的非传统安全合作，向以牵制中国为目的，全面加强包括应对传统安全和非传统安全在内的综合安全合作转变。日本在新时期对东南亚的安全政策，既是出于配合美国战略东移、牵制中国的战略考量，同时也是日本推动"全面正常化"战略转型和建设"海洋国家"的重要内容。

第一节　日本全面强化与东南亚军事安全关系的国内外因素

　　2010 年，美国政府抛出"重返亚太"战略，明确表明要把战略重心移向亚太地区，这是"冷战后美国最重要的全球战略调整之一"①。美国力量的"回归"，使各种利益交汇、安全形势错综复杂的亚太地区形势更加不明朗，传统安全因素与非传统安全因素相互交织，大国博弈日趋激烈。日本利用美国实施"重返亚太"战略的有利时机，加快推进国家战略转型和建设"海洋强国"的步伐。在内外双重因素作用下，日本开始调整其对东南亚安全政策的方向和内容。

一　美国的"重返亚太"战略调整及其影响

　　2009 年，奥巴马入主白宫。面临金融危机后国内严峻的经济形势和中国崛起带来的挑战，奥巴马在上任第二年就曾表示要增强美国在东亚地区的影响力。2011 年 11 月，时任美国国务卿的希拉里·克林顿在美国《外交政策》上发表《美国的太平洋世纪》一文，高调宣示新一届美国政府将"重返亚太"。紧接着，奥巴马在澳大利亚议会发表"太平洋轴心"演讲，强调美国将把主要战略资源投放到亚洲，加强在亚太地区的军事存在。2012 年 6 月，美国国防部长帕内塔在香格里拉对话会上提出"亚太再平衡"战略，宣布到 2020 年，美国战舰的 60% 将部署在太平洋。有学者认为，"'亚太再平衡'重在军事，是对'重返亚太'战略的进一步充实和具体化"②。奥巴马在其两届任期内，政策重心就是要实现"重返亚太"，确保美国在亚太的领导地位。

　　美国"重返亚太"战略内容涉及军事、经济、政治等多个方面，

---

　　①　金灿荣、刘宣佑、黄达：《"美国亚太再平衡战略"对中美关系的影响》，《东北亚论坛》2013 年第 5 期。
　　②　杨伯江：《美国战略调整背景下日本"全面正常化"走向探析》，《日本学刊》2013 年第 2 期。

政策目标是要实现美国全面"重返亚太"。希拉里·克林顿在其文章《美国的太平洋世纪》中指出，奥巴马政府将遵循6个关键的行动方针：加强双边安全联盟；深化美国与新兴大国的合作关系，其中包括中国；参与区域性多边机构；扩大贸易和投资；打造一种有广泛基础的军事存在；促进民主和人权。① 具体措施包括：军事方面，加大对东亚地区的军事投入，在巩固传统的同盟国关系的同时，发展新的盟友关系；政治方面，强调"前沿部署外交"、"多边外交"和"价值观外交"；经济方面，利用亚洲的增长和活力，推进TPP建设，主导构建以美国为核心的东亚经济合作机制。新一届美国政府的"重返亚太"战略，实质是在"巧实力"外交理念的指导下，将美国的军事、政治外交和经济资源向亚太地区倾斜，通过加强对亚太事务的干预，稀释中国日益上升的影响力，保证美国在亚太的领导地位。

纵观奥巴马两届任期内对"重返亚太"和"亚太再平衡"战略的实践过程，其第一任期内主要实现了在亚太的"军事重返"，重点区域集中在东南亚；第二任期内更注重运用"巧实力"实现地区内各种力量的"再平衡"，主要包括"经济重返"和"军事重返"的"再平衡"、东南亚和东北亚的"再平衡"和中美日三边关系的"再平衡"。② 奥巴马在第一任期内的主要举措为：一，强化与日本、韩国军事同盟，重新启用越南的金兰湾、菲律宾的苏比克海军基地，巩固第一岛链；二，重点加强在东南亚的军事部署与强化第二岛链，新加坡已同意部署美国濒海战斗舰；三，高调介入中国与越南、菲律宾在南海问题、与日本在东海问题上的争端，借机强化同盟体系，力图主宰未来的东海、南海局势，加强在太平洋地区的军事存在，形成优势的军事力量。奥巴马在第一任期内推动"重返亚太"战略的实践路径出现偏移，除一定程度上实现"军事重返"外，其他方面几乎未见成

---

① 《美媒刊登希拉里文章：美国的太平洋世纪》，2011年10月14日，新华网（http://news.xinhuanet.com/world/2011-10/14/c_122156611_3.htm）。

② 参见杨伯江《美国战略调整背景下日本"全面正常化"走向探析》，《日本学刊》2013年第2期。

效。由于过于注重"亚太再平衡"战略的军事维度，激化了相关国家间的矛盾，美国的政策出现失衡的迹象。鉴于此，奥巴马第二任期内强调"亚太再平衡"战略的经济、外交等方面，运用"巧实力"维持地区内中美日三边关系的动态平衡，寻求美国的战略优势。

奥巴马政府的"亚太再平衡"战略以及对南海、东海争端的介入，重新塑造着地区内中美日三边关系的发展方向，影响着亚太地区的经济、政治和安全格局的变化。

首先，"亚太再平衡"战略使中美关系中的竞争面显著上升，中美关系成为影响地区安全格局演变的决定性变量。2010 年，中国超过日本成为世界第二大经济体，引起实力相对衰落的美国的强烈不安。一直以来，防止任何敌对国家或国家集团控制欧亚大陆，被美国视为最重要的地缘安全利益。为了自身的利益，"美国不能允许欧洲和远东出现一个具有压倒性优势的强权"①。据此，美国从军事上强化同盟关系，并插手南海、东海问题，经济上构建将中国排除在外的经济合作体制，平衡中国在地区内的影响力。"亚太再平衡"战略实际是依据霸权稳定论，将美国和中国分别视为"霸权国"和"挑战国"，对中国实行重点防范，这加剧了两国关系的紧张形势。此外，获取经济利益是美国"亚太再平衡"战略的主要落脚点，分享中国经济增长的红利，带动本国的经济发展是美国"重返亚太"的应有之义。因此，全面与中国为敌并不符合美国的国家利益，成本最低的打算，是将中国纳入美国主导的国际规则内。奥巴马二次执政后，调整"重返亚太"战略，弥补第一任期内出现的问题，"在对华政策上表现出了更大的灵活性、审慎性，它的最终目标是希望中国成为符合美国规范的合作伙伴"②。

其次，"亚太再平衡"战略使美国、日本关系既有相互倚重，相互利用的一面，又显示出各自的矛盾心理。希拉里·克林顿在《美国

①　［美］尼古拉斯·斯皮克曼：《边缘地带论》，林爽喆译，石油工业出版社 2014 年版，第 76 页。

②　刘卫东：《美国对中日两国的再平衡战略论析》，《世界经济与政治》2014 年第 10 期。

的太平洋世纪》中直言："与日本的联盟是该地区和平与稳定的基石。"① 奥巴马政府鼓励日本在日美同盟框架下承担更多的责任，在亚太地区安全中发挥更大的作用。日本是美国"亚太再平衡"战略中的支柱性国家，美国把日本看作在亚太地区的主要前沿基地，希望日本既扮演与中国对抗的主要角色，又充当中美关系的缓冲国。然而，日本也并非"被动"地受美国所用，而是有其"主动"的打算。日本抓住美国"亚太再平衡"战略的有利契机，加速向"正常国家化"的方向迈进，提升其在亚太政治、安全格局中的地位，为实现本国的战略利益服务。在美日间的相互利用中，同时又各自存在矛盾的心理。美国对日本的担忧在于：一是担心日本在对华外交中变得过于主动和富有挑衅性，把美国卷入中日领土争端而失去在中美日三边关系中的优势地位；二是担心日本"借船出海"过度发展军力，脱离美国的可控范围。日本对美国的担忧在于：一是担心美国"重返亚太"会影响到日本在东亚地区自由贸易化进程中的主导地位；二是担心美国的"亚太再平衡"战略会约束日本军事力量的发展；三是疑心美国并非完全可靠，出于自身战略利益考虑和实力相对衰落，美国可能会"遗弃"日本。美日两国互为利用又"互怀鬼胎"，合作度与离心度都取决于两国战略利益在多大程度上的一致性。

最后，"亚太再平衡"战略助长了日本对华政策的强硬姿态，美国因素在影响中日关系走向中的比重上升。自2010年中日撞船事件和2012年9月日本政府对钓鱼岛实施所谓"国有化"以来，中日围绕钓鱼岛的领土主权争端和东海海域划界争端日趋激烈，事态不断升级，使两国关系陷入持续的紧张态势，高层互访几乎中断。纵然日本挑起事态并非与美国直接相关，但某种程度上美国的"重返亚太"战略是日本在东海政策上趋硬的重要推力。日本作为美国"亚太再平衡"战略的主要前沿力量，挑起事端遏制中国也是由于争取到了美国的支持，

---

① 《美媒刊登希拉里文章：美国的太平洋世纪》，2011年10月14日，新华网（http://news.xinhuanet.com/world/2011-10/14/c_122156611_3.htm）。

获得了"底气"。日美同盟的强化迫使中国做出强硬回应，中日关系陷入持续的低迷状态，两国关系走向受到美国因素的极大影响。

由此可见，"亚太再平衡"战略的实施使美国占据了现阶段中美日三边关系中的中心位置。中日两国关系呈现持续低迷间歇紧张的态势，两国又均极为重视对美关系，这为美国充分利用中日两国关系，根据自身利益在中间维持平衡提供了战略空间。正如兹比格涅夫·布热津斯基曾指出的："中国明显是我们最重要的亚洲大陆伙伴，日本是我们最重要的太平洋伙伴。这是一种平衡术，我们要想偏向任何一方也都很容易。这种平衡是小心翼翼维持住的，这是一个精心策划的平衡体系，现在运作得非常好，我没有看到任何使之停止的理由。"[①]美国利用其在中美日三边关系中的优势地位，对中日采取不同的政策，使三边关系达到符合美国利益的平衡状态，提升美国在地区内的影响力，是保持美国在亚太地区领导地位的现实选择之一。

二　东南亚地区的权力格局变化

1942 年，现实主义国际政治学者尼古拉斯·斯皮克曼提出了"边缘地带论"，核心观点是：谁支配着边缘地带，谁就控制欧亚大陆；谁支配着欧亚大陆，谁就掌握世界的命运。尼古拉斯·斯皮克曼指出："必须将欧亚大陆上的边缘地带视作一个中间地带，在它的两边分别是心脏地带和边缘海域。在海上强权和陆上强权爆发冲突时，这里犹如一个巨大的缓冲区……这类国家的海陆两栖特性是安全问题的基础。"[②] 因此，欧亚大陆的边缘地带是各强国占领和控制的核心地区。东南亚地区是欧亚大陆与太平洋结合部的一部分，位于亚洲大陆东南方向与太平洋的西南部，按照尼古拉斯·斯皮克曼的分析，东南亚正好处于缓冲地带，即属于边缘地带，在大国博弈中的战略位置十分重

---

① ［美］兹比格涅夫·布热津斯基、布兰特·斯考克罗夫特：《大博弈——全球政治觉醒对美国的挑战》，姚芸竹译，新华出版社 2009 年版，第 105 页。

② ［美］尼古拉斯·斯皮克曼：《边缘地带论》，林爽喆译，石油工业出版社 2014 年版，第 58 页。

要。尽管这一理论颇受争议，但从战后美国在亚洲大陆边缘设置军事基地的实践来看，美国从来不曾放松对边缘地带的关注。

在奥巴马政府的"重返亚太"战略中，东南亚在其亚太布局中的地位显著提升。奥巴马政府加大对东南亚的政治、经济、外交及军事投入，将东南亚置于"重返亚太"战略的核心位置。美国"重返"东南亚是多重因素作用的结果，但根本原因还是在于东南亚在大国博弈中特殊的战略意义，美国重视东南亚反映出其基于地缘政治思想的战略设计。希拉里·克林顿在其撰文中明确表明："今天这个快速变化的地区所面临的各种挑战……要求美国奉行一个在地理分布上更合理、运作上更具弹性、政治上更可持续的军力态势。我们正在加强我们在东南亚和印度洋地区的存在。"①

美国高调"重返"东南亚，改变了东南亚地区大国力量对比结构，东南亚成为大国激烈博弈的舞台，使得影响地区形势的变量呈现重层性特征，增加了东南亚地区形势的复杂性和不确定性。

第一，东南亚地区的大国关系从以中日竞争为主转变为中美关系发挥主导作用。东南亚一直是日本重点经营的"后院"，亚洲金融危机以后随着中国与东盟关系的发展，中国在该地区影响力不断上升，而美国忙于在中东反恐无暇顾及该地区，在21世纪初十年，东南亚的大国关系主要呈现为中日两国在此形成竞争态势，成为影响东南亚地区形势的主要关系变量。2010年，奥巴马政府"重返"东南亚，全面加强在该地区的影响力。与此同时，中国与东盟贸易关系不断发展，2009年中国成为东盟最大的贸易伙伴国，2013年双边贸易进出口额达到4436亿美元，同比增长11%，双方在经济上的互利合作日益深化。中美两国作为域外大国成为影响东南亚地区形势最关键的两大变量，正如有学者指出的，"东南亚地区中美关系的发展变化将主导该地区国际关系格局的演变，至于其他大国与东盟的关系，都将受制于中美

---

①　《美媒刊登希拉里文章：美国的太平洋世纪》，2011年10月14日，新华网（http://news.xinhuanet.com/world/2011-10/14/c_ 122156611_ 3.htm）。

关系，为中美关系的发展变化所左右"①。由此，东南亚地区的中日关系竞争态势让位于中美关系主导，美国—东盟关系、中国—东盟关系、日本—东盟关系以及地区内的中日关系都受到中美关系的制约。日本更多地从遏制中国的层面领会美国的意图，积极充当美国阻遏中国崛起的马前卒。

第二，美国、中国、日本与东盟的双边关系发生较大改变，且三对双边关系相互影响。首先是美国与东盟的双边关系。美国将东南亚视为"重返亚太"的一个战略支点，全面发展与东盟在经济、外交和安全方面的关系。军事上加强在东南亚的兵力部署；经济上推进 TPP 谈判，构建由其主导的经济合作框架；外交上重视价值观外交，并借用南海问题为东盟国家撑腰打气，目的都在于拉拢东盟国家为自身战略利益服务。东盟国家对美国的"回归"可谓喜忧参半，一方面东盟认为美国强大的安全力量和经济技术优势可以给东南亚带来可观的现实利益，另一方面东盟担心美国利用自己来遏制中国，给地区稳定带来隐患；② 其次是中国与东盟的双边关系。自冷战结束以来，中国与东盟的合作取得积极的成果，与东盟结成战略伙伴关系，尤其是在贸易方面，双方合作空间大，前景良好。东盟注重发展同中国的关系尤其是经济关系，但同时又对中国日益增强的军事实力和政治影响力抱有警惕心理，特别在南海岛礁主权问题上，东盟一些国家希望借助美日的介入，发展和加强本国的海上军事力量，牵制中国；最后是日本与东盟关系。自战后以来，东南亚是日本重点经营的地区，日本与东盟的关系的发展经历了从经济领域到政治领域，冷战后扩展到安全领域的过程。21 世纪初十年，配合美国反恐，日本与东盟的安全关系得以大幅扩展。随着美国"重返亚太"战略的实施，日本对东南亚的重视较之以往有过之而无不及。一方面，积极配合美国的战略部署调整，抓住有利契机继续加强与东盟的军事安全合作，并介入南海问题，欲

---

①　曹云华：《东南亚地区形势：2011 年》，《东南亚研究》2011 年第 2 期。

②　参见李益波《奥巴马政府对东南亚政策的调整及原因分析》，《太平洋学报》2010 年第 1 期。

把东南亚地区作为其扩大安全作用的试验场和起跳板；另一方面，积极开展首脑外交和"价值观外交"，拉拢东盟，抢占在该地区的战略优势。东盟重视同日本开展经济合作，获取经济发展所需的资金和技术支持，但同时又对日本的政治、军事大国化倾向保持必要的警惕。目前，东南亚的权力结构正处于变化调整期，中美日与东盟的双边关系中的任何一对关系调整，都会使其他两对关系产生连动反应。东南亚历来奉行"大国平衡"战略，中美日三边关系的动态平衡利于地区的和平与稳定，符合中美日东盟的共同利益。

第三，由于地区外大国力量的介入，东盟内部出现一定程度的利益分化，各国根据自身利益需求，调整与地区外大国的关系，同样地区外大国对东盟各国的政策也不尽相同。2010年，美国QDR首次将东南亚国家明确划分为三类，即把菲律宾、泰国视为正式盟友，新加坡视为战略伙伴，印度尼西亚、马来西亚和越南视为可预期的战略伙伴。美国的策略是要在东南亚培植对美国友好的新的力量中心，如泰国、菲律宾、印度尼西亚、越南。在美国看来，这既能遏制中国的"霸权野心"，又能"确保美国继续在该地区扮演一个关键性的战略行为体"[1]。中国与5个陆上东南亚国家建立了"战略伙伴关系"，而与海上东南亚国家的关系（除印度尼西亚外）战略合作较少。日本在这一时期对东盟的政策明显呈现出层次性，更加注重深化与东盟各国的双边关系，对利益需求不同的国家采取的政策也各不相同。从东盟各国立场看，则是充分利用大国博弈各取所需，推动自身经济发展和军事现代化建设，实现本国利益。

综上所述，美国"重返亚太"，中国和平崛起，正改变着东南亚地区旧有的秩序，而新的秩序尚未形成，"东南亚处于新旧权力结构交替的时期，这是当前东南亚地区国际关系总的特点"[2]。在新旧秩序交替过程中，影响地区安全秩序的变量逐渐呈现较为清晰的重层性特征，即第

---

[1]　李益波：《奥巴马政府对东南亚政策的调整及原因分析》，《太平洋学报》2010年第1期。

[2]　曹云华：《东南亚地区形势：2012年》，《东南亚研究》2012年第2期。

一层次为中美关系，第二层次为美国、中国、日本等大国各自与东盟的关系，第三层次为美国、中国、日本等大国与东盟各国的双边关系。另外，该地区还存在东盟地区论坛、"东盟与中日韩（10＋3）"等多边安全合作机制，这些变量之间相互牵制相互影响，使东南亚地区秩序的形成更加复杂，充满不确定。

三　日本国家战略转型

美国的"重返亚太"战略，使日本看到了加速推进国家战略转型的有利时机。冷战结束前后，日本开始在国际社会寻求新的国家身份的认同，逐渐显示出两条清晰的路径，一条是实现"正常国家化"，另一条是成为"海洋国家"。两者共同构成日本国家战略的重要组成部分，成为日本制定和实施对外政策的内动力。

首先，实现"正常国家化"是20世纪90年代日本确立的国家发展目标，是冷战后日本外交轨迹的一条清晰的主线。反恐使日本获得了一次重要契机，完成了相关法制建设，实现了海外派兵，美国的"重返亚太"战略再次为实现"全面正常化"提供了机遇，美国将日美同盟视为亚太地区和平与稳定的基石，对日本在安全方面发挥作用寄予厚望。2012年8月美国CSIS《美日同盟：亚洲稳定的基石》政策报告对于美日如何加强同盟给出的建议，日本需要根据美方思路与步骤尽快完成战略与政策调整，包括增加军费、加强军备、放行"集体自卫权"、明确对同盟的军事防务责任、在"空海一体战"构想中更有效地配合美国。[①] 日本借机促进自身军事力量的发展，加强与美国其他亚太盟国间的安全互动，大大增强了在地区安全作用中的自主性，为其推进"全面正常化"创造条件。

其次，成为"海洋国家"是21世纪日本追求的又一国家发展目标。新旧世纪交替之际，日本战略精英提出日本要从"岛国"变为

---

① 参见杨伯江《美国战略调整背景下日本"全面正常化"走向探析》，《日本学刊》2013年第2期。

"海洋国家"的战略构想。21世纪初十年，日本政府完成了相关海洋法制建设，开始摸索制定日本的海洋战略。在美国"重返亚太"战略下，日本又规划并实施"新海洋立国"战略，加快向"海洋国家"身份转变。可以说这是"从美国'亚太再平衡'战略'借东风'扬帆起航的"①。日本的"海洋国家"战略构想实际是基于马汉的"海权论"的一种地缘政治思想，即通过开发海洋和加强海军建设构建"海权国家"，来对抗"陆权国家"。关于这一点日本前首相中曾根康弘曾指出："可以依照各国对伊拉克战争的不同态度，把现在国际政治结构分为海洋国家和大陆国家两个对立的系统，这种对立是由历史和传统的国家战略的差异造成的，特别是由于战略视野的不同而产生的。"②在这种地缘政治思维下，21世纪日本的目标之一就是"在促使'海洋亚洲'和西太平洋小国组成松散的海洋联邦牵制大陆中国的同时，成为太平洋统一体的领导者"③。

最后，"海洋国家"和"正常国家化"两种身份定位之间存在内在的联系性，战略目标一致，一明一暗两条路线共同构成日本制定对外政策的内动力。日本追求的"正常国家化"，其实主要是指"安保正常化"，而"安保正常化"的关键就是要突破"和平宪法"的限制，发展本国军事力量，进而恢复自主防卫的权力和能力。实现"正常国家化"需要有合理的战略依据，冷战结束以后日本主要依托日美同盟框架寻求发挥安全作用的合理解释，但因受到同盟体制的制约，独立发挥安全作用、发展军事力量的空间毕竟有限。

"海洋国家"的身份定位，为日本加快走向"正常国家化"的步伐提供了战略依据。关于"海洋国家"和安保的逻辑关系，村山裕三指出："海洋国家只有在与贸易对象保持通商关系的基础上才得以生存，如果海洋国家周边的外交、军事环境恶化，那么经济活动难以为

---

① 李秀石：《日本国家安全保障战略研究》，时事出版社2015年版，第189页。

② ［日］中曾根康弘·樱井よしこ：『海洋国家·日本の大戦略』，转引自刘江永《地缘政治思想对中美日关系的影响》，《日本学刊》2015年第3期。

③ 北京国际问题研究会：《亚洲区域合作路线图》，时事出版社2006年版，第254页。

继，海洋国家具有这种先天的脆弱性……因此，海洋国家想要生存，就必须重视安保政策，掌握在关系性中生存下去的技巧。"① 这样一来，日本作为"海洋国家"要生存，强化安保，发展本国的海上军事力量就成了"应有之义"。日本世界和平研究所在所撰写的一份研究报告中，列举了日本作为"海洋国家"要具备的九条"资质"，即"避免战争、开放的精神、构筑国际秩序的欲望、引以为荣的文化、自主的外交、能够有效应对外敌入侵保护海洋的能力、综合的海洋政策、广阔的视野和想象力、强大的领导力"②。从小泉纯一郎时期日本开始构思推进海洋战略的实践来看，重视海洋资源开发利用、发展海上军事力量、构建日本为主导的海洋安全合作机制都是日本推进"新海洋国家"战略的重要内容。

可见，日本是在追求实现"海洋国家"的战略目标下，不断释放其海上军事力量，从谋求"海权"推进"正常国家化"。归根结底，"海洋国家"和"正常国家化"的战略目标是一致的，即突破宪法限制，运用一切资源将日本打造成在地区及世界都具有重要影响力的综合性大国。

第二节　民主党政府分层次提升与东南亚的军事安全关系

在三届民主党政府的外交政策中，东南亚占据重要地位。民主党政府重视东南亚，既有视东南亚为日本的"后院"，出于实现经济、政治、安全等国家发展目标需要东南亚支持的战略考量，又是受到在美国"重返亚太"战略影响下，南海问题急剧升温，中日钓鱼岛争端和东海之争不断升级等外部因素影响的结果。在这些外部因素刺激下，

---

① ［日］村山裕三：『経済安全保障を考える——海洋国家日本の選択』、日本放送出版協会 2003 年、15 頁。

② 財団法人世界平和研究所：『海洋国家日本の安全保障—21 世紀の日本の国家像を求めいて』（http：//www. iips. org/research/data/bp320j. pdf）。

民主党政府将其转化为推进日本综合海洋战略和修宪强军的有利时机，将对东南亚安全政策的重心调整为，配合美国战略东移，扩大并提升与东南亚国家的安全关系，增加对华压力，实现日本在该地区多重的安全利益。具体政策路径主要从三个层面展开：一是搅局南海主权争议拉近与东盟关系，强化地区政治安全影响力；二是全面提升与菲律宾、越南战略伙伴关系，以菲律宾、越南为战略支点，推进以日本为主导的海上安全合作，加速推进日本海洋战略；三是加强与湄公河流域国的合作，将合作内容拓展到政治安全领域，扩大日本地缘政治存在，增加对华博弈筹码。

一　多边层次：搅局南海争议，深化与东盟安全关系

2010 年前后，南海问题不断升温，一些大国或地区集团出于各自不同的战略目的，染指南海地区事务，积极扩大在南海地区的影响力。奥巴马政府提出"重返亚太"战略，加紧在南海"投棋布子"。日本紧随其后，从 2010 年开始正式插手南海争议，一方面缓解与中国在东海博弈的压力，另一方面借机推进日本的海洋战略，扩大日本在地区的政治安全影响力。实施路径之一就是利用东盟地区论坛系列外长会议、日本与东盟首脑会议、东亚峰会等多边外交场合，引入南海议题，推动南海问题"国际化"，拉拢东盟共同对抗中国。菅直人内阁、野田佳彦内阁先后展开了一系列游说东南亚国家，搅局南海局势的外交活动。

2010 年 7 月 23 日，第 17 届东盟地区论坛系列外长会议召开，美国国务卿希拉里·克林顿在出席会议时，就南海问题发表讲话称，南海主权争议关系到"美国国家利益"，美国不支持任何一方对该地区拥有主权，反对使用"胁迫"手段解决争端。同时表示，南海争端妨碍了海上航行自由，也违背了《联合国海洋法公约》，这一问题应通过"国际机制"解决。日本积极配合美国在南海问题上"指手画脚"，冈田克外相在会议上关于南海问题发言称，亚洲太平洋各国由海洋连接，维护周边海域的和平与安定、确保海洋交通安全对该地区的发展

尤其重要。① 此后，美国、日本多次将南海议题植入多边场合进行讨论，推动南海问题"国际化"，牵制中国。

2010 年 10 月 29 日，日本首相菅直人出席第 13 届日本与东盟首脑会议，阐述了日本与东盟的关系和发展方向，并就地区、国际形势交换了意见。主要内容包括：第一，重申日美同盟对亚太地区的安定与繁荣的重要作用，并指出日美同盟将在更广阔的领域深化作用；第二，在东盟的安定与繁荣对日本及东亚的安定与繁荣极为重要的基本认识下，日本全力支援东盟强化"联结性"，并开始策划制定关于日本东盟关系的新的"宣言"和行动计划。地区合作方面，以加强经济关系、环境·气候变化、防灾、人与人的交流四个领域为焦点制定具体政策；第三，在地区及国际形势方面，指出随着地区内相互依存关系的不断深化，遵守国际社会的共同规则极其重要，为维护周边海域的和平与安定，日本与东盟各国要加强对话，构筑牢固的相互信任关系。并主张通过巴厘岛民主主义论坛，促成民主主义、尊重人权等共同的价值观，使之成为地区和平与稳定的基础。② 在南海问题升温、东海争端升级的背景下，菅直人在会议上提出的两点内容颇有深意，一是强调日美同盟对亚太安定与繁荣的重要作用，二是提出为了"周边海域"的和平与安定，遵守国际社会规则的重要性。这实际是为日本插手南海争议，并将东盟各国关注点引向海洋做铺垫。

南海问题升温后，美国重视东南亚地区，加大对该地区的外交、军事投入。与此同时，中国通过强调与东南亚各国的合作力图维持友好关系，南海争议逐渐演变成为中美大国力量的博弈。日本紧跟美国步伐，2011 年加大了在多边外交场合搅局南海争议的力度，不断深化与东盟的安全关系。在 2011 年 7 月即将召开第 18 届东盟地区论坛系列外长会议之前，美国已经明确表示要在会议上讨论南海问题，而日

---

① 日本外务省：『第 17 回 ARF（ASEAN 地域フォーラム）閣僚会合の概要』、2010 年 7 月 23 日（http：//www.mofa.go.jp/mofaj/area/asean/arf/arf10_kk.html）。

② 日本外务省：『日本·ASEAN 首脑会議（概要）』、2010 年 10 月 29 日（http：//www.mofa.go.jp/mofaj/area/asean/j_asean/shuno_13th.html）。

本则通过加强对东盟相关国家的外交活动和联合军事演习，为炒热南海争议铺路造势。6 月，菅直人与越南、印度尼西亚领导人举行会谈均提及"海洋安全"问题；7 月 8 日，松本刚明外相在记者招待会上针对南海局势发言称"航行自由是国际社会的关注焦点"；9 日，日本、美国、澳大利亚在文莱近海举行了联合军事演习，这一系列紧锣密鼓的工作，目的就是在东盟地区论坛系列外长会议上鼓动东盟国家对中国发难。

7 月 23 日，第 18 届东盟地区论坛系列外长会议在巴厘岛召开，会议主要包括两个主题：一是北朝鲜问题和南海问题，二是防灾合作问题。松本刚明在会议上就南海问题发言称，欢迎中国与东盟之间达成《南海各方行为宣言》行动指针，希望今后能够切实推进指针实施，主张南海问题应遵循国际法解决，并表明日本会一直关注今后南海局势动向。① 松本刚明还在会上提议今后要加强东盟首脑会议在政治安全领域的工作力度，并构建区域性的行为准则，意在掣肘中国。

2011 年 11 月，日本首相野田佳彦出席在巴厘岛召开的第 14 届日本与东盟首脑会议，双方签署了《巴厘岛宣言》和"行动计划"。上述两份文件不仅为 21 世纪第二个十年的日本—东盟关系提供了基本框架，表明了双方合作关系的新的方向，同时也是首份民主党政权明确表示日本对东盟外交的基本方针的官方文件。② 《巴厘岛宣言》提出日本与东盟加强五个方面的合作：一是加强政治、安全方面的合作；二是加强构筑东盟共同体的合作；三是强化日本与东盟关系；四是加强防灾方面的社会合作；五是共同应对地区、全球课题。此次的《巴厘岛宣言》，与 2003 年签署的《东京宣言》相比，存在明显的几点不同：第一，更重视加强在政治、安全方面的合作；第二，在海洋合作方面，《东京宣言》中强调的重点是以应对包括海盗、大量破坏性兵

---

① 日本外务省：『第 18 回 ARF（ASEAN 地域フォーラム）閣僚会合の概要』、2011 年 7 月 23 日（http：//www.mofa.go.jp/mofaj/area/asean/arf/arf11_kk.html）。

② ［日］西原正監修、平和・安全保障研究所編：『アジアの安全保障 2011—2012 —緊迫する南シナ海、震災の日本』、朝雲新聞社 2011 年、180 頁。

器的扩散和海上恐怖主义等在内的非传统安全威胁为主，《巴厘岛宣言》中则强调遵循包括航行安全和自由、正常的商业活动和《联合国海洋法公约》在内的国际法，确保纷争的和平解决。这一点很明显是针对南海问题的考虑。第三，在防灾方面，日本提议建立社会合作网络。同年 7 月在日本—东盟外长会议上，松本刚明具体提出了"构筑东盟防灾网设想"，表明日本通过提供情报、技术合作和派遣专家支持防灾网络建设。另外，野田佳彦在与东盟领导人举行的会谈中确认，日本将向东盟各国提供共计 2 万亿日元的基础设施援助。

19 日，野田佳彦出席第六次东亚峰会，欢迎美国和俄罗斯加入峰会，并提议扩大峰会在实务领域的合作，通过加强政治、安全保障领域的合作形成共同的理念和基本规则等，将峰会发展成为可以展开具体合作的首脑主导的论坛。野田佳彦在峰会上重点阐述了海洋安全问题。他表明："海洋是连接亚洲太平洋地区的公共财产，各参加国都认识到关于海洋的基本规则的重要性，如遵守包括和平解决纷争、航行自由、《联合国海洋法公约》在内的国际法……部分国家发言指出了基于国际法和平解决南海主权问题的重要意义，此外，7 月中旬东盟外长会议期间达成了落实《南海各方行为宣言》指导方针，期待今后制定具有法律约束力的'南海行为准则'（COC）。"①

此次东亚峰会上，野田佳彦重点强调海洋安全合作，一方面是要扩大日本的海洋权益，在海洋安全合作中占据主导地位；另一方面是拉拢东盟形成"对中包围网"。日本媒体对《巴厘岛宣言》的签署进行了报道和评论。日本《读卖新闻》称，中国在东盟地区的影响力不断增强、与周边各国的摩擦不断增加，在此背景下，日本与东盟再次联手彰显了日本在该地区的"存在感"。日本 NHK 电视台报道称，在中国与围绕亚太地区安保出现"对峙"的情况下，一向重视日美关系的野田佳彦与东盟签署宣言，此举是日本希望与美国和东盟加强"团

① 日本外务省：『第六回東アジア首脳会議（概要）』、2011 年 11 月 19 日（http：//www.mofa. go. jp/mofaj/area/eas/shuno_ 6 th. html）。

结"的一个"重要讯号"。《日经新闻》评论称，南海是日本进口中东石油资源的重要"海上生命线"，野田佳彦此次通过巨额基础设施资金援助，旨在加强与东盟各国的合作，并与中国展开"对抗"。日本右翼媒体《产经新闻》则对此表示"赞赏"，称日本与东盟打出"对中包围网"的王牌至关重要。《产经新闻》还认为，中国在东海海域与日本在钓鱼岛主权归属问题上关系紧张，日本与东盟共同推进海洋安保"非常有必要"，双方可联合"反制"中国的海洋进出计划，最终旨在构建"对中包围网"。①

美日搅局南海争端，助长了菲律宾、越南等声索国对华强硬态度，南海问题不断升级。2011年10月19日，发生在南海的中国大型渔船被菲律宾海军巡逻舰撞击的事件再起波澜，菲媒称菲律宾政府正式强硬表态称无须为此事道歉。2012年4月，菲律宾海军对停靠在黄岩岛的12艘中国渔船进行袭扰，中菲对峙。在7月举行的东盟地区论坛系列外长会议上，围绕南海主权问题，日本携手美国等国，游说各方建立海洋规则，加强针对中国的制约力度。2012年7月9—13日，东盟地区论坛系列外长会议在柬埔寨首都金边召开。围绕南海问题，在当事国之间关系不断紧张的形势下，强调通过会议基于国际法和平解决争端的重要性。玄叶光一郎外相在会上强调南海问题与地区和平与安定有直接关系，是包括日本在内的整个国际社会都关心的问题，所有相关各国都应遵守《联合国海洋法公约》等国际法，阐明相关主张的依据，任何当事国都不应采取单方面的行动。同时希望中国与东盟之间尽早制定《南海各方行为宣言》的行为准则。② 此外，为加强与东盟各国在海上安全领域的合作，玄叶光一郎在会议上还正式宣布2013年下半年，将在日本国内召开日本与东盟特别首脑会议并发表共同宣言，这一宣言将成为日本与东盟在海上安全合作等领域加强关系的新指针。

---

① 参见王欢《日本与东盟签署共同宣言 推进海洋安保瞄准中国》，2011年11月18日，环球网（http：//news. sohu. com/20111118/n326104301. shtml）。

② 日本外务省：『第19回 ARF（ASEAN 地域フォーラム）閣僚会合の概要』、2012年7月13日（http：//www. mofa. go. jp/mofaj/area/asean/arf/arf19_ kk. html）。

2012 年 11 月 19 日，野田佳彦出席日本与东盟首脑会议，阐明要进一步加强并深化日本与东盟关系，并指出利用来年 12 月即将举行的日本与东盟特别首脑会议的机会，加深相互关系。野田佳彦表明日本与东盟继续加强四个方面的合作：第一，强化东盟内部"联结性"；第二，贸易、投资方面：言及日本—东盟全面经济伙伴关系协定的重要性，支持东盟倡导的东亚区域全面经济伙伴关系的倡议；第三，防灾管理方面，促进防灾网设想实现具体化；第四，促进人才交流。在地区及国际形势方面，野田佳彦谈及了南海问题、中日关系、北朝鲜问题和日本"入常"问题。野田佳彦重申"解决南海问题，遵守国际法非常重要，这是日本的基本想法"，关于中日关系，野田佳彦称要冷静和平解决，从大局观推进中日战略互惠关系。

纵观两年来民主党政府对东盟的外交，可见其重心就是配合美国搅局南海争端，利用一切多边外交场合，达到拉拢东盟在南海和东海共同制衡中国的目的。其实质是"通过搅局南海局势削弱中国的地缘政治优势，实现日本掌握亚太地区政治和安全领域的主导权的战略目标"①。同时，借机进一步加强日本与东盟的安全合作关系，尤其是海上安全合作，游说东盟建立新的海洋秩序规则，确立以日本为主导的海洋合作机制，实现其海权利益。

二　双边层次：提升与菲越的双边军事安全关系

冷战结束以来，日本重视与东盟的关系，利用多边安全对话场合谋求在地区发挥安全作用。2009 年以前，日本仅与东盟十国中的印度尼西亚、越南和泰国建立了"战略伙伴关系"。2010 年开始，在美国"重返亚太"战略影响下，美日一方面在多边外交场合炒热南海问题，另一方面巩固发展与东盟部分国家的军事合作关系，一定程度上造成了东盟内部的分化，地区外大国在对外政策中对东盟内部成员国的战

---

① 李秀石：《日本国家安全保障战略研究》，时事出版社 2015 年版，第 248 页。

略定位也不尽相同。在 2011 年新《日本防卫计划大纲》中规定，日本要在亚太地区建立"多层次"的安全合作关系，并使亚太双边和多边安全合作网络化。东南亚成为日本构建亚太安全合作网的关键所在，民主党政府全面提升与越南和菲律宾的安全关系。

（一）深化与越南的战略伙伴关系

日本与越南自 1973 年建交以后，双方合作主要集中在能源安全领域。随着美越关系改善和越南市场经济的发展，进入 21 世纪以来，日本加强与越南的合作，将合作关系扩展到包括经济、政治、安全、外交、防务、科技、教育等各个领域，将双方关系提升为"战略伙伴关系"。2002 年 10 月，日越首脑会谈时首次对两国关系使用了"战略关系"一词，2006 年 10 月，双方一致同意为构筑"战略伙伴关系"共同努力，2009 年 4 月，两国确认已经建立"战略伙伴关系"，并就继续加强和深化这一关系达成一致意见。[1]

在美国战略东移背景下，日本加紧推进其海洋战略，十分重视越南的战略地位，原因有三：其一，越南是南海争议声索国，欢迎美日介入南海争端，是推动南海问题"国际化"的重要"伙伴国"；其二，越南是湄公河地区的大国，对湄公河地区开发与合作具有举足轻重的作用，日本加强与越南的合作关系，可以撬动湄公河地区各国"为其所用"，并扩大在该地区的地缘政治版图；其三，越南在日本构建其主导的海洋安全合作网络中具有重要地位。由此，菅直人内阁、野田佳彦内阁都大幅提升日越关系。2010 年 7 月，日本外相冈田克访问越南，双方决定在两国外交和国防部门间建立副部长级的日越"战略伙伴关系"对话机制，在防卫和外交领域加强"联合行动"。2010 年 10 月，东亚峰会之后，日本首相菅直人和越南总理阮晋勇举行两国首脑会谈，发表《日越全面推进促进亚洲和平与繁荣的"战略伙伴关系"共同声明》，指出："为了亚洲的和平与繁荣，日本与越南拥有强烈共

---

[1]　［日］白石昌也：「日本・ベトナム間の戦略的パートナーシップ：その経緯と展望」、『アジア太平洋討究』2014 年 3 月号、289 頁。

识，即要进一步发展两国间的战略伙伴关系，使之更加强大且全面。"① 为了显示出与其他战略伙伴关系国相比越南的特殊重要性，使用了"全面"一词，② 足见菅直人对越南的重视。

共同声明共涉及七个领域的合作：第一，加强交流与对话。除首脑会谈外，日越要加强在所有级别及领域内的对话，并决定 12 月召开综合讨论政治、外交、防卫及安全问题的第一届日越"战略伙伴关系"对话；第二，日本扩大对越南的经济援助。菅直人表示将向越南提供价值 790 亿日元贷款的意愿，以帮助越南的港口建设和其他基础设施项目的建设；第三，扩大贸易与投资；第四，能源、自然资源及气候变化方面的合作；第五，科学技术合作；第六，民间的相互理解与文化交流；第七，加强在地区及国际社会的合作。双方强调要在湄公河流域开发及其他地区和国际社会问题上加强合作，利用好日本与东盟首脑会议、ASEAN + 3 及东亚峰会等现存的地区合作框架进一步密切合作，就双方关心的领域广泛推进合作。③ 菅直人内阁将日越"战略伙伴关系"扩展到各个领域各个层面，通过扩大对越南经济援助、外交游说和加强防务交流与对话，实现以越南为支点获取在湄公河次区域、南海问题、地区和国际事务中符合日本战略需求的利益。

野田佳彦内阁期间继续深化日越"战略伙伴关系"，重点加强双方军事领域的交流与合作，并通过向越南提供资金和技术援助的方式换取越南在南海问题上对中国施压，推动南海问题"国际化"。2011年 10 月，越南总理阮晋勇访问日本，与日本首相野田佳彦举行首脑会谈，会谈后双方发表题为《日越关于促进亚洲和平与繁荣的"战略伙

---

① 日本外务省：『アジアにおける平和と繁栄のため戦略的パートナーシップを包括的に推進するための日越共同声明』、2010 年 10 月 31 日（http：//www. mofa. go. jp/mofaj/kaidan/s_kan/vietnam_ 1010_ ksk. html）。

② ［日］白石昌也：「日本・ベトナム間の戦略的パートナーシップ：その経緯と展望」、『アジア太平洋討究』2014 年 3 月号、307 頁参照。

③ 日本外务省：『アジアにおける平和と繁栄のため戦略的パートナーシップを包括的に推進するための日越共同声明』、2010 年 10 月 31 日（http：//www. mofa. go. jp/mofaj/kaidan/s_kan/vietnam_ 1010_ ksk. html）。

伴关系"实施共同声明》，指出日越作为有着共同战略利益的国家，今后将为继续全面推进两国间的"战略伙伴关系"确立基础。具体措施与 2010 年的声明相比，有了进一步的充实，最大的不同在于首次在此次声明中提到了南海问题。关于南海问题，声明中作了如下阐述："两国首脑确认南海的和平与稳定是国际社会的共同利益。双方首脑肯定了落实《南海各方行为宣言》（DOC）指针的达成，期待早日制定基于 DOC 全面贯彻国际法的'南海行为准则'（COC）。双方首脑确认遵守包括航行自由、顺利的商业活动、《联合国海洋法公约》及和平解决纷争在内的国际法符合两国及地区利益，而且还就在南海促进并遵守以上共同利益达成共识。"[1]

　　10 月 24 日，越南国防部长冯光青访问东京，与日本防卫相一川保夫举行会谈，并签署了加强双方防务合作的《防务合作交流备忘录》。这是越南国防部长 13 年来首次访日，同时冯光青还在会谈中强调，自己放弃出席同时在印度尼西亚巴厘岛召开的东盟国防部长会议，优先访日，可见其对与日本加强防务合作的重视程度。一川保夫高度评价越南在 2010 年东盟外长系列会议中作为轮值国发挥的领导作用，并称要继续发展、深化与越南的合作。双方就三个方面的合作交流了意见：一是地区形势。双方部长就包括海洋安全问题在内的国际及地区安全形势交换了意见，并在为促进海洋和平与安定，加强地区内相关国家的紧密合作方面达成一致意见。二是亚太地区安全网络构建。双方部长对东盟防长扩大会议自成立以来短时间内取得的成绩表示欢迎，并一致认为应高效利用包括东盟防长扩大会议在内的各地区合作框架，加强双边及多边的紧密合作。三是日越防卫合作与交流。进一步加强日越战略对话，定期举行高层次互访及副部长级战略对话。[2]

***

① 日本外務省：『アジアにおける平和と繁栄のための戦略的なパートナーシップの下での行動に関する日越共同声明』、2010 年 10 月 31 日（http：//www. mofa/go/jp/mofaj/kaidan/s_noda/vietnam1110//pdfs/3. pdf）。

② 日本防衛省：『日越防衛相会談（概要）』、2011 年 10 月 24 日（http：//www. mod. go. jp/j/approach/exchange/nikoku/s_e_asia/vietnam/gaiyou11_10. html）。

从会谈内容可见，日本提升与越南的双边军事合作关系，具有深层次的战略考虑：一则在军事领域联合越南对抗中国，日本媒体也认为，此举旨在针对被认为"有意"在东海与南海扩大权益的中国；二则将越南作为战略支点，构筑由日本主导的亚太安全合作网，确立日本在该地区的"准霸权"。

为实现在该地区的战略利益，日本还加大了对该地区的经济援助力度。2011 年度，日本对越南提供的 ODA 数额达到 3000 亿日元，创历年来新高。2012 年 7 月，日本外长玄叶光一郎在新加坡出席系列峰会后，访问越南，出席第四届日越合作委员会（部长级）。通过与越南要人的一系列会谈，确认日越两国拥有共同的战略利益，全面深化、发展以经济为中心包括政治、安全领域的"战略伙伴关系"。具体包括在稀土开发和核电所建设等经济方面的合作、关于防卫和海上安全方面的合作。2012 年 11 月 6 日，野田佳彦首相与阮晋勇总理出席第 9 届亚欧高峰会时举行会谈。野田佳彦发言称两国要继续深化、扩大"战略伙伴关系"和日本与湄公河流域开发合作，日本今后将继续通过 ODA 援助越南经济、社会的发展。阮晋勇回应称日本对越南具有重要战略意义，今后将继续深化政府间合作，采取措施完善投资环境促进日企投资，将双方"战略伙伴关系"发展成为长期可持续的关系。

（二）建立与菲律宾的战略伙伴关系

在南海主权争议不断升温的情况下，菲律宾意欲借力美日占有中国岛礁扩大海洋权益，不断在南海挑起事端。日本为推进其海洋战略，将拥有共同的价值观、同为美国的同盟国、又共享战略利益的菲律宾视为非常重要的"伙伴国"，发展以海上安全合作为重心、合作领域广泛涉及政治、经济、军事、外交等方面的"战略伙伴关系"。2009 年 6 月，菲律宾总统阿罗约访问日本，两国首脑会谈时提出建立"战略伙伴关系"的意见，获得麻生太郎同意，之后在日菲两国各自完成政权交替后，首脑之间及外长之间也继续使用这一关键词，并在 2011 年 8 月新上任的菲律宾总统阿基诺访日时实现正式建立"战略伙伴关系"①。

2011年9月9日，日本与菲律宾围绕亚洲地区的海洋安全召开首次海洋协商会议，日本外务省、防卫省、海上保安厅官员和菲律宾外务省、沿岸警备队相关人员出席会议，就海洋领域的双边合作与多边合作交换了意见。双方认为中国在南海和东海的海洋活动频繁，主张基于航行自由、《联合国海洋法公约》等国际法和平解决纷争，并就进一步加强海洋合作达成一致意见。日菲海洋安全磋商具有明显针对中国的意图，实际是日本与菲律宾相互借重增加各自在东海和南海上对华施压的筹码。

9月末，阿基诺三世访日，双方举行首脑会谈，并发表《日菲全面推进特殊友谊纽带连接的邻国"战略伙伴关系"共同声明》，声明中双方首脑再次确认，两国共有自由、民主主义、基本人权、法制等基本价值观，同步发展自由活跃的市场经济，共享海路交通安全等战略利益。自1956年两国实现外交关系正常化以来，维持了半个世纪以上的友好合作关系。在此基础上，今后两国不仅要继续强化双边关系，而且要在现有的地区合作框架基础上构筑开放的、多层次的合作网络，使之利于亚洲太平洋地区共享共同理念和原则及制定应有规则。双方要把两国关系提升到"战略伙伴关系"。

双方就经济、政治与安全、地区和国际形势方面的合作达成以下共识：第一，经济方面的合作。两国首脑就进一步深化密切的经济关系、改善投资环境等方面的重要性达成一致意见，野田佳彦承诺利用ODA援助菲律宾改善投资环境，促进民间投资，并今后继续把菲律宾作为提供ODA的主要对象国；第二，政治、安全方面，就展开多层次的政策对话和强化海洋合作达成一揽子协议：包括将例行的次长级政策协商会议升格为次长级战略对话、2012年上半年举行第五次日本与菲律宾外交、防卫当局会议、开展日本海上自卫队幕僚长与菲律宾海

① ［日］桂诚：『中国が急進する中での日本の東南アジア外交―フィリピン・ラオスの現場から』、かまくら春秋社2013年、74頁参照。

军司令官之间的互相访问及幕僚协商会议、日本通过向菲律宾派遣海上保安厅巡视船参加菲律宾沿岸警备队训练、援助菲律宾警备队提高能力、加强海上保安厅的合作、海上自卫队军舰可停靠菲律宾港口等。2012 年 3 月，日本与菲律宾举行了第一次次长级战略对话；第三，地区和国际形势方面。野田佳彦强调日本及日美同盟对亚太地区的安定与繁荣具有不可或缺的作用，日本和菲律宾在地区拥有共同战略利益，且同为美国的同盟国，为了亚洲的繁荣稳定，两国要积极参加地区多边对话合作框架并密切合作，合作内容涉及包括南海问题在内的海上安全合作、促进地区经济一体化、防灾领域的地区合作、朝鲜半岛局势、联合国改革和维和行动等。①

由上可见，菅直人、野田佳彦内阁对菲律宾的安全政策，是以海洋安全合作为重心，多层次展开双方在海上安全领域的合作。具体包括建立两国海军间的战略对话机制，加强海警间的交流与合作；利用 ODA 支援菲律宾海警力量建设，如野田佳彦许诺向菲律宾提供的 ODA 中，部分用于菲律宾的海岸警卫队通信系统设备升级；在地区多边框架中密切合作，炒热南海议题，鼓动建立符合两国海洋安全利益的海洋规则和秩序。

在美国的"重返亚太"战略影响下，日本把菲律宾和越南作为扩大地区安全影响力的两个战略支点国加以利用，通过经济援助、外交、军事合作、价值观等多种手段百般拉拢。有日本媒体称，日本最近动作频频，积极介入南海问题，其"南进"战略正在成形。在 9 月底刚刚与菲律宾达成协议，共享海上情报，建立基地港后，日本把越南也拉入了网中。这一系列的动作，既是为了推进海洋战略，谋求海权利益，同时也含有配合美国战略东移构筑"对中包围网"，抢占地缘政治优势的战略考量。

---

① 首相官邸：『特別な友情の絆で結ばれた隣国間の「戦略的パートナーシップ」の包括的推進に関する日・フィリピン共同声明』、2011 年 9 月 27 日（http：//www. kantei. go. jp/jp/noda/statement/201109/27philippines. html）。

三　次区域层次：以湄公河地区为依托扩大地缘政治版图

在美国的"重返亚太"战略中，东南亚在亚太地缘政治格局中占有重要地位，其中湄公河次区域被美国视为战略前沿，日本、印度等地区外大国也加大对该区域的资源投入。日本把湄公河次区域作为其在东南亚扩大影响力的新的着力点，加大对该地区的经济援助和外交力度，将该次区域的多边合作框架内容扩展到政治与安全领域，扩大日本在地区地缘政治中的版图。

2009 年 11 月 6—7 日，在东京召开了第一届日本与湄公河地区首脑会议。会议发表了题为"为了共同繁荣的未来，确立新的战略伙伴关系"的《东京宣言》和《日本湄公河行动计划》。会议上，鸠山由纪夫首相称湄公河地区是实现自己所倡导的东亚共同体构想的关键地区，日本要为湄公河地区的安定和发展做出积极贡献，承诺 3 年内向 5 国提供超过 5000 亿日元的政府开发援助。湄公河各国首脑表示湄公河开发需要日本的支援，并期待日本在该地区发挥更大的作用。

2010 年 10 月 29 日，日本首相菅直人出席在越南河内举行的第二届日本与湄公河地区首脑会议，会议发表了《第二届日本与湄公河各国首脑会议共同声明》，指出日本将与湄公河各国加强地区合作，关于地区及国际形势，各国首脑表示支持联合国改革及日本"入常"。另外，此次会议与第一届会议不同，会议上宣称："日本与湄公河国家就共同关心的地区及全球性课题促进紧密合作，为了确保地区和平稳定与繁荣，扩大深化已有的日本与湄公河合作。"① 会议议题涉及了朝核问题和海洋争端问题，双方同意"为了亚太地区的和平、稳定和发展，应该根据国际法，用和平方法解决海洋争端问题"。日本将敏感的政治、安全议题植入与湄公河各国的经济合作会议

---

① 日本外务省：『第 2 回日本・メコン地域諸国首脑会議（概要)』、2010 年 10 月 29 日（http：//www.mofa.go.jp/mofaj/area/j_mekong_k/s_kaigi02/s_kaigi02.html)。

框架之内，使之发展成为全面合作关系框架，扩大日本在地缘政治版图中的影响力的基础，更有力地牵制中国。自此，日本在与湄公河地区会议中不断塞入政治议题，成为其在多边场合离间中国与东盟关系的又一途径。

2011 年 11 月 18 日，野田佳彦出席第三届日本与湄公河地区首脑会议，会后发表《共同声明》，指出，日本与湄公河各国合作取得了实质性进展，双方确认今后将通过"日本—湄公河框架"进一步促进合作。合作内容除涉及日本与湄公河各国加强在经济、社会、人员交流等方面的合作外，还就地区及国际形势交换了意见，双方与会首脑提出要就共同关心的地区及全球范围的课题，提高紧密合作的水平，为确保地区的和平、稳定与繁荣，进一步扩大日本与湄公河各国合作。内容涉及朝鲜弃核问题和绑架问题、加强军缩和不扩散方面的合作、支持联合国改革和日本"入常"、重申作为公共财产的海洋的重要性、对遵守包括《联合国海洋法公约》在内的国际法原则达成共识。[①] 在以经济合作为主题的会议中，刻意提出政治、安全保障领域内的问题，尤其是涉及敏感的海洋话题，可见野田佳彦有意引导湄公河流域国家关注南海主权争议，向中国施压。

2012 年 4 月 21 日，第四届日本与湄公河地区首脑会议在东京举行，会议通过了《日本与湄公河合作东京战略 2012》。日本方面宣布自 2013 年起提供为期 3 年、总计约 6000 亿日元的政府开发援助，帮助 5 国完善基础设施建设。日本同时决定免除缅甸拖欠的 37 亿美元债务，并在时隔 25 年后重启对缅援助。

可见，民主党政府强化与湄公河各国的关系，除经济动因外，谋求地缘政治利益的意图十分强烈。日本通过加大对该地区的经济援助，将双方合作关系拓展到包括政治和安全领域，试图与湄公河次区域建立更密切的关系以共同联美制华，争夺东亚地区合作主导权。

---

① 日本外务省：『第 3 回日本・メコン地域諸国首脑会議』、2011 年 11 月 18 日（http://www. mofa. go. jp/mofaj/area/j_ mekong_ k/s_ kaigi03/s_ kaigi03. html）。

第三节　安倍政府全面强化与东南亚的军事安全关系

2012 年 12 月，安倍晋三二次执政以来，十分重视东南亚在日本安全战略中的重要地位，在民主党政府积累的外交资源基础上，进一步展开对东南亚的安全外交。安倍晋三二次组阁后，重点加紧推行修宪强军的步伐，推动国家安全战略快速转型。在这种战略取向下，虽然策略上仍以"南海争议"和"围堵中国"为主要抓手，但在战略理念、战略定位和施行路径上都有了大幅度的提升和扩展。

一　战略定位空前提升

安倍晋三二次执政后，制定了日本战后首份《国家安全保障战略》报告，全面阐述了新时期日本的国家安全理念、安全目标和安全实施路径，并紧接着推出与之配套的新《防卫计划大纲》和《中期防卫力量整备计划（2014—2018）》，被称为"安保三箭"。安倍政府推出的"安保三箭"，以所谓的"积极的和平主义"为基本理念，以维护国家安全和改善亚太地区及世界的安全环境为基本目标，以积极的安保外交和加强防卫力量为主要实施路径，大幅度提升了军事安全手段在国家安全中的地位和作用，其实质是全面加速推进日本的"正常国家化"和"军事大国化"。随着日本政治右倾化的不断加深，安倍政府"黩武"的倾向愈加清晰。具体表现在推进以解禁集体自卫权为核心的系列安保法案改革，建设"综合机动的防卫力量"，积极推动双边防卫和军事合作等，从中可见日本军事安全战略正逐步转守为攻，标志着日本国家安全战略的全面转型。在安倍政府推进的国家安全和军事战略中，重新对与东盟及东盟各国的安全合作进行战略定位，较之以往历届政府，把东盟及东盟各国放在了空前重要的位置上。

首先，《国家安全保障战略》作为纲领性文件，规定了日本与东盟安全合作的基本方向，首次在日本国家安全战略的顶层设计中大幅提升了东盟各国的战略地位。《国家安全保障战略》对日本国家安全的基本理念、国家利益、国家目标和安全路径进行了明确的界定。"日本是拥有自由、民主主义、基本人权、法制等普遍价值观的经济大国，是通过海上贸易和开发海洋资源求发展的海洋国家，作为从事国际政治经济活动的主要一员，从基于国际协调主义的积极和平主义的立场出发，为实现国家的安全和亚太地区的和平与安定，确保国际社会的和平、安定与繁荣，要更加积极地发挥作用。"①在此基础上，确立了日本的国家利益和国家安全目标。国家利益包括维护主权、独立和领土完整，保证人民生命、人身安全和财产安全，继承丰富的文化和传统，维持自由、民主主义等"普遍价值观"。国家安全目标包括：第一，维护国家和平和安全，防止国家遭受直接威胁，在遭受威胁情况下，将损害降低到最低限度；第二，强化日美同盟、强化与地区内外"伙伴国"的相互信赖、合作关系，改善亚太地区安全环境，预防、减少国家面临直接威胁的可能性；第三，通过不懈的外交努力和人的贡献，强化基于"普遍价值观"的国际秩序、在解决国际纷争中发挥主导作用、改善全球安全环境，构筑和平、安定、繁荣的国际社会。关于实现安全的手段，提出要运用一切手段实现国家安全，在强化经济力量和技术力量基础上，尤其要重点加强外交力量和防卫力量，"这是此国家安全保障战略中关于战略实现手段的核心"②。

在《国家安全保障战略》的总体设计框架下，安倍政府对东盟在日本亚太地区伙伴关系中的角色进行了界定，认为其重要性仅次于美国、韩国、澳大利亚，并指出东盟各国是"占据日本海上通道要冲的传统伙伴"，日本将以持续 40 年以上的传统伙伴关系为基础，与东盟深化、发展政治和安全等各种领域的合作。东盟对亚太地区整体的和平、安定与繁荣具有重要的影响，日本进一步支援东盟保持并加强整体性，肯定相关国家制定与中国之间的"南海行为准则"（COC），不

---

①　首相官邸：『日本国家安全保障戦略』、2013 年 12 月 17 日（http：//www. kantei. go. jp/jp/kakugikettei/2013/＿＿icsFiles/afieldfile/2013/12/17/20131217 – 1＿1. pdf）。

②　同上。

以武力解决纷争而是遵从法制与规则，支援相关国家制定有效且具有法律约束力的准则。通过亚太地区双边和多边安全对话和多国联合训练加强相互理解和共同应对能力。[1] 可见，东南亚在日本构筑亚太安全和军事合作网络中处于重要地位，既是日本安保外交重点展开的地区，同时又因该地区存在部分国家与中国之间的南海争议以及包括非传统安全威胁因素在内的海洋安全问题，是日本发挥军事作用的重点地区。

其次，新《防卫计划大纲》作为提高防卫力量和加强防卫安全合作的战略指向，指明了日本与东盟各国加强安全和防卫合作的方向，细化了实行合作政策范围，并规定了具体的实施路径。[2] 新《防卫计划大纲》中指出日本维护国家安全的主要路径，即从"积极的和平主义理念"出发，通过三条路径维护国家安全：一是强化自身外交能力和防卫能力。新《防卫计划大纲》中明确指出，"防卫力量是我国安全的最终保证，表达我国的意志和能力，能够将我国面临直接威胁的情况防患于未然，并能够在威胁发生时排除威胁"。安倍政府把军事手段提升到首要地位，重点加强维护西南离岛和海上安全的防卫，东南亚地区作为日本周边海域，自然被囊括在日本防卫力量保障的范围内；二是强化日美同盟。日美同盟不仅是维护日本安全不可或缺的存在，同时是亚太地区和平与安定的重要因素，日本进一步提高日美安保体制的实效性，使日美同盟实现多方面的合作；三是扩大、深化与亚太相关国家的合作关系。日本与韩国、澳大利亚、东盟各国和印度共有普遍的价值观和战略利益，要进一步加强安全合作。其中，界定了与东盟各国加强安全合作的范围，包括：进一步强化与东南亚各国的伙伴关系，积极推进共同训练、演习和支援能力建设；积极参加多国间共同训练、演习等，重视东盟地区论坛（ARF）、东盟防长扩大

---

① 首相官邸：『日本国家安全保障战略』、2013 年 12 月 17 日（http://www.kantei.go.jp/jp/kakugikettei/2013/＿＿ icsFiles/afieldfile/2013/12/17/2013121711.pdf）。

② 首相官邸：『平成 26 年度以降に係る防衛計画の大綱について 』、2013 年 12 月 17 日（http://www.kantei.go.jp/jp/kakugikettei/2013/＿＿ icsFiles/afieldfile/2013/12/17/2013121721.pdf）。

会议等多边合作框架，在建立和强化地区内各国互信关系中发挥主要作用。

最后，《中期防卫力量整备计划（2014—2018）》（简称"中期防"）是基于长期的防卫力量整备方针新《防卫计划大纲》而制定的，旨在强化日本海上和空中的控制能力。中期防卫提出引进机动能力优良的装备的计划，重点加强作为最前线的西南诸岛防卫，以应对中国的海洋战略。《日本经济新闻》中文网 18 日刊文称："日本政府此次明确提出了着眼于中国崛起、将防卫重心从北方转移至西南诸岛的长期战略，是自 1990 年初美苏冷战结束以来，日本的防卫体制的重大转折点。"① 日本政府将 2014 年开始今后 5 年的中期防卫力量整备计划的总额定为 24.67 万亿日元。"中期防"称，这是针对中国在东南沿海的活动，强化离岛防卫的方针，其实质是加大对维护海洋安全的军事投入，扩大日本在周边海域（包括东海、南海）及太平洋和印度洋的军事存在。为强化西南岛屿的防卫态势和防止及应对各种事态的能力，日本重点加强与相关国家在以下方面的防卫合作：第一，共同训练与演习。适时实施自卫队训练、演习的同时，推进亚太地区双边及多边共同训练、演习，目的在于一方面彰显国家维护地区安定的意志和强大的能力，另一方面提高与相关国家的相互配合能力，构筑、强化实际的合作关系。第二，推进防卫合作与交流。增进各国及国际组织间的相互理解与信赖关系，是安全环境保持稳定的基础。为加强包括海洋安全在内，各国共同关心的安全课题上的合作，不仅要推进高层次的交流，还要推进包括部队间交流在内各个层次上的双边与多边防卫合作和交流。第三，推进能力建设支援。充分调整包括 ODA 等在内的外交政策，切实高效提供能力建设支援，强化与受援国防卫部门的关系。第四，确保海洋安全。为强化"开放安定的海洋"秩序，确保海上交通安全，加强与同盟国家等的合作，支援沿岸国提高自身能

① 《日媒：日本安保战略大转折 切换成"中国模式"》，2013 年 12 月 18 日，中国新闻网（http：//new. ifeng. com/gundong/detail_ 2013_ 12/18/32233390_ 0. shtml？_ from_ ralated）。

力。在印度洋及南海等日本周边以外的海域，也要利用各种机会，与在海洋安全上拥有共识的国家开展共同训练和演习。第五，实施国际和平合作活动。第六，在军控、裁军及防扩散方面努力开展合作。①从上述六项内容中可见，东盟各国是安倍晋三重点拉拢和展开军事合作的对象，实质是要通过加强防卫交流与合作、支援东盟南海沿岸国能力建设、开展共同训练与演习等，扩大在该地区的军事存在。由此可见东盟在安倍政府加速推进"军事大国化"的战略中地位非同一般。

在"安保三箭"的顶层设计和总体框架下，安倍晋三二次执政伊始，就展开了对东盟的密集外交，通过多边和双边场合大幅提升东南亚各国在日本新时期安全战略中的地位，把对东南亚的安全外交作为日本在未来主导东亚安全秩序的关键所在。安倍晋三政权在成立后不到一个月的时间，总理、副总理、外相便访问了东盟十国中的 7 个国家（越南、泰国、印度尼西亚、缅甸、菲律宾、新加坡、文莱）及澳大利亚，可见日本把与东盟、澳大利亚的合作，视为与日美同盟同等重要的地位。安倍晋三甚至在记者会上称："与东盟的关系是日本外交'最重要的基轴'……通过广阔的海洋与世界相连的东盟和日本，为了我们生存的世界成为一个自由、开放、靠法制而非力量支配的地区，我们必须一起努力。"②

2013 年 1 月 18 日，安倍晋三到访印度尼西亚，会见印度尼西亚总统苏西洛，在与苏西洛会谈后的记者会上，还发表了所谓"亚洲外交五项原则"，呼吁与东盟国家一道"维护海洋权益"。第一，日本要与东盟国家共同创造并扩大自由、民主、基本人权等普遍价值观；第二，由法律而非力量支配的自由、开放的海洋是公共财产，日本愿与东盟国家全力维护海洋权益和航行自由，欢迎美国重视亚洲的政策；第三，

① 首相官邸：『中期防衛力整備計画（平成 26 年度—平成 30 年度）について』、2013 年 12 月 17 日（http://www.kantei.go.jp/jp/kakugikettei/2013/__icsFiles/afieldfile/2013/12/17/2013121731.pdf）。

② ［日］白石隆：『安倍首相の東南アジア訪問で示された日本外交の新 5 原則』（http://www.nippon.com/ja/column/f00016/）。

积极推进日本与东盟国家的经贸合作，促进投资，推动日本经济复苏，实现与东盟各国共同繁荣；第四，与东盟共同发展并维护亚洲多样的文化和传统；第五，进一步促进日本与东盟各国年轻人之间的交流。①

2013 年 12 月 14 日，日本与东盟特别首脑会议在东京召开，安倍晋三还阐述了新时期日本与东盟关系的发展方向，并指出要从四个方面加强与东盟的合作，即"和平与安定的伙伴"、"繁荣的伙伴"、"美好生活的伙伴"和"心与心的伙伴"。与以往政策不同的是，此次把与东盟的安全合作放在首位。此外，还从"世界中的日本与东盟关系"的视角，发表了日本与东盟关于地区及地球规模课题的共同声明。发言中，安倍晋三还提到 1957 年其外祖父岸信介作为首相，在战后初次访问亚洲时，就曾提出日本与东盟成为"对等的伙伴关系"，"在半个多世纪过去后的今天，日本与东盟才成为真正对等的伙伴关系，今后要在 4 个伙伴关系下扩展双方合作的'地平线'，进一步加深合作，构筑日本与'新东盟'的关系"②。

安倍晋三的一系列言论反映出日本对东南亚政策在战略理念和战略定位上的显著变化：首先，定义与东盟关系的坐标体系发生变化。以往日本是在日美同盟框架下定位与东盟的关系，此次则从本国的国家利益出发，在地区及世界共同课题视角下定位与东盟的关系，将其视为日本外交"最重要的基轴"。曾先后在防卫厅和外务省情报科就职的森本敏早就撰文指出："是提高日本防卫力量独立性，还是构筑作为美军机能补充的防卫力量，如何选择关系到日本防卫性质的变化……作为日本来说，将美国的军事存在为日本国家利益所用这一视点是非常必要的。"③"安保三箭"显然是以提升日本自身防卫力量为重心，但反应到政治层面，显示出日本外交政策中立足国家利益看待

---

① 日本外務省：『安倍総理大臣の東南アジア訪問（概要と評価）』、2013 年 1 月 18 日（http：//www. m）ofa. go. jp/mofaj/kaidan/s_ abe2/vti_ 1301/gaiyo. html）。

② 日本外務省：『日・ASEAN 特別首脳会議』、2013 年 12 月 15 日（http：//www. mofa. go. jp/mofaj/area/page3_ 000594. html）。

③ 〔日〕森本敏：『森本敏の眼：日本の防衛と安全保障政策』、株式会社グラフ社 2005 年、187 頁、205 頁。

与他国关系的主动性、主导性趋向更加明显。其次，东盟在日本对外政策中的比重和地位空前上升，是新时期日本推进其海洋战略和"军事大国化"战略重点倚重的地区。"安保三箭"特别强调要增强西南岛屿的防卫和确保包括印度洋和南海在内的海洋安全，在安倍晋三出访东盟各层之际也几乎必提海洋安全，可见在日本以维护海洋安全为重点内容的安全战略调整中，东盟地位极其重要。最后，加强与东盟的防卫合作和交流成为日本与东盟关系的主要内容。在以往日本对东南亚的政策中，经济政策是主要内容，安倍晋三二次执政后，明确把与东盟的安全合作放在首位，并重点强调加强与东盟的防卫合作和交流，可见日本对东南亚政策出现重大转折。

二　实施路径统筹兼顾

"安保三箭"完成了对东南亚安全战略的总体设计，在具体的实施路径中同样顾及全面、综合统筹。在历来日本政府对东南亚的安全政策中，多以经济援助和政治外交手段为主，辅以有限度的防卫合作与交流实现既定目标。纵观安倍晋三二次、三次组阁以来对东南亚安全政策的实施路径，则是综合运用经援、外交、军事和价值观等多种手段，并根据东盟各国在日本安全战略中的不同地位分层次投放比重不等的资源，力求实现投入与产出效益的正比例关系，实现安全利益最大化。

（一）外交手段

2012 年 12 月，安倍晋三二次组阁后不久就推出"俯瞰地球仪"的战略性外交，东南亚成为这一战略性外交展开的重点地区。这一战略外交主要内容包括两个方面：一方面，利用日本与东盟首脑会议、东盟地区论坛系列峰会、东亚峰会、日本与东盟外长扩大会议等多边场合，宣传"积极的和平主义理念"，并继续拉拢东盟在包括南海问题、非传统安全问题等在内的海洋安全问题上加强合作，牵制中国，扩大日本在周边海域及包括南海、印度洋在内的军事存在；另一方面，对东盟各国展开分层次的安全外交，针对各国在日本新的安全战略中的不同地位和作用投放资源，换取各国对日本相关安全政策的支持。

1. 多边安全外交

利用多边安全平台展开安保外交，是冷战结束以来日本对东南亚安全政策的重要手段之一。安倍晋三二次执政后，继续利用这一手段对东南亚国家进行游说、拉拢，实现既定安全目标。通过梳理安倍晋三二次执政以来在多边外交场合的演说和发言，可以发现日本多边安全外交的重点议题和特点。

2013 年 10 月 9 日，安倍晋三出席第十六届日本与东盟首脑会议，重点宣传了日本新的安全保障政策，称在亚洲安全环境进一步恶化的情况下，日本要从基于国际协调主义的"积极的和平主义理念"出发，更加积极地为地区及国际社会的和平与安定做出贡献，并介绍了正在推进的关于国家安全保障会议的设置、国家安全保障战略的制定、防卫大纲的修改及行使集体自卫权和参加联合国集体安全保障措施的探讨等进程。[①]

2013 年 12 月 14 日，安倍晋三在日本与东盟特别首脑会议上阐述了今后日本将从四个方面进一步推进与东盟的伙伴关系，安全方面被放在首位。主要内容包括：第一，宣传日本"积极的和平主义理念"。第二，海洋安全与合作。安倍晋三表示，"任何相关国家都不得单方面改变现状，应遵守《联合国海洋法公约》等国际法，欢迎东盟与中国达成关于'南海行为准则'（COC）的正式协议"。第三，自由、安全飞行。日本与东盟在强化"联结性"可带来利益方面拥有共识，双方在强化关于海空安全方面的合作达成一致意见。第四，防卫大臣交流。安倍提议召开日本与东盟防卫大臣间的非正式交流会议，讨论非传统安全课题。第五，朝鲜形势。[②]

2014 年 11 月 12 日，安倍晋三出席第 17 届日本与东盟首脑会议，在与东盟的安全合作和地区及国际形势方面作了以下阐述：一，说明"积极的和平主义理念"的措施，包括内阁审议通过修改安保法制、

---

① 日本外务省：『第 16 回日・ASEAN 首脑会议（概要）』、2013 年 10 月 9 日（http://www.mofa.go.jp/mofaj/area/page3_000476.html）。

② 日本外务省：『日・ASEAN 特别首脑会议』、2013 年 12 月 15 日（http://www.mofa.go.jp/mofaj/area/page3_000594.html）。

修改《日美防卫合作指针》等；二，表明继续与东盟在共同训练、培养人才和航行安全方面加强合作，今后三年内将进行 700 人规模的人才培养，用以海上安保和安全能力建设；三，对预定于 11 月 19 日召开的日本与东盟防卫大臣圆桌会议表示欢迎，并表明今后将进一步深化防卫部门间的合作；四，关于南海问题，安倍晋三称期待相关国家遵循他在香格里拉对话中提出的"海洋法制三原则"① 采取行动，并称"明确这一问题是地区的共同课题"是非常重要的。②

2015 年 9 月 19 日，日本执政联盟凭借多数议席在国会参议院全体会议上强行表决通过了"新安保法案"。这标志着该法案已正式升级为法律，日本政府可以行使集体自卫权。"新安保法案"其实是两项法案：《国际和平支援法案》与《和平安全法制整备法案》。"新安保法案"规定了日本可以行使武力的三个条件：第一，日本遭到武力攻击；第二，和日本关系密切的国家遭遇战争的时候，日本可以投入战争；第三，国民追求自由幸福的权利遭遇颠覆性威胁，日本可以进行战争。这和以前专守防卫的政策有了本质不同。安倍晋三是打算"通过在政策上解禁集体自卫权，制定相关安保法案，架空宪法限制，释放军事及其战争权力，来婉转地推进大国化目标"③。"新安保法案"标志着战后以来日本安全和防卫政策出现了重大转折，实际上已经使日本再度成为能战国家，这引起国际社会强烈警惕。在此情况下，2015 年 11 月 22 日，安倍晋三在出席第 18 届日本与东盟首脑会议时，首先，就刚在日本通过的"新安保法案"寻求东盟的支持，称这是日本践行"积极的和平主义理念"，为地区及国际的和平、安定与繁荣做出更大贡献所必需的法制。其次，关于海洋安全，安倍发言称，不

---

① 所谓"海洋法制三原则"，是安倍晋三首相于 2014 年 5 月 30 日在香格里拉对话中做基调演讲时提出的，内容包括：一是国家主张必须依照法律；二是不得以主张为由，诉诸武力或以武力相威胁；三是解决纷争，必须恪守和平。安倍晋三在香格里拉对话中打着国际法的旗号，极力拉拢东盟对抗中国意图明显。

② 日本外务省：『第 17 回日・ASEAN 首脑会議（概要）』、2014 年 11 月 12 日（http：//www.mofa.go.jp/mofaj/a_o/rp/page3_001006.html）。

③ 周永生：《日本"新安保法"的问题》，《当代世界》2015 年第 12 期。

管在任何海域，沿岸国都必须遵守国际法，不论军用或民用，都不得在边界未划定海域进行单方面改变海洋环境的行动，对在南海地区进行大规模且迅速的填海造地、构筑据点及军事目的的利用等变更现状、制造紧张局势的单方面行为表示强烈担忧。此外，安倍晋三还在发言中提到东海问题，这是首次在日本与东盟的多边会议场合提及东海问题。称中国公船"侵入"日本领海，在中日领海未界定海域进行单方面的资源开发，希望中方停止单方面行动，并期待 2008 年中日达成的东海资源开发一致意向早日实施。最后，安倍晋三强烈主张要在贯彻"海洋法制三原则"基础上，要求中国遵守国际规范，在地区及全球课题上发挥更加建设性、协调性的作用。①

由上可见，多边外交是安倍政府展开安保外交的重要手段，安全方面主要议题以"积极的和平主义理念"和南海问题为主。安倍晋三的多边安保外交特点在于：一是承袭民主党政府执政时期的做法，利用多边场合搅局南海争议，同时掺入日本与中国的东海争议议题，目的是拉拢东盟国家共同对抗中国；二是宣传"积极的和平主义理念"，并寻求东盟支持日本在该理念下推进的一系列安保法案改革和强军措施，实质是以东盟为支点，为"军事大国化"争取国际舆论支持；三是把日本与东盟的安全合作扩展到包括传统安全与非传统安全在内全面的综合安全合作阶段，进一步扩大日本在地区及国际社会的安全作用。

2. 双边安全外交

在开展多边外交的同时，安倍政府同时加强对东南亚的双边安全外交，不仅覆盖东盟十国且呈现鲜明的层次性特征，是对民主党政府时期层次性安全外交的进一步深化和扩展。安倍晋三在东南亚的双边安全外交，主要分为三个层次：第一，继续加强与菲越等南海岛礁主权声索国合作，支持菲越炒热南海议题，以海上安全合作为主推进与两国的安全和军事合作与交流；第二，提升与马六甲海峡沿岸国新加

---

① 日本外務省：『第 18 回日・ASEAN 首脳会議』、2015 年 11 月 25 日（http：//www. mo-fa. go. jp//mofaj/a_ o/rp/page3_ 001483. html）。

坡、马来西亚和印度尼西亚之间的安全合作，重点展开以海上安全对话和训练、演习为主的防卫交流，从非传统安全合作扩展到综合安全合作；第三，将安全外交扩展到湄公河流域国家缅甸、柬埔寨和老挝，继续扩大日本的地缘政治版图，同时怀有拉拢东盟国家构筑"对中包围网"、争取对日本新的安保政策的支持等企图。

　　首先，日本进一步加强与菲越的安全合作，重点推进双边海上合作磋商框架构建和海警训练，支援菲越海上能力建设，形成有效的牵制力对抗中国。2013 年 1 月，安倍晋三就任首相后选择越南作为其首访国家，可见他对越南的重视。在与越南总理阮晋勇会谈中称，安倍晋三强调要进一步发展与越南的"战略伙伴关系"，进一步强化合作，维护亚太地区的和平、繁荣与稳定。关于南海问题，则表明了"反对武力更改现状，应遵守相关国际法"的立场。2013 年 12 月，日本与东盟特别首脑会议召开期间，安倍晋三向阮晋勇表示"希望就日本向越南海警提供巡逻船等开始具体协商"，进一步加强与越南在海洋领域的安全合作。同时围绕南海问题双方交换了意见，并对双方海警间首次举行的副部级海上安全磋商表示欢迎。日越间的安全与防卫交流始于小泉纯一郎时期，在民主党政府时期进一步发展，安倍晋三二次执政后，不断深化双方防卫合作，并使之逐渐制度化。同时，菲律宾作为南海岛礁主权的另一声索国，依仗美日的支持，对华态度一直强硬，因此安倍晋三二次执政后，继续重点加强与菲律宾的海上安全合作。2013 年 2 月，日菲进行第二次海洋磋商，构建海上综合安全合作框架。7 月，安倍晋三访问菲律宾，与阿基诺三世举行首脑会谈，达成推进海洋领域合作的"四项倡议"，并一致同意进行海上防卫当局、海警机构间的联合训练等实践性的合作及各种交流，为提高菲律宾沿岸警备队的能力，在菲律宾要求的基础上，向菲提供日元贷款建造 10 艘海上巡逻舰艇。[①] 作为回报，日本获得

---

① 日本外务省：『日・フィリピン首脑会谈（概要）』、2013 年 7 月 27 日（http：//www. mofa. go. jp/mofaj/kaidan/page3_ 000326. html）。

了菲方同意为日本海上自卫队军舰前出南海提供停靠港口的承诺。日本加强与菲越海上安全合作的意图非常明显，就是要牵制"在南海正在崛起的中国"，扩大日本在该地区的军事存在。关于这一点，安倍晋三在出席第 13 届亚安会时曾有明确阐述："我们政府强烈支持，菲律宾希望根据'海洋法制三原则'为解决南海纠纷做出的努力。我们同样支持越南希望通过对话解决问题的姿态。企图不断使用既成事实、使现状变化固定化的行为，是违反'海洋法制三原则'精神的，理应遭到强烈谴责。"① 可见，支持菲越对抗中国的意图昭然若揭。

其次，提升与马六甲海峡沿岸国新加坡、马来西亚和印度尼西亚的安全合作，以海上安全合作为重点内容，从非传统安全合作扩展到综合安全合作。新加坡是安倍晋三在双边安全外交中非常重视的国家。2013 年 1 月 11 日，日本外务大臣岸田文雄与新加坡外长会谈，双方就加强政策对话，及早日召开双方次长级政务会议达成一致意见。② 7月，召开第三次日本与新加坡海上安全对话，双方就马六甲海峡等重要海域的航行安全、打击海盗及亚洲反海盗地区协定、东盟海上安全政策等问题广泛交流了意见。③ 安倍晋三重视新加坡，一是由于素有"远东十字路口"之称的新加坡是国际海运交通中心之一，它位于马来半岛最南端，扼守马六甲海峡，战略地位极其重要；二是由于美国在东南亚重建军事存在，使日美同盟的影响扩大到东南亚，东南亚基地群也由原来以菲律宾苏比克海军基地和克拉克空军基地为中心，转为现在以新加坡的樟宜海军基地为中心。美军在新加坡的存在和部署将使其能够监控南海，西进印度洋。因此，安倍晋三尤其重视与新加坡的海事安全合作。2013 年 7 月，安倍晋三访问马来西亚，在政治与

---

① 日本外務省：『第 13 回アジア安全保障会議（シャングリラ・ダイアローグ）安倍内閣総理大臣の基調講演：アジアの平和と繁栄よ永遠なれ』、2014 年 5 月 30 日（http://www.mofa.go.jp/mofaj/fp/nsp/page4_000496.html）。

② 日本外務省：『日・シンガポール外相会談・昼食会（概要）』、2013 年 1 月 11 日（http://www.mofa.go.jp/mofaj/kaidan/g_kishida/psba_1301/singapore_2.html）。

③ 日本外務省：『第 3 回日・シンガポール海上安全保障対話の開催（結果概要）』、2013 年 7 月 23 日（http://www.mofa.go.jp/mofaj/press/release/press6_000457.html）。

安全领域，双方首脑就海上防卫当局间及海上保安机构间加强合作达成一致意见，同时表明将继续支援马来西亚海上法令执法厅。双方首脑一致同意活跃防卫交流，安倍晋三表示希望马来西亚尽早制定日马两国防卫当局间的合作备忘录，并继续支援马来西亚 PKO 训练中心。[①] 9 月，两国海警间举行了首次的联合训练。日本对印度尼西亚的战略定位，从小泉纯一郎时期以来，就被视为马六甲海峡重点培养和支援的战略支点国。2013 年 1 月，安倍晋三上任不久出访东南亚三国，与印度尼西亚首脑会谈时指出，要将双边关系提升到更高的高度加强合作，包括经济、政治安全和各个领域，其中包括要"切实推进双方防卫当局间的合作"[②]。

　　最后，将安全外交扩展到湄公河流域国家缅甸、柬埔寨和老挝，扩大日本的地缘政治版图，构筑"对中包围网"。一方面，日本与战略位置十分重要的缅甸加强安全合作。2013 年 12 月 15 日，安倍晋三访问缅甸，与缅甸总统吴登盛会谈，实现了时隔 36 年的首相访问。安倍晋三称，以迄今为止双方之间构筑的信赖关系为基础，强化与缅甸的关系，能够打下使双方关系提升到新的层次的基础是非常有意义的。双方还就与 2014 年东盟议长国缅甸之间加强地区形势和安全方面的对话与防卫交流达成一致意见。[③] 另一方面，日本极力拉拢"亲中"的柬埔寨和老挝，破坏中国的地缘政治优势。2013 年 11 月 16 日，安倍晋三访问柬埔寨和老挝，与两国首脑会谈后，分别发表了共同声明。在安全方面，主要提起了三个议题：一是宣传"积极的和平主义理念"，争取柬埔寨、老挝两国首脑的理解和支持；二是在南海问题上，拉拢两国向日本靠拢。双方"希望早日缔结在南海有利于有效解决争端的有实效的行为准则"；三是在联合国安理会改革和日本"入常"

　　① 日本外务省：『日・マレーシア首脳会談及びナジブ首相主催晩餐会（概要）』、2013 年 7 月 25 日（http：//www. mofa. go. jp/mofaj/kaidan/page4_ 000130. htm）。

　　② 日本外务省：『日・インドネシア首脳会談（概要）』、2013 年 1 月 18 日（http：// www. mofa. go. jp/mofaj/kaidan/s_ abe2/vti_ 1301/indonesia. html）。

　　③ 日本外务省：『安倍総理大臣のミャンマー訪問（概要と評価）』、2013 年 5 月 27 日（http：//www. mofa. go. jp/mofaj/kaidan/page3_ 000186. html）。

问题上争取两国的支持。此外，双方首脑一致同意要通过构建外务和防卫当局协议，即"2＋2"框架，进一步加强政治安全对话，和双方的防卫交流。① 2013 年 12 月，日本与东盟特别首脑会议召开期间，安倍晋三与到访的东盟十国首脑分别举行双边会谈。与柬埔寨的会谈中，双方首脑将双边关系从"新的伙伴关系"提升为"战略伙伴关系"，今后要在地区及国际社会课题上进一步加强合作，双方还签署了《防卫合作与交流备忘录》。从对上述三国的安全外交可见，安倍晋三是在践行其"俯瞰地球仪"的战略性外交和"安保三箭"，做到与东南亚国家的安全合作无死角，全面推广与东南亚国家间的双边安全和防卫交流，加快军事上与东南亚的合作步伐。

（二）经济手段

政府开发援助（ODA）是战后日本"经济外交"的重要组成部分，也是其推进日本外交策略的重要手段。冷战结束以后，随着国际局势的变化，充分利用 ODA 资源，最大化实现包含政治和安全关系在内的综合利益成为日本对东南亚 ODA 政策的新要求。尤其是安倍晋三二次执政后大搞"金元外交"，一方面推销其"积极的和平主义理念"，同时换取东盟国家在地区及安全形势方面对日本相关主张的支持；另一方面扩大 ODA 使用范围，并力求突破经援的军事禁区，更好地为实现日本的国家利益服务。

2013 年 12 月，在日本与东盟特别首脑会议会期间，安倍晋三首相与东盟七国首脑分别举行双边会谈，向多数东盟国家承诺提供 ODA 援助。日本承诺将向菲律宾提供 690 亿日元贷款，其中 190 亿日元用于向菲海岸警卫队提供 10 艘巡逻船。对越南提供 1000 亿日元贷款，支援越南在交通、能源等领域基础设施的建设。2012 年日本对越南 ODA 总额为 2029.26 亿日元，2013 年同比增加约 50%。出于对南海问题的考虑，安倍晋三政府希望将 ODA 作为敲门砖，不遗余力地拉近日

---

① 日本外务省：『安倍総理大臣のカンボジア及びラオス公式訪問（主な成果）』、2013 年 11 月 17 日（http://www.mofa.go.jp/mofaj/kaidan/page3_000542.html）。

越、日菲关系。对印度尼西亚提供总额 620 亿日元的贷款，表示会最大限度支援印度尼西亚经济发展，并决定向印度尼西亚无偿提供 3 艘全新的巡逻艇。安倍政府重点加强了对柬埔寨和缅甸的援助力度，在日本与东盟特别首脑会议期间安倍晋三承诺对柬埔寨提供总计 138 亿日元的贷款，用于道路设施、首都圈电网整备及灌溉排水设施等建设，并另外提供 3 项无偿资金援助。安倍晋三在 2013 年 5 月访问缅甸时表示提供 910 亿日元的资金援助，12 月又决定附加 632 亿日元的贷款，用于支援缅甸铁路、水道、灌溉等基础设施建设。仅 2014 年，日本对东南亚的援助项目数量为 38 件，占亚洲地区的 1/2 以上，其中，对缅甸和柬埔寨的援助项目最多，分别为 15 项和 7 项。

这一时期，日本对东盟国家的 ODA 存在以下几个特点：第一，以经援促安全，争取东盟国家对日本安全政策的支持，并试图围堵中国。安倍晋三在所有双边会谈中都涉及三个安全议题：一是宣传"积极的和平主义理念"，二是与对方讨论南海问题，三是并对中国划设东海防空识别区问题表明"日本立场"，可见其政治意图明显。第二，援助项目范围扩大，涉及军事领域。2014 年 3 月 28 日，日本外务大臣岸田文雄在题为"发展的 ODA：为了世界和日本的未来"的 ODA 政策演讲中称，"维护和平、安定和安全的 ODA，是今后 ODA 发展的一个方向"[1]。2015 年 2 月 10 日，日本正式出台新版《开发合作大纲》（又称"新大纲"），首次公开允许对其他国家及军队提供"非军事目的"的援助，"新大纲"还将海洋、太空、网络安全、反恐、扫雷等敏感领域列入政府开发援助的支援范围。[2]"新大纲"解禁了 ODA 的军事用途，也反映出安倍政府要把原本只限于开发援助的 ODA 用于服务于日本践行"积极的和平主义理念"的战略意图。第三，注重对相关国家提供以提高对方海上能力为主的援助，强化与日本的安全合作。安

----

[1]　日本外务省：『進化するODA：世界と日本の未来のために』、2014 年 3 月 28 日（http：//www. mofa. go. jp/mofaj/ic/ap_ m/page3_ 000726. html）。

[2]　日本外务省：『開発協力大綱について』、2015 年 2 月 10 日（http：//www. mofa. go. jp/mofaj/ gaiko/oda/files/000072774. pdf）。

倍晋三在第 13 次亚安会上明确提到："我们将把政府开发援助、自卫队提供的能力培养、防卫装备合作等，日本所拥有的各种支援项目进行组合，为提高东盟各国守卫海洋的能力，不间断地提供支援。"[①]

（三）军事手段

"安保三箭"，大幅度提升了军事手段在国家安全中的地位和作用，特别强调要增强西南岛屿的防卫和确保包括印度洋和南海在内的海洋安全，表明安倍晋三在极力推动日本与东盟在军事领域的合作。

首先，加强双边与多边防卫交流。在安倍晋三二次执政后出访东南亚时，每到一处必提开展或加强与东盟国家的双边防卫交流，普及所谓的"2 + 2"安全合作框架。除双边防卫对话交流外，还积极构建多边防卫交流平台。如日本自 2009 年起就与东盟多次举行副防长级会议，在 2013 年 12 月的日本与东盟特别首脑会议上，首相安倍晋三提议召开部长级会议。2014 年 10 月 7 日，日本防卫省在横滨市与东盟成员国举行副防长级会议，会议议题包括日本与东盟加强在海洋安全领域合作及防卫装备与技术合作。2014 年 11 月 19 日，在缅甸召开首次日本—东盟防长会议，会议就加强安全合作的方针达成一致，日本防卫大臣江渡聪德表示，将重点就海洋安全和灾害救援等方面的人才培养加大对东盟的支持。江渡聪德在记者会上强调，首次日本—东盟防长会议为今后加强合作迈出了重要一步。

其次，加强与东盟国家间的军事演习、共同训练等，并支援东盟国家军队能力建设。日本政府在此前的新《防卫计划大纲》中提出了推进能力建设援助和与亚洲其他国家加强共同训练和演习的方针，并由防卫省于 2012 年开始实施。主要方式包括：帮助其改善基础设施、人员交流与培训、提供军需器材、开展联合演习等。安倍晋三上任后遍访东盟各国，通过提供日元贷款方式支援对象国基础设施建设。在 2013 年的财政预算提案中，2700 万美元将被用于提升东盟国家的海上

---

① 日本外务省：『第 13 回アジア安全保障会議（シャングリラ・ダイアローグ）安倍内閣総理大臣の基調講演：アジアの平和と繁栄よ永遠なれ』、2014 年 5 月 30 日（http://www.mofa.go.jp/mofaj/fp/nsp/page4_ 000496. html）。

巡航能力，其中包括为菲律宾的海岸警卫队建立通信系统。2014年10月7日，日本政府在日本与东盟副部长级会谈中，就扩大对东盟国家提供军队能力建设援助，咨询相关国家的需求，积极扩大受援国数量。据日本《产经新闻》2014年11月2日报道，日本政府拟与部分东盟国家签署《相互军需支援协定》（ACSA），以确保自卫队与对方国家之间能相互提供食品、燃料和器材等。此举虽旨在加强应对大规模自然灾害方面的合作，但同时，也包含了通过与东盟国家军队构建多层次合作关系，应对中国实施的海洋战略的目的。此外，日本还积极参加东南亚地区的各种军事演习和救灾行动，如日本自卫队赴菲律宾台风灾区救灾，深化了与菲律宾军方的合作。

最后，向东盟国家输出防卫装备，扩大与东盟各国在武器方面的合作。《产经新闻》2月18日报道称，日本将于18日与东盟各国在冲绳县宜野湾市举行副防长级会谈，在此期间，日本政府将举行装备展示，向东盟各国推销武器产品，其中包括高性能红外线传感器，以及能够处理爆炸物的无人操控机器人等，应对灾害和反恐的防卫装备品。日本舆论认为，"本次会议旨在为武器出口新原则铺路"[1]。为了突破战后体制对日本发展军事实力的限制，日本于2014年4月通过了取代"武器出口三原则"的"防卫装备转移三原则"，将根据救难、运输、警戒、监视、扫海等不同目的，输出日本精良的防卫装备，"防卫装备转移三原则"为日本向菲律宾和越南出售武器打开了便利之门，大幅放宽了武器出口限制，而且规定防卫装备转移对象除了以美国为首的同盟国外，还包括所谓的在安全上与日本具有"合作关系"的国家，甚至参加维和活动、解救日侨等情形也都在日本政府设定之内。在这一原则下，日本可以向东盟具有"合作关系"的国家出售巡逻船和军需品，进一步加强安全合作。

（四）价值观手段

2013年年初，安倍晋三上任后首访越南、泰国和印度尼西亚之

---

[1]　裴捷：《日本与东盟举行副防长级会谈 欲推销高性能武器》，2014年2月18日，环球网（http://www.chinanews.com/mil/2014/02 - 18/5850377.shtml）。

际，在演讲中提出东南亚外交的"五项原则"，被视为安倍政府对东南亚外交政策的核心。"五项原则"的核心就是强调要与东盟共同巩固和扩大"自由、民主、基本人权"的普遍价值观和对海洋的法律支配。安倍晋三在访问东盟国家期间反复推销"价值观外交"。日本媒体对此举的意图进行了相关报道。日本共同社18日报道指出，东京有意在日本与近邻国家关系仍然糟糕的情况下加强同东南亚国家的关系。日本时事通信社18日发布消息称，该"五项原则"的内容意在对在钓鱼岛及南海海域主张海洋权益活动频繁的中国构成强力牵制。即在中日关系不断恶化情况下，以"价值观外交"为手段，加强与东南亚国家的关系，对中国施加压力。

安倍晋三此次提出的"价值观外交"，其实是"旧调重弹"。早在2006年安倍晋三第一次组阁后就提议建立"自由与繁荣之弧"，形成所谓的民主国家联盟。2012年12月，二次执政伊始又提出将日本、印度、澳大利亚、美国建成"民主安全菱形"，意图控制从印度洋到太平洋的公海。有学者提出"不管是'自由与繁荣之弧''民主安全菱形'，还是价值观外交，其实质都是要加强海洋国家与欧亚大陆边缘地带国家之间的关系。"① 含有强烈的地缘政治色彩，是对麦金德的"心脏地带论"和尼古拉斯·斯皮克曼的"边缘地带论"的现实运用。安倍晋三在第13次亚安会上高呼："我们高举'积极的和平主义'新旗帜，意在表明日本将会加强与本地区的同仁、共有相同志向和价值观的伙伴的合作，为了亚太地区和平、安全与繁荣，不辞辛劳，不懈努力。日本，以与美国的同盟为基础，以与东盟的合作为国策，为了确保地区的稳定、和平和繁荣，不惜粉身碎骨。"② 由此可见，安倍晋三再次开展"价值观外交"，是基于地缘政治思考，加强与海洋国家联盟（美国、印度、澳大利亚），控制欧亚大陆边缘地带（东南亚国

---

① 廉德瑰：《地缘政治与安倍的价值观外交》，《日本学刊》2013年第2期。

② 日本外务省：『第13回アジア安全保障会議（シャングリラ・ダイアローグ）安倍内阁総理大臣の基调讲演：アジアの平和と繁栄よ永遠なれ』、2014年5月30日（http://www.mofa.go.jp/mofaj/fp/nsp/page4_000496.html）。

家），对抗正在崛起的大陆国家（中国）。

安倍晋三欲借"价值观外交"手段，拉近与东盟国家关系，难以落实。《环球时报》记者随后采访泰国、新加坡、马来西亚等国学者，在他们看来，日本用价值观拉拢东盟国家甚至"围堵中国"的想法可能会落空。泰国朱拉隆功大学亚洲研究所研究员塞盖·提帕昆认为，美国和日本希望在东南亚制定符合自己利益的政治和经济游戏规则，"价值观外交"是政治规则的一部分，但东南亚人对外来势力的介入保持着谨慎的态度。新加坡国立大学东亚研究所高级研究员赵洪认为："大多数东南亚国家并不愿意跟着日本'起舞'，一些东盟成员国都想和中国搞好关系，它们意识到日本在当地的影响力下降，而中国的地位举足轻重……'价值观外交'在操作层面上有很大困难，东南亚各国都有自己的利益，不是用价值观就能拉拢的。"① 赵洪说："东南亚学术界对安倍的'价值观外交'印象不好，因为它是一个政治工具。"② 新加坡国际事务研究所主席戴尚志，于2013年4月9日在泰国《民族报》上撰文说，日本对东南亚兴趣大增有中国因素的推动。戴尚志告诫说，日本对东南亚政府和企业界表现出的强烈兴趣可以帮助其在东南亚建立新的伙伴关系，但是不要针对中国。③ 同样，日本国内媒体对安倍的"价值观外交"也抱怀疑态度。《每日新闻》18日的文章指出，在中国影响力不断扩大的背景下，事实上亚洲各国对安倍晋三的强硬姿态令中日间关系紧张程度上升抱有担忧。因此，尽管安倍晋三打"价值观牌"，意图用"温和"姿态拉拢东盟国家，但出于自身利益考虑和根据所处国际环境权衡利弊，东盟国家不可能完全认同。就实际效果看，虽然安倍晋三在访问东盟期间反复推销"价值观外交"，但东盟国家除菲律宾外，反应平淡，收效甚微。

---

① 李宁、王慧、韩硕：《日本暴行难被原谅 价值观外交难消东南亚戒心》，2013年6月18日，环球网（http://mil.huanqiu.com/paper/2013-06/4036392.html）。

② 同上。

③ 李宁：《日本"价值观外交"在东南亚行不通》，《人民日报》2013年5月3日第21版。

第四节 政策评价

一 民主党政府的政策评价

(一) 政策特征

纵观民主党政府对东南亚的安全政策可见，重心是借助美国"重返亚太"战略的有利时机，以插手南海主权争议为抓手，加紧对东南亚国家的合纵联合，全方位提升与东盟、湄公河次区域、菲越的安全合作关系，在牵制中国的同时，推进其海洋战略的实施。这一时期，日本在该地区的安全利益与之前相比，除确保经济安全、能源安全及海路安全等利益外，最突出的特点是应对地区内中国崛起，保证日本在该地区战略优势的地缘政治利益，同时与推进海洋战略巧妙结合在一起。联合东南亚国家利用南海问题对中国施压，发展日本海上军事力量，是民主党政府对东南亚安全政策的主要政策目标。

从实现安全目标的手段上讲，民主党执政期间有了较大突破，主要包括以下三个方面：

第一，外交上呈现多层次性特征，同时提升与东南亚国家在多边与双边场合下的安全合作关系。民主党政府对东南亚的安全外交，明显分为三个层次，即与东盟十国、湄公河各国的多边外交及与菲越的双边外交。多边外交场合下，主要是利用现有的合作框架设置议题（主要是炒作南海议题），力图联合东盟十国对中国施压，消耗中国的外交资源。双边关系层次，全面提升与菲越的"战略伙伴关系"，强调双方具有共同战略利益，重点加强军事交流与合作。

第二，充分利用ODA促进安全合作，援助项目凸显地缘政治因素，并开始涉及包括军事领域在内的安全项目。日本通过对东盟、湄公河次区域国家提供经济援助的方式，换取其在提起南海议题等方面的问题时得到相关国家的支持，并利用ODA支援菲越海警力量建设，可见日本为配合美国战略东移，利用ODA拉拢东南亚国家，抗衡中国的战略意图愈加显现。

第三，军事要素地位上升，强化自主防卫能力的同时，加强与拥有共同战略利益国家的军事交流与合作。从鸠山由纪夫内阁到菅直人内阁，安全、军事要素在民主党政权对外战略中的定位明显提升，"安全关注也从'9·11'事件后强调'多样化威胁'回归而集中于传统地缘安全威胁"[①]。菅直人上台后于 2010 年出台的新《防卫计划大纲》，提出重点强化西南岛屿的防卫态势与兵力部署，具体路径包括强化日美同盟、加强自主防卫能力建设和构建亚太地区安全合作网。进而以巩固的日美同盟框架为凭借，推动与美国的其他区内盟国、友邦构筑地区多边安全合作网。民主党政府相较于以往政府更注重"强军自保"，重点构筑以高度技术能力和情报能力为支撑的军事力量，并与相关国家加强防卫交流与合作。

（二）政策成效

民主党政府采取的一系列对东南亚的安全政策，取得一些合乎日本"国家利益"的成效。

首先，美国出于"重返亚太"的战略需求，重视日本的作用，使得日本获得了某种"鼓励"，进一步加快了在安全政策上的自我松绑，强化军力建设。尤其是日本国防能力的有效提升，为日本在南海地区进行军事活动提供了坚实而可靠的物质基础，也加快了其"军事大国化"的步伐。

其次，在日美同盟框架下，日本推动与其具有共同战略利益的国家加强安全合作和防卫交流，构筑由其主导的亚太安全合作网，日本在地区安全中的作用和能力都得到不同程度的提升。

再次，日本借助多边合作平台搅局南海争议，向中国施压，一定程度上减轻了其在东海对华博弈的压力。

最后，民主党政府借美国"重返亚太"的战略契机，从各个层次和各个领域加强了与东南亚国家的合作关系，进一步巩固了东南亚作为"后院"在其推进国家发展战略中的地位，同时外交上，日本通过

---

① 杨伯江：《日本民主党安全战略走向初析》，《日本学刊》2011 年第 2 期。

加强与东南亚国家的合作携亚自重，增加了对美国的战略筹码，从一味地"追随"转向巧妙地"为我所用"，对美自主性有所提升。

（三）存在问题

日本借南海议题离间中国与东盟关系，增强其地缘战略优势，实现既定安全目标并非易事。日本作为美国"重返亚太"战略的前沿国家，为拉拢东盟对抗中国展开了一系列外交动作，但"此类外交动作是否能够获得设置议题的效果，仍有较大的不确定性，其结果还要视其他各方之间的互动而定"①，具体来说受到东盟国家出于内部利益考虑、东盟与大国关系及中美关系的影响。

首先，东盟国家历来奉行"大国平衡"战略，不愿被卷进大国的利益冲突中，日本欲借南海争议"绑架"东盟，难以奏效。2011年，菲律宾提议在南海建立一个东盟与中国的"和平、自由、友好"与合作区"，除了越南表示真正的支持外，大多数东盟国家都支持以双边会谈来解决，各自去与中国争论。日本共同社1月22日报道称，东盟外交人士21日透露，在本月中旬举行的东盟非正式外长会议上，轮值主席国印度尼西亚外长，对美日干涉部分东盟国家与中国之间的南海主权纠纷问题表示担忧。报道称，东盟去年由越南担任轮值主席国。由于越南与中国在南海的南沙群岛主权上存在纠纷，该国与美日展开合作抗衡中国。今年由印度尼西亚担任主席国，因印度尼西亚与中国并无领土纠纷问题，东盟似乎也欲借此机会转而对华展示友好态度。对此，越南、马来西亚、菲律宾则担心与中国谈判之际难以获得其他东盟国家的积极支持。② 2012年的东盟外长会议上，日本决心推动制定"南海行为准则"（COC），柬埔寨和对华强硬派菲律宾、越南两国产生对立。彭博新闻社网站指出，中国外交部发言人刘为民当日表示，东盟会议"不是讨论南海问题的适合场所"，"人为炒作南海问题，实

---

① 杨伯江、刘华：《日本强化介入南海：战略动机、政策路径与制约因素》，《太平洋学报》2016年第7期。

② 仲伟东：《不是一块铁板：东盟轮值主席国印尼担忧美日介入南海主权争端》，2011年1月22日，环球网（http://news.163.com/11/0122/17/6R13V0FQ00014JB6.html）。

际上是无视地区国家谋发展、促合作的共识，试图干扰中国—东盟关系"①。

其次，中国在密切与东盟经济合作关系的同时，也积极展开与东盟国家的外交，探求在《南海各方行为宣言》下的务实合作，南海问题不是中国与东盟关系的全部，美日怂恿个别国家搅局南海的行为不会影响中国与东盟友好关系的大局。在经济方面，中国已成为东盟最大的贸易伙伴，而东盟则是中国第三大贸易伙伴，双边贸易额在2012年达到4001亿美元，是10年前的7.3倍。中国与东盟在基础设施、农业、制造业等多领域均在合作建设或商谈一大批合作项目，中国金融机构也为此提出了多种形式的融资支持。可以说，东盟的经济发展需要中国的市场和资金支持。政治和外交方面，2011年7月20日，中国与东盟举行落实2002年签署的《南海各方行为宣言》的高官会，就落实《南海各方行为宣言》指导方针案文达成一致，并就今后工作达成一系列重要共识，为维护南海稳定局势、深化中国与东盟的战略伙伴关系铺平了道路。中国在落实《南海各方行为宣言》的后续活动中提出一系列与东盟开展务实合作的建议，得到东盟各国的积极响应。声索国中虽然菲律宾仍态度强硬，但越南态度已经相对"软化"，21日，中越外长在巴厘岛举行会谈，两国一致同意通过对话解决问题。中国与东盟的相互战略需求决定了东盟不会在南海问题上落入美国、日本的"圈套"。

最后，中美关系是影响地区安全形势的最大因素，决定该地区的国际关系格局演变的基本方向，稳定的中美关系利于中美两国、亚太地区及世界的和平和发展，美国必然也不会放任日本、菲律宾、越南等国在南海、东海问题上"过度发挥"，从而陷入不可控的局面。美国积极介入南海问题，军事上重返东南亚，不是美国亚太政策的目的，而是手段。美国实施"亚太再平衡"战略，目的是要建立一个由美国

---

① 《日媒称中国在东盟会议上施展拖延战术》，2012年7月12日，新华网（http://news. xinhuanet. com/cankao/2012－07/12/c_131710429. htm）。

领导、民主国家组成、有中国参加的国际秩序，通过维持地区内各种战略要素的动态平衡确保美国在该地区的领导地位。如果中美关系走向对抗，对双方来说都是巨大的损失。另外，东盟国家也不愿在中美之间"选边站"，正如新加坡东南亚研究所的研究员拉提夫所说，"如果出现需要在美国和中国之间做出选择的情况，不仅对新加坡来说是个噩梦，对东南亚其他国家来说都是如此"①。尽管中美在东南亚及亚太地区存在大国博弈和竞争的一面，但从长远来看，为双方各自利益和地区安定，中美战略协调将是长期发展态势，日本借机利用美国和拉拢东盟实现自身利益的如意算盘终究落空。

由上可见，日本借助多边合作平台，配合美国搅局南海问题，意图通过推动中国与部分东盟国家间的南海主权争端"国际化"，离间中国与东盟关系，牵制中国，同时确立以日本为主导的海洋安全合作机制，扩大日本在亚太地缘政治中的战略优势的图谋，难以得逞。

二　安倍政府的政策评价

（一）动机

安倍晋三第二次执政以来，不到一年的时间遍访东盟各国，并大力开展与东南亚国家在安全、经济、政治、军事和文化领域的全面合作，力度之大，效率之高，创历届日本政府之最。尤其是在安全方面，更是高强度、高密度加大对东南亚国家的外交、经济和军事资源投放。安倍政府之所以如此重视东南亚，既是源于战略层面的需求，同时也是应对现实问题的需要。

首先，从战略需求来说，包括地区战略需求和国家发展战略需求两个层面。地区战略需求主要指继续保持日本在东南亚和东亚地区结构中处于支配地位，保持日本在该地区的地缘战略优势。众所周知，20世纪90年代以后，日本经济持续低迷，后经过两次金融危机以及"3·11"大地震、海啸及福岛核泄漏等灾害打击，对日本经济来说更

---

① 曹云华、甘燕飞：《东南亚地区形势：2012年》，《东南亚研究》2012年第2期。

是雪上加霜。而与此同时，中国、印度、东盟等国家经济发展实现高速增长，成为具有巨大发展潜力的新兴国家。经济实力的消长使东亚乃至整个亚太地区传统地缘政治格局与地区秩序发生巨大变化，日本在该地区的传统优势地位开始动摇。茂木敏夫指出："尽管日本居支配地位的东亚地区结构，自中日甲午战争结束之后已持续了百余年，但是，这一传统的地区结构正在发生巨幅变动，而且，促成这种结构转变的最根本动因是中国的崛起。"① 在这种情况下二次执政的安倍晋三，首要任务就是重振日本"雄风"，信誓旦旦推行"战略性外交"，重新找回日本的"自信"。2013 年 2 月 23 日，安倍晋三在美国智库美国战略与国际问题研究中心发表演讲，主题为"日本回来了"，声称"一个强大的日本回来了"，日本要在经济和安全方面"重回"主导地位。2 月28 日，在国会进行的施政方针演说中，安倍晋三表示："战略外交、重视普遍价值的外交、保卫国家利益的主张型外交是我国外交的基本。"② 可见安倍晋三对日本新的外交方向的思考，是明确以国家利益为根本出发点和核心，并且包括具有坚定主张的地区战略。有学者指出，安倍晋三上任后推行的"战略性外交"，实际是"由于当前日本地区性外交的传统优势业已消融，迫使其必须创造新的外交优势及战略性合作资源，以维系日本居于较优层级俯视外交的地区格局"③。在美国"重返亚太"战略下，安倍看到通过与美国、澳大利亚及东盟等国家加强安保合作，可以实现快速提升在地区中战略优势地位的机会。同时，对于日本来说，战后投入大量资源经营数十年的东南亚地区，是其确保地缘战略优势，支持其重回地区力量结构"支配地位"的最佳选择。

另外，安倍晋三加强与东南亚的安全关系，是要满足日本国家发

---

① 转引自陈友骏《日本安倍政府对东盟的现实主义外交刍议》，《东南亚研究》2014 年第 5 期。

② 首相官邸：『第 183 回国会における安倍内閣総理大臣施政方針演説』、2013 年 2 月 28 日（http：//www.kantei.go.jp/jp/headline/183shiseihoushin.html#c6）。

③ 陈友骏：《日本安倍政府对东盟的现实主义外交刍议》，《东南亚研究》2014 年第 5 期。

展战略的需求。进入21世纪以来，日本已经明确提出了国家发展的两大战略，即"海洋国家"战略和"正常国家化"战略，并逐步施行。安倍晋三二次执政后，加速推进国家发展战略的全面转型，加紧自主防务能力建设，不断释放军事力量，力求摆脱战后体制，实现"全面正常化"。而东南亚国家在这两大战略的设计和实施中，无论是从地缘位置，还是从现实利益来讲，都具有非同一般的地位，这是因为：第一，日本认为与东南亚部分国家在海洋安全问题上拥有共同利益，双方加强海洋安全合作存在广阔的战略空间。这对日本借机发展海上军事力量，扩大海上军事存在，推进"海洋强国"战略必不可少；第二，安倍晋三推行的一系列积极的安全主张和强军修宪措施，需要东南亚国家的理解和支持，是其推进国家"全面正常化"的重要战略支点。日本近年来在安保上的"暴走"及在历史问题认识上的"一意孤行"，引起东亚一些国家的警惕和不满，因此把对日本较为"亲善"的东南亚地区作为推行其安全理念和主张的试验场，对达成其国家战略目标不可或缺。

其次，安倍晋三重视加强与东南亚的安全合作，是应对现实问题的需要。主要包括以下三个层面。

第一，配合奥巴马政府的"重返亚太"战略，发挥作为同盟国"承担义务"的需要。安倍晋三第二次上台时，正是美国综合实力相对下降、急需同盟填补其全球战略空间的时候。美国国防部在2014年发布的《四年防务评估报告》中明确表明，由于国防预算逐年减少，美军可能会在未来的对抗和冲突中，更多依赖盟国和伙伴国的贡献，为此要强化关键联盟和伙伴关系。2015年4月27日，新《日美防卫合作指针》大幅提升了日本在军事领域的地位和作用，提出日美两国将加强与第三方的合作方向，并列举了向第三方提供能力建设、开展联合培训和训练、提供后勤支持等具体项目。因此，日本加强与东南亚国家安全关系，作为美国亚太安全战略的补充，也是日本配合美国战略的需要。

第二，应对中国崛起的需要。2010年，中国GDP总量超过日本，成为世界第二大经济实体。同时，随着中国建设"海洋强国"战略的提出和推进，日本政府已视中国为最大的"威胁"。安倍晋三上任后，对外政策的目标之一就是应对地区内中国的崛起，确保日本的地缘政治优势地位。东盟因其重要的地缘位置和自身力量的不断壮大，不仅在美国"重返亚太"战略中具有核心功能，在中国的对外战略中同样占据重要地位，东盟成为中美两个大国战略对冲的利益交汇区。在日本看来，可以利用中美间的战略对冲机会，通过加大对东盟的投入，将其作为牵制中国的合作对象加以利用。加强对东盟国家的安保外交和军事合作，来维持甚至提升日本在东南亚及亚太的存在感和政治军事地位，部分消融中国在该地区的影响力。

第三，维护海上交通线安全和追求海权利益的需要。海上交通线历来被日本政府视为"生命线"，投入了大量资源确保海上交通线安全。安倍晋三尤其重视与东南亚的海洋安全合作，主要基于两点考虑：一是通过加强与马六甲海峡沿岸国在抗灾、打击海盗等非传统安全问题上的合作，发展日本的海上军事力量，扩大在马六甲海峡和周围海域的军事存在，并作为战略支点辐射影响整个东南亚海域；二是利用菲律宾、越南等与中国的南海岛礁主权争端，大肆炒作南海问题，掣肘中国，缓解其与中国在东海博弈的压力，并试图与东南亚国家构建"海洋国家联盟"共同对抗中国，获取更多的海权利益。

（二）特征

安倍政府对东南亚的安全政策，是在民主党政府对东南亚安全政策实践基础上的扩展和深化，在广度、深度和力度上都达到了历届政府之最。安倍晋三二次执政后对东南亚的安全政策，具有以下三个明显的特征。

第一，安全外交全面铺开，各有侧重，以点带面。安倍晋三二次执政后一年内遍访东盟十国，全面铺开对东南亚的安全外交，这在战后以来日本首相访问东南亚历程中实属首次。在全面铺开的安全外交中，宣传"积极的和平主义理念"、展开"价值观外交"是其鲜明的特色，意在用较为"温和"的姿态在整体上拉近与东盟的关系。在这一全面布局下，安倍晋三对东盟各国的安全外交并非平均用力，而是根据各国在日本对外战略中的地位和作用，分为马六甲海峡沿岸国、南海岛礁主声索国和湄公河流域国，分层次分重点推进双边安全合作。在分层次加强与相关国家的安全合作过程中，同时注重培育各层次中的战略支点国，以点带面，通过与战略支点国的双边关系辐射影响同一层次内其他国家，达到安全目标。

第二，安全手段多元化、综合化。经济手段和外交手段是历届日本政府实现东南亚政策目标的惯用手段。安倍晋三上任以来，不仅对东南亚各国"大把散钱"和进行密集的"外交游说"，将经济和外交手段发挥到极致，同时推行"价值观外交"和加强军事合作。综合使用各种安全手段实现日本在该地区的安全目的，是安倍政府对东南亚安全政策的又一鲜明特色。

第三，重点加强双边防务交流与合作，军事手段比重明显上升。在安倍政府推出的"安保三箭"中，对军事手段的定位较之以往不可同日而语，对军事力量的借重急剧提升。根据新《防卫计划大纲》，安倍晋三强调安全防卫的重心是针对中国"威胁"加强西南诸岛防御，并增加防卫开支加大对该地区的军事投入。显然，东南亚地区包含在安倍政府重点进行军事投入的范围之内。安倍晋三在遍访东盟十国过程中，一方面强调要提升双边安全关系，加强防务对话和防卫交流，极力游说与东盟各国构建"2＋2"合作框架；另一方面利用ODA对重要的战略支点国如菲律宾、越南、新加坡、马来西亚等加大军援力度，通过提供防卫装备、输出武器装备和加强海警交流等支援各国海上能力建设。可见，在安倍晋三推进"正常国家化"政策背景下，对东南亚安全政策中军事手段比重会呈上升趋势。

（三）问题

第一，"安倍思维"逆潮流而动，难有斩获。安倍晋三二次执政以来的对外政策具有明显的"冷战"和对抗思维，不符合合作与发展的世界主流。在安保问题上的"暴走"，更是引起中国、韩国和东盟等亚洲国家的警惕。近年来，随着美国"重返亚太"和中国力量的不断增强，大国博弈虽日趋激烈，但合作与发展仍是世界主流。而安倍晋三上任以来的做法却是在"积极的和平主义理念"外衣之下，试图行改变战后秩序使日本再度成为"能战"国家之实，通过极力渲染"中国威胁论"，拉拢东盟国家为己所用，追求狭隘的国家利益。日本学者添谷芳秀曾经指出："利用安全环境的变化来推进狭隘的国家利益和国家主义，对日本来说是作茧自缚。日本外交应该追求的，并非是进步的和平主义的颠覆和国家主义的复权，而是应该在构筑东亚共同体的视野下，摸索发挥与日本国力相符的作用。"① 安倍政府的做法，显然是将国家安全作为手段来实现更大的国家战略目标，在安保的道路上越走越远，无疑是作茧自缚，难以真正获得东盟国家的理解和支持。

第二，日美同盟结构和战略利益矛盾，是安倍政府安保政策的"紧箍咒"。虽然在美国"亚太再平衡"战略中，日本占据重要地位。美国希望日本在亚太地区发挥更大的军事安全作用，但两国在战略利益和权力结构上存在诸多矛盾，对日本的地区安保政策形成制约。一方面，从战略利益上讲，日美同盟之于美国，是控制和利用日本的手段，主要意图是借助日本的人力、财力和科技力为美国的战略服务，确保美国在亚太地区的领导地位。而日美同盟之于日本，是寻求保护、提升地位主要途径，主要意图是"借船出海"，释放和发展日本军事力量，实现"正常国家化"。另一方面，从权力结构上讲，日美同盟建立以来，尽管日本在同盟框架下分担的责任和义务越来越多，被美国赋予的在亚太安全上的地位越来越高，但始终没有改变"美主日从"的权力结构，日本的对外政策很大程度上还是受到美国的影响和制约。美国学者兹比格涅夫·布热津斯基曾指出，"一个迷失方向的日本，犹如一条在沙滩上搁浅的鲸鱼：无助地四处拍打，十分危险"②。换言之，即日本如果在"强军修宪"的

---

① ［日］添谷芳秀：『現代東アジアと日本：日本の東アジア構想』、慶應義塾大学出版会株式会社 2004 年、218 頁。

② ［美］兹比格涅夫·布热津斯基：《大棋局：美国的首要地位及其地缘战略》，中国国际问题研究所译，上海世纪出版集团 2007 年版，第 154 页。

道路上走得太远失去控制，不利于美国的战略利益，也会破坏亚洲的稳定。因此，安倍晋三企图以东南亚为跳板，扩大日本的军事作用和地缘政治范围，受到美国战略取向和战略利益的制约，能够在多大范围内进行到什么程度，始终不能摆脱美国的控制。

第三，中国和东盟关系发展的良好势头，使安倍晋三拉拢东盟对抗中国的企图难以得逞。尽管安倍晋三极力拉拢东盟国家对抗中国，但中国与东盟国家之间的合作与发展是双边关系的主流，中国在东南亚地区经济和政治影响力不断提升也是不争的事实。新加坡内阁资政李光耀曾表示："中国执牛耳而日本跟进已成东南亚常态。由于日本经济一直无法复元，日本已别无选择，只能让中国带头。"东盟各国和日本发展友好关系，更看重的是在经济、科技、医疗等方面得到日本的帮助，但这并不妨碍其一如既往地发展和中国的合作关系，更不会顺从日本与中国为敌。

第四，东盟各国出于"大国平衡"战略和自身利益考虑，不会轻易被"牵着鼻子走"。东盟历来奉行"大国平衡"战略，不会轻易卷入大国战略冲突和战略博弈中。安倍晋三加大对东盟的安全投入，目的就是要绑架东盟国家增加对华博弈的筹码，这一点东盟国家领导人心知肚明。碍于安倍晋三大把撒钱的情面，东盟国家对其一些安全理念和主张会表面附和，但在涉及可能卷入中日冲突选边站的问题上态度谨慎。这从日本与东盟特别首脑会议召开之后，东盟各国首脑的反应中可见一斑。日本《产经新闻》表示，东盟各国对中国的态度不一，发表联合声明过程艰辛，虽然日本主导了内容的制定，但最后跟中国有关的字眼都被删除，足见日本与东盟的步调已乱。东盟各国首脑纷纷表示"不希望将中日关系牵扯进东盟的会议"，《朝日新闻》的文章也直言，日本必须承认自己与东盟之间存在较大的"温差"。此外，在南海议题上，东盟国家的立场也不一致。近年来，东盟国家加快整合进程，向建设东盟共同体迈进。东盟希望通过在南海问题上强化统一立场推进安全共同体建设，但东盟成员国意见并不统一。菲律宾力主南海问题"国际化"，印度尼西亚与新加坡主张东盟统一立场，但"其他成员国更在意自身的利益，特别是，不愿意以高调方式处理南海争端这个议题"①。东盟国家普遍与中国有密切的经济联系，即便在处理与大国关系等方面"统一立场"利于东盟共同体的构建，但在涉及关系国家重大利益的问题上，东盟成员国还是倾向于以国家利益优先的原则。可见，安倍晋三妄图以南海争议为抓手，培育支点国拉拢东盟实现牵制中国、主导亚洲安全秩序的战略目标难以实现。

---

① 薛力：《东盟的"统一立场"高于成员国的国家利益?》，《世界知识》2016 年第 14 期。

第五章

日本对东南亚安全政策的
特征与影响

　　纵观冷战结束后日本对东南亚的安全政策,在每个时期的主题、侧重点都有所不同,呈现出明显的阶段性特征。冷战结束初期重点在于通过外交宣传、推动构建多边安全保障体制等路径发挥日本在地区安全中的作用,"9·11"事件以后重点在于利用反恐契机加强对东南亚地区的安全介入,并趁机确立在东南亚的"准军事存在",2010 年以后则以海洋安全和应对中国"威胁"为主要抓手,重点推动与东南亚的军事安全合作,构建多层次的安全网络体系。虽然各时期重点有所不同,但脉络清晰可见,即日本企图以东南亚为跳板,在亚太地区安全秩序构建中发挥主导作用,同时通过不断释放军事力量,实现"大国化"和"正常国家化"目标。冷战后日本对东南亚的安全政策的演变,对地区安全战略格局产生了重要影响,其发展趋势不仅关系到日本国家战略的实现和日本未来的发展方向,而且关系到东盟、中国及美国的安全政策走向,并影响着亚太地区的安全形势和安全秩序的构建。

第一节　日本对东南亚安全政策的特征

　　冷战结束以来,日本历届政府对东南亚的安全政策,在每个时期侧重点虽有所不同,但从整体演变轨迹来看,可以发现一些共性特征和一般规律。归结起来，主要包括以下三个方面。

一　驱动利益多重性

战后，日本在美国的冷战战略部署下，通过"赔偿外交"实现了经济上重返东南亚，与东南亚建立了密切的经济联系，冷战期间日本在东南亚的利益主要集中在经济方面。20世纪七八十年代，随着日本经济的发展和国力的不断上升，日本开始确立"大国化"目标，要求在国际社会发挥政治作用，日本在东南亚的利益扩展到政治领域。冷战结束后，国际战略格局和安全形势发生重大变化，日本积极谋求在地区安全中发挥相应作用，在东南亚的利益随之扩展到安全领域。进入21世纪，日本同时推进追求"海洋国家"的身份和"正常国家化"战略转型，日本在大国利益交汇的东南亚地区的利益趋向复杂化。战后以来日本在东南亚的悉心经营，使其在东南亚地区的利益目标从经济一元化发展到包括经济、政治、文化、安全在内的多元化目标，东南亚地区无论是经济上还是政治上都已经堪称日本的"后院"，日本在该地区拥有多重利益。

第一，维护经济安全利益。东南亚不仅是日本重要的原料产地、能源进口地，而且还是日本对外贸易和对外直接投资的重要对象，日本在该地区拥有重要的经济利益。确保在该地区的经济安全利益，是冷战结束以来日本对东南亚安全政策的核心驱动要素。

首先，确保能源安全利益。日本是能源极度匮乏的国家，确保能源安全对日本至关重要，是日本对外政策的关键驱动力之一。东南亚地区矿产资源丰富，域内不仅有世界最大的锡矿带，印度尼西亚和文莱蕴藏丰富的石油和天然气，马来西亚是世界最大的棕油生产国和出口国，泰国的橡胶生产居世界首位。在历届日本政府对东南亚的政策中，能源安全合作都被置于重要地位。进入21世纪以来，日本不断加强与东南亚国家的海洋安全合作和搅局南海问题，作为背后的驱动要素之一，也是由于海底蕴藏着丰富的海洋能源，对海洋能源开发寄予很大期待。因此，加强与东南亚国家的能源安全合作，确保能源的稳定供应，既是日本在该地区核心的安全利益，同时也是制定政策的出发点和落脚点。

其次，维持市场经济利益。东南亚是日本的对外贸易和对外投资地区之一，跨国投资不仅使得日本在东南亚的海外利益剧增，同时增强了双边经济关系的相互依赖性和脆弱性，维持开放稳定的自由主义市场机制，抢占东南亚市场，也是日本在该地区经济安全利益的重要内容。1990 年，日本在东盟六国的投资总额为 233 亿多美元，逐步取代美国成为东南亚地区的最大投资国。2005 年到 2012 年的 8 年时间里，日本对东南亚的直接投资额翻了一番，保持了 20.57% 的高年均增长率。2011 年日本对东盟直接投资额是 2010 年的 2.4 倍，达到 1.5 万亿日元，连续两年超过对华投资的 1 万亿日元。日本对东南亚的直接投资主要集中在新兴经济体越南、泰国，能源进口国印度尼西亚、马来西亚，以及商业环境良好的新加坡。近年金融危机的影响虽然使日本对东南亚的直接投资额有所波动，但总体保持上升趋势。安倍晋三上任后的首访也选择东南亚四国，将经济重建作为最优先课题，他提出要"融入不断成长的亚洲经济圈"，促进经济合作与基础设施出口，推动日本企业走向世界。

最后，保卫海上通道安全和日益扩大的海洋权益。日本作为资源贫乏的岛国，对外经济联系主要依赖海上运输，海上通道安全历来是日本经济安全和国家安全中最脆弱的一环。东南亚国家扼守日本的海上交通要道，事关日本的能源运输与军事安全，对于日本的生存与繁荣至关重要，海上交通线被视为其"海上生命线"。对于威胁海上通道安全和航行自由的不稳定因素，日本国家安全保障局局长谷内正太郎在其著作中归结为两个方面：一是来自传统安全因素，主要包括冷战遗留问题、中国军事实力的增强、领土、宗教和民族问题以及岛屿主权争端；二是来自非传统安全因素，主要包括大量破坏性武器扩散、恐怖主义、海盗、毒品等违法行为的国际化和组织化、中国以获得"海洋霸权"为目的培育战略支点。[①] 纵观冷战以来日本历届政府对东

---

① ［日］谷内正太郎：『日本の外交と総合的安全保障』、株式会社ウェッジ2011 年，304—305 頁参照。

南亚的安全政策可见，在与东南亚的海洋安全合作方面，主要是通过渲染非传统安全威胁或"中国威胁"设置海洋安全议题的方式抢占主导权，维护日本"海上生命线"安全利益，并不断扩大海洋权益。这也是日本插手南海问题的动因之一。从南海横贯到新加坡、台湾岛附近海域的航线是通向日本列岛的最短航路，日本80%以上的石油供给和70%以上的货物贸易经过南海，是日本油气运输的安全通道和对外贸易的重要走廊，具有重大的战略价值。《日本经济新闻》称："如果南海被置于中国的军事控制下，日本经济的生命线——海上交通线将不再稳定，东盟各国的政策运营将受到中国的施压。"① 因此，确保海上通道安全和日益扩大的海洋权益，是日本要在东南亚地区实现的安全利益和安全目标之一。

第二，实现地缘政治利益。有学者指出："日本虽偏安太平洋一隅，但历来十分重视地缘政治利益，并把它与日本国家安全战略密切结合。"② 在日本的地缘战略和政治构想中，无疑东南亚的战略位置十分重要。东南亚处于亚洲和大洋洲、印度洋和太平洋的"十字路口"，从古至今一直是海上交通要道。东南亚的地理位置特殊，是西方传统地缘政治思想中所强调的"边缘地带"，对追求"海权"的国家来说具有重要的战略意义。战后日本从"吉田路线"开始，国家发展路径选择便是基于"海权论"的地缘政治思想，主张加入由海洋国家主导的布雷顿森林体系，发展自由贸易体制。在发展防卫力量方面，也是注重增强海空力量的能力和质量建设。从20世纪90年代中期开始，日本正式筹划海洋战略，以东南亚部分国家为战略支点不断扩大海洋权益。近来，日本又提出"印太"概念，要与具有共同价值观的国家在"印太"区域形成海洋国家联盟，将日本海洋权益从西太平洋扩展到"印太"海域。因此可以说，"海权理念已经成为日本执政的保守

---

① 杨汀：《日媒：中国军事控制南海将威胁日本经济生命线》，2015年9月22日，中国新闻网（http://www.sohu..com/a/32803900_123753）。

② 刘江永：《地缘政治思想对中美日关系的影响》，《日本学刊》2015年第3期。

政党及政府制定海洋战略及政策的指导思想"①。在日本执政者崇尚的"海权"理念下，无论是要实现从"岛国"到"海洋国家"的战略构想、追求海权利益，还是要遏制中国、扩大地缘政治优势，东南亚都具有重要的战略意义。

第三，谋求政党集团的政治利益。20 世纪 80 年代，日本提出"政治大国"的战略目标，并以东南亚为跳板，扩大日本在该地区的政治影响力。冷战结束后，日本在 90 年代中期确立了实现"正常国家化"的国家战略目标，尽管在之后不同时期有一些政策上的调整，但基本没有脱离这一国家发展战略的总体框架。从小泉纯一郎内阁时期开始，随着主流政党的政治保守化、右倾化趋势的进一步加强，日本政坛"国家主义"重新兴起，"新保守主义"日渐抬头，并成为主要政党的共同政治理念。反映在对外政策层面，主要是在推进实现"政治大国"、"军事大国"方面政策的连续性和一致性。为了更强有力地推进政党集团的政治主张，日本一些政治家通过提高国会议员制定政策的能力、加强国会两院对行政机构的监督功能、加强首相官邸对各省厅的领导地位、加强执政党对行政机构的领导作用等多种措施，努力提高政党在政治决策过程中的地位和党的执政能力，使日本政党集团在政治决策中的主导作用不断增强，为更好地实现政党集团的政治利益服务。成为"正常国家"，强军修宪是日本保守政党集团的核心政治利益，在其对东南亚的安全政策的各个阶段，都包含着以东南亚为阶梯和试验场，实现这一政治目标的战略意图。

日本在东南亚的安全目标和利益，是随着与东南亚关系的发展不断扩大的。其中，既包含维护在该地区的现实安全利益的目的，同时包含实现更高层次的国家安全和发展目标的战略考量。日本在东南亚地区的多重利益，是冷战后日本持续加大对该地区安全

---

① ［日］吕耀东：《日本在"印太"两洋遏制中国》，2014 年 10 月 8 日，人民网（http://world.people.com.cn/n/2014/1008/c1002 - 25790458.html）。

投入的核心动因。

二　实现路径多元化与军事要素凸显

日本在东南亚地区拥有多重安全利益，为达成在该地区的安全目标，在安全手段的选择上也趋向综合化、多元化。尤其是随着日本国内政治右倾化的进一步发展，政党集团内部"强军修宪"呼声越来越高，在实现对外政策的路径选择上，军事要素不断凸显。

第一，经济援助和经济合作是日本实现在东南亚地区安全目标的主要手段。战后日本通过解决赔偿问题打开东南亚市场，经济上实现重返东南亚，此后通过提供 ODA 和开展"经济外交"，间接追求日本在该地区的安全利益。冷战结束后，日本欲以东南亚为跳板谋求在地区和国际社会发挥安全作用，充分利用 ODA 争取东南亚国家的理解和支持。安倍晋三二次执政以来，更是在东南亚地区不惜"大把撒钱"，通过金元外交换取东南亚国家对其安全政策的支持。经济手段一直是战后以来日本在东南亚地区谋求国家利益的主要手段，在今后较长一段时期内也不会改变。

第二，施展各种外交策略和手段，使日本与东南亚国家建立起亲密的伙伴关系，实现安全目标。1977 年"福田主义"发表以来，日本尤其重视对东南亚的外交资源投入，提升在该地区的影响力。冷战结束后，日本提出要在亚太地区和国际社会发挥安全作用，构建美日西欧三极主导的新的安全秩序，进一步加大了对东南亚的外交力度。纵观冷战后日本对东南亚的安全外交策略，主要路径有三条：一是推进首脑外交和高层交流，并使其机制化，使双方在安全领域的看法和意见在最高层次实现及时交流，密切双边安全关系；二是重视多边安全对话与交流机制建设，并在对话平台构建中力求掌握主导权。日本通过积极的外交努力，推动建立了东盟地区论坛、亚洲反海盗协定、日本与东盟首脑会议、日本与东盟防长会议等一系列多边安全合作机制，并借助这些平台讨论日本与东盟以及地区和国际社会安全领域问题。通过创设这些机制，不仅密切了日本与东盟的安全关系，也使日本增强了在地区安全问题上的发言权，为其实现在该地区的安全利益和安全目标奠定了组织基础；三是分层次开展双边外交，依据东南亚各国在日本安全战略中的不同地位和作用，分层次投放外交资源，实现利益最大化。目前及今后一段时间内，为弥补日本综合国力尤其是经济力量的下降，充分利用外交资源，通过"拼外交"，在多边与双边场合对东南亚国家进行"游说"，是实现日本在该地区安全利益最大化和最优化的重要手段。

第三，军事手段地位大幅上升，在强化自主防卫能力的同时，加强与拥有共同战略利益国家的军事交流与合作。战后受国际国内环境与和平宪法的限制，日本对外强调以经济和外交手段实现政策目标，在"专守防卫"范围内逐步充实自卫队力量。冷战结束以后，日本政府不断渲染日本面临的安全威胁，一边寻求自卫队在地区和国际上发挥安全作用的路径，一边推进相关配套法制的改革，逐步释放军事力量，军事手段是日本介入东南亚地区安全事务的重要手段之一（见表5—1）。

表5—1　　　　　　冷战后日本军事力量在东南亚的释放路径

时期	安全威胁	相关法案	释放"军事力量"	在东南亚的实践
20世纪90年代前期	国际社会面临多元化威胁	《联合国维持和平活动合作法》（PKO法）	通过参与联合国维和行动，实现自卫队海外派遣	参加柬埔寨维和行动
20世纪90年代后期	周边安全威胁（主要指中国、朝鲜）	《周边事态法》修改《自卫队法》和《日美相互提供物资与劳务协定》	突破"专守防卫"原则，向可以介入"周边地区"和美国在全球任何地区的军事行动的"对外干预性防卫"转变	东南亚被纳入日本的"周边事态"范围，日本自卫队可以在日美同盟框架下干预东南亚地区安全问题

时期	安全威胁	相关法案	释放"军事力量"	在东南亚的实践
21 世纪初	恐怖主义	《反恐特别措施法》《海上保安厅法修正案》和《自卫队法修正案》三法案	突破了参与海外直接军事行动的禁令，扩大了日本向海外派兵的活动范围，进一步放宽武器携带和使用限制	与东南亚进行反恐、反海盗合作，加强双边军事对话与交流，日本自卫队挺进东南亚，并逐步在东南亚海域确立了"准军事存在"
		"有事三法案"	强化了首相和自卫队的军事决定权，大幅扩大了自卫队的军事活动范围	
		《应对海盗法》	自卫队可对外国船只进行护航，放宽武器使用条件	
安倍晋三二次执政后	传统地缘威胁（主要指中国）	《国际和平支援法》	赋予日本永久性海外派兵权	加强与东盟国家的防卫交流和联合军事演习
		《重要影响事态安全确保法》修改"PKO 法"	取消自卫队活动的地理限制扩大自卫队海外救援的武器使用权限	支援东盟国家国防能力和海上军事力量建设
		修改《武力攻击事态法》和《自卫队法》《国际安全保障会议设置法》	扩大集体自卫权行使范围强化首相对安保的指挥控制权	向与中国在南海有岛礁和海洋争端的东盟国家出口巡逻舰等，以
		通过"防卫装备转移三原则"	大幅放宽向外输出日本武器装备和军事技术的条件	武器出口、军事介入强势插手东盟地区事务
		《特定秘密保护法》	有关外交、防卫领域被设定为"特定秘密"，扩大了政府的行政权力	

从表5—1可见，冷战结束后，日本在不同时期通过渲染面临的重大威胁，借机推进"强军修宪"，一点点释放军事力量，并通过一定路径落实到行动中。显然，东南亚作为日本的"后院"，是日本发挥军事力量的主要试验场。随着日本国内安全法制的改革和自卫队作用的增强，日本军事介入东南亚地区安全事务的条件和能力都在不断完善，军事手段逐渐成为日本扩大在该地区的影响力、实现安全目标的又一重要手段。

第四，文化外交和"价值观外交"也是日本拉拢东盟国家，实现安全利益和目标的重要手段。"福田主义"发表后，日本重视与东盟国家的文化与社会联系，通过文化外交密切了日本与东盟各国的关系。1982年，日本外务省在《宣传文化活动咨询报告书》中就强调："从长远来看，对外文化活动具有与我国安全保障密切相关的重要性。"① 冷战结束后，世界主要大国普遍重视软实力在国际关系中的作用，而文化外交是体现软实力的手段之一。20世纪90年代以来，日本重视推进与东盟的青少年交流、知识交流和人员交流等项目，目的之一就在于加深相互理解，培育对日本的"亲近感"。通过推行文化外交，很大程度上改变了东南亚国家的日本观，并培养了东盟各国的一些"亲日势力"，为日本积极参与地区安全事务扫清了障碍。安倍晋三二次执政后，多番强调与具有共同价值观的东盟国家加强合作，拉近心理上的"亲近感"，拉拢东盟国家为实现日本的国家利益服务，这将对提升东盟与日本的伙伴关系具有潜在的重要作用。

由上可见，为实现在东南亚的安全目标，日本在安全手段的选择上趋向综合化、多元化。今后，经济手段、政治外交手段仍是主要部分，但不可忽视的是，军事手段比重不断上升，将与经济、政治手段、文化手段一起成为实现日本国家利益重要倚重力量。

---

① 参见丁兆中《日本对东盟的文化外交战略》，《东南亚纵横》2008年10月。

三　政策的连续性与延展性

纵观冷战后日本对东南亚安全政策的发展历程，虽然各个时期侧重有所不同，每个阶段也有所调整，但日本对东南亚的关注和投入从没有间断过，政策保持了高度的连续性。在连续性的政策背后隐藏着三条清楚的主线：一是维护日本在东南亚地区现实的安全利益贯穿始终，确保经济安全、能源安全及海上运输安全等，始终是日本不断强化与东南亚国家的安全合作的根本出发点和落脚点；二是贯穿着追求"大国化""正常国家化"，争当政治军事大国这一总体的国家战略，而对东南亚的安全政策，是日本这一总体国家战略设计中的重要一环，也是日本发挥安全和军事作用的重要突破口；三是与东南亚国家的海上安全合作，是日本追求"海洋国家"的身份认同和海权利益，推进综合的海洋战略的重要组成部分。基于以上三方面的重要利益目标，各届政府都是在上一届政府的基础上不断积累新的成果，使日本在对东南亚的安全政策上保持了较强的连续性。有学者指出："日本追求主导东亚国际地位的战略目标，决定了历届政府能够超越党派之间的歧见，为实现共同目标而不遗余力。……在可预见的时期内，没有任何理由期待日本政权易手后，日本对东盟的政策可能发生战略性的转变。"①

在保持政策连续性的基础上，每个阶段日本对东南亚的安全政策较之前一时期都有较大的突破，具有较强的延展性。主要表现在以下两个方面。

第一，在日本的国家安全战略定位中，东南亚的战略地位愈加重要，日本与东盟的安全关系不断提升。冷战期间，日本主要利用经济手段和"桥梁外交"增强东南亚的"坚韧性"和整体性，日本在东南亚更多的是充当"调停者"的角色，促进东南亚的安定和繁荣，从而间接追求日本的安全利益和安全目标。冷战结束以后，日

---

① 李秀石：《日本国家安全保障战略研究》，时事出版社 2015 年版，第 333 页。

本开始从整体的国家战略层面考虑东南亚的战略地位，并将其作为推进"正常国家化"和建设"海洋国家"战略的重要一环。近年来，随着美国"重返亚太"战略的实施，东南亚在日本的地缘政治战略中的地位愈加重要。日本政府在2010年国家防务政策纲要中，将东盟国家与美国、韩国、澳大利亚和印度一同定义为最重要的战略伙伴，旨在让亚太地区保持稳定，并更加有效地遏制正在崛起的中国。安倍晋三二次执政后，在推出的"安保三箭"中更是大幅提升了东盟的地位和作用，致力于构建以日美同盟为基轴，囊括东盟国家在内的亚太安全网络体系，并首次在日本国家安全战略的顶层设计中大幅提升了东盟各国的战略地位。从1967年东盟成立至今，经过半个世纪的发展，日本与东盟的双边关系从"伙伴关系"到"平等的伙伴关系""成熟的伙伴关系"，再到"战略伙伴关系"，随着双方合作内容和领域的不断扩展和深化，双边安全关系趋向成熟。

第二，在安全合作与内容方面，日本以东盟为突破口，一点点将安全和军事触角伸进东南亚，每个时期都有新的延伸和扩展。20世纪90年代，在发挥日本的"国际贡献"的口号下，日本主导构建了与东盟的地区安全对话和交流机制，并以参与联合国维和行动为名，向东南亚地区的柬埔寨派遣了自卫队。进入21世纪以后，在美国掀起的反恐战争背景下，重点加强与东南亚以反海盗为重点内容的非传统安全合作，成功将日本海军力量渗透到东南亚海域，在马六甲海峡确立在日本的"准军事存在"。2010年以后，在美国的亚太战略调整下，日本安全政策的重点向应对传统安全威胁回调，明确提出为应对正在崛起的中国，要加强西南诸岛的防卫，深化与东盟国家的军事安全关系。民主党政府时期和安倍晋三二次执政以来，日本不断加大对东南亚地区的军事渗透，扩大日本在该地区的军事存在，日本军事介入东南亚地区安全事务的条件和能力都已具备。

第二节　日本东南亚安全政策对
地区战略格局的影响

　　东南亚地区战略格局，是指东南亚各国及世界主要政治力量和地区组织在该地区的地位、作用和影响以及相互之间的关系。东南亚地区战略格局的变化，受到多种因素的影响，主要在大国博弈与东盟对外战略的复杂关系和互动中发展和变化。其中既包括主要大国与东盟（包括东盟作为一个整体和东盟各国两个层面）的互动关系，又包括主要大国在该地区的竞争和博弈。日本对东南亚安全政策的调整，势必会引起双方安全关系的变化，和地区内权力结构与互动关系的变化，从而影响地区战略格局的演变。纵观冷战结束以来日本与东盟（包括东盟作为一个整体和东盟各国两个层面）安全关系的进展可见，对地区战略格局的影响可以归结为三个方面：一是东南亚地区安全格局中"日本因素"凸显；二是对中国的战略安全造成压力，中日对东南亚地区的地缘战略争夺加剧；三是日美同盟与中国力量在东南亚地区的对抗态势明显，使地区二元化安全格局呈现复杂走势。

一　"日本因素"增强

　　冷战期间，日本对东南亚的影响主要集中在经济、政治方面，对东南亚地区安全格局的影响微乎其微。冷战结束以来，随着日本对东南亚地区安全事务的不断介入和与东盟安全关系的不断发展，日本在东南亚安全格局中的地位和作用显著上升。

　　第一，日本在东南亚地区安全秩序构建中发挥主导作用。冷战结束初期，美苏力量的撤退造成东南亚地区的权力"真空"，日本抓住有利时机促进以东盟为中心的地区多边安全对话机制构建，寻求建立由日本主导的东南亚地区新的安全框架。在日本的积极推动下，先后主导构建了东盟地区论坛、日本—东盟论坛、亚洲反海盗协定等地区安全对话机制，增强了日本在东南亚地区事务中的发言权。

第二，日本对东南亚地区的军事渗透改变了大国在该地区的军事力量对比关系。冷战结束以来，日本逐步开始将军事力量渗透到东南亚地区。20世纪90年代，通过参与联合国维和行动使日本自卫队走出国门，并通过日美同盟"再定义"将东南亚周边海域纳入同盟安保范围之内；"9·11"事件后，以反恐和打击海盗为名日本确立了在东南亚海域的"准军事存在"，并加强了与东南亚国家的海上军事合作与交流；奥巴马推出"亚太再平衡"战略后，日本充当美国在亚太地区的马前卒，以西南诸岛防卫为重点，加强西南方向的兵力部署和军事准备；安倍晋三二次执政以来，通过向东盟国家提供军事援助、出售武器、加强军事演习和共同训练等方式，持续向该地区进行军事渗透。日本不断加大对东南亚地区军事力量的投放，正改变着地区军事力量对比关系，同时也加剧了地区发生军事冲突的风险性。

第三，日本介入东南亚地区事务的能力不断增强，程度不断加深。随着日本在东南亚地区经济和政治影响力的不断增强，日本积极插手东南亚地区事务，增强了其在地区事务中的发言权。20世纪90年代，日本积极推动柬埔寨问题的和平解决，赢得了东盟国家的支持与好评，增强了日本在该地区的影响力。然而近年来，随着中国在东南亚地区影响力的不断增强和美国"重返亚太"战略的实施，日本在该地区的战略逐渐失去了建设性的目标，通过恶意搅局南海争端制造地区混乱，实现自己的私利。日本强行介入南海问题，刻意制造南海地区的紧张形势，加强与中国存在南海岛礁争端的东南亚国家的军事合作，不仅进一步加深了日本介入东南亚地区事务的程度，也扩大了日本在东南亚地区的军事存在，日本在该地区的地位和作用显著增强。

可见，在历届日本政府的持续积累之下，日本对东南亚地区安全事务的介入程度越来越深，在该地区安全秩序构建中的话语权不断增强，对该地区的军事力量渗透愈加深入，"日本因素"已然成为影响东南亚地区安全格局变局的重要外部因素之一。

二　地缘争夺态势凸显

战后以来，日本逐步确立了向西南方向发展的地缘战略重心转移，集中表现出追求海权和通过海洋国家联盟对抗陆权国家（主要指中国）意识的抬头，在战略考量上也从地缘经济思考向传统地缘政治思想转变。冷战时期，日本主要以经济、贸易手段，通过发展与东南亚的地缘经济增强其日本的地区性优势，基于地缘经济思考，把维护日本的海上交通线安全作为战略重心。冷战期间日本的地缘战略是被动的、保守的，以维护经济安全利益为主要的出发点。冷战结束后，日本的地缘战略呈现明显的主动性、积极性，战略重心向"遏制大陆"和扩展海权转移。在日本看来，中国的地理位置以及中国不断增强的实力必然对日本的地缘利益造成严重威胁，为争夺东亚主导权，中日必然陷入地缘利益博弈。

进入 21 世纪以来，中日在东南亚地区的竞争态势逐渐显现，并愈演愈烈。这是由于随着中国经济的飞速发展和日本经济的持续低迷，中国和日本在经济实力上几乎填平差距，作为亚洲的最大的两个经济实体，利益重叠部分增多，东南亚因其特殊的地理位置，使中日在该地区均具有重要的战略利益。中日在东南亚地区的竞争，表现在三个方面：一是经济方面对资源和市场的竞争；二是政治方面对东亚主导权的竞争；三是安全方面对地缘战略优势的竞争。随着中国与东盟经济关系和政治关系的不断发展，中国在东南亚的影响力不断提升，逐渐冲淡了日本在东南亚的经济和政治优势地位。出于遏制中国崛起的战略需求，近年来，日本把重心转向通过加强安保确保在该地区的战略优势。日本利用美国战略东移，加强在东南亚军事部署的契机，积极布局东南亚，不断扩大对该地区的政治和军事影响力。主要实施路径是：一方面搅局南海问题，联合南海岛礁声索国对中国施压；另一方面加强与东南亚国家的军事安全合作，构筑"对中包围网"，不断挤压中国在该地区的战略空间。在美国与日本战略政策因素的刺激下，中国与东南亚部分国家间固有矛盾呈现胶着化状态，使中国面临较大的安全环境压力。

日本的政策使中日在地区陷入对立的危险性上升。安倍晋三二次执政以来，不断加强西南方向的军事战斗准备。不仅对半数以上的军事力量进行重组以提升战备状态，强化两栖作战能力，同时加大了对武器装备研发的投入力度，进一步提升在预警侦察、海上作战、反潜作战和防空反导等方面的能力。日本军事能力的大幅提升，加大了日本介入南海问题的力度和与中国争夺包括钓鱼岛在内的东海海洋权益的军事筹码。同时，日本用自身强大的经济力量拉拢控制东南亚地区，企图将东盟国家捆绑在自己的"战车"上，限制中国在亚太地区势力的"膨胀"。安倍晋三的这种带有明显的"冷战"印记的思维方式和做法，不仅加剧了地区紧张形势，同时使中日对抗的风险性大大增高。

中日对东南亚地区的战略争夺将常态化。一方面是由于中日在东南亚地区都具有重要的战略利益；另一方面是由于日本较长时期内仍会继续拉拢东南亚对中国施压，并深化向该地区的军事渗透，使中国长期面临周边战略压力。为应对美日政策带来的战略压力，营造良好的周边环境，中国也会积极行动，确保在该地区的战略优势。但与日本近来表现出来的愈加明显的"冷战"思维不同，中国一直以来本着睦邻友好、合作互利、共同发展的原则，以开放的胸襟和积极的态度推动和参与东南亚地区合作，以务实的态度消解不利于中国发挥积极作用的因素。作为一个负责任的大国，主张以合作、共赢的基本理念共同促进地区和平与发展。

三　地区二元化安全格局复杂化

20 世纪 90 年代初以来，亚太地区格局发生了重要变化。其中，最显著的变化是由过去美国一国在多领域占主导地位，到美国在安全领域占主导地位、中国在经济领域实力迅速上升的二元格局的形成与发展。[①] 在亚太地区二元化格局影响下，东南亚地区的权力结构也处

---

① 参见吴心伯《转型中的亚太地区秩序》，时事出版社 2013 年版，第 2 页。

于变化调整期，且影响该地区安全秩序演变的变量逐渐呈现较为清晰的重层性特征，在东南亚内外形成了复杂的多边、双边格局。即第一层次为中美关系，第二层次为中美日等大国各自与东盟的关系，第三层次为中美日等大国与东盟十国各自的双边关系。中美日与东盟的双边关系中的任何一对关系调整，都会使其他两对关系产生联动反应。多元权力结构以及相互关系的复杂性，正影响着东南亚战略格局的演变。

日本有效利用美国的政策调整，在东南亚及亚太地区的安全作用显著提升，成为影响二元格局变化的潜在因素。"9·11"事件后，美国加强了在东南亚的军事存在和军事活动，其深层次的战略考虑就是要在东南亚形成以美国为主导的地区战略格局。奥巴马政府成立后，美国高度重视东南亚的战略地位，利用东南亚国家实施其"亚太再平衡"战略，加强与东南亚国家的军事合作关系，全方位扩大它在东南亚的影响。美国出于实力相对衰退和保证在亚太领导地位的战略考虑，通过强化日美同盟和构建以此为基础的亚太安全网络，以确保美国在地区安全领域的绝对优势地位。为获得其在亚太的主要盟国日本更多的军费支持，作为交换砝码，美国采取"纵日"政策，不断对日本"放权"。这使日本在亚太及东南亚地区安全方面，尤其是军事方面的影响力显著增强，助长了日本以东南亚为跳板走扩军之路的"信心"和"胆量"。利用美国的"纵日"政策，"日本开始主动将日美同盟作为其实现政治大国化的战略性工具加以利用，其安全视野明显在朝着'包括美国但不限于美国'的方向拓展"①。随着美国在亚太地区控制能力的减弱，和地区安全中"日本因素"的作用日渐突出，增加了地区安全形势的不确定感。

就东南亚地区形势而言，中美关系仍是关系地区安全形势的主要外部因素。稳定的中美关系和两国的分歧管控能力利于地区和平与稳定。但同时，在美国持续强化介入亚太地区的战略压力下，中美新型

①　杨伯江：《美国对日政策内在矛盾及地区战略影响分析》，《日本学刊》2014 年第 6 期。

大国关系构建面临着考验，第三方因素在中美关系中的战略地位日益凸显。日本作为重要的第三方因素，将地缘政治风险和政治不确定性转化为证明其是地区领导者的战略机遇，不断挑起地区不稳定事端，使东南亚的地缘政治因素重新被激活，加上该地区固有的"旧疾"（领土矛盾）和"新伤"（海洋权益争夺），尤其是日本借机加速在该地区的军事力量建设，使地区安全格局呈现复杂走势。

第三节　日本东南亚安全政策的走向及中国的应对

一　影响日本对东南亚安全政策走向的"恒变量"

纵观冷战结束以来日本对东南亚安全政策的演变过程可见，日本对东南亚的安全政策受到国内外因素的综合影响，且在这些影响因子中，既存在不变因素，成为影响政策走向的"恒量"，又存在可变因素，成为影响政策走向的"变量"。"恒量"主要包括日本在该地区的经济安全利益、推进"正常国家化"和"海洋国家"身份构建的国家战略目标；"变量"主要包括影响政策走向的美国因素、中国因素，以及东南亚地区主要大国与东盟之间、大国相互之间的互动关系。

第一，日本在东南亚地区拥有重要的经济安全利益，是影响日本对东南亚安全政策的核心驱动要素，是决定日本东南亚安全政策走向的"恒量"之一。东南亚不仅是日本重要的能源进口国、原料产地和贸易输出国，自日本本土至东南亚和中东的海上交通线更是被日本视为"海上生命线"。经济安全利益驱使日本会对东南亚地区安全进行持续关注和介入，这一基本方向不会发生改变。

第二，推进"正常国家化"和"海洋国家"身份构建，是影响日本对东南亚安全政策走向的又一"恒量"。冷战结束以来，"大国化""正常国家化"是日本历届政府孜孜追求的国家发展的核心目标。尽管要实现完全的正常化，日本还有很长的一段路要走，但就冷战结束以来日本国内政治生态看，即便政权更迭也很难从根本上扭转日本坚定走"正常国家化"的道路。此外，进入 21 世纪以来，日本加快了追求"海洋国家"的身份认同步伐，并逐步制定和实施综合的海洋战略，不断扩张日本的海权利益。"正常国家化"和"海洋国家"的国家战略目标，决定了日本对外政策的基本方向。

第三，影响日本对东南亚安全政策走向的"变量"主要是外部因素，包括美国因素、中国因素、东南亚的大国力量对比变化及相互之间的互动关系等。冷战结束以来，东南亚地区逐渐发生权力转移。有学者指出："在东南亚地区已经形成了中美日和东盟共同发挥作用的多极格局，这四支力量相互影响、相互作用，他们之间既有竞争，又有合作，共同维护该地区的和平、稳定与发展。"① 日本对东南亚的安全政策走向受到地区内权力格局的制约，地区内的大国关系和力量对比变化成为影响日本对东南亚安全政策走向的主要变量。

二　"特朗普冲击"下日本对东南亚安全政策的走向预测

特朗普上台后，美国的对外政策走向还未清晰，面对"特朗普冲击"，受美国因素强烈影响的日本对东南亚的政策也会适时进行调整。但可以预测，在上述"恒变量"影响下，今后日本在该地区的安全政策会有延续的一面，也会有继续深化和发展的一面。

首先，从日本国内政治生态看，"正常国家化""强军修宪"这一根本目标短时间内不会有改变。为实现这一目标，日本可能继续将东盟为己所用，持续对该地区的军事渗透。东南亚是大国博弈的重要战略要冲，各种利益错综复杂，日本在该地区又经营多年，一直是日本重点利用的对象。因此可以预见，在未来较长一段时期内，东南亚在日本国家安全战略中仍会占据重要地位，日本会继续重点加强对东盟国家包括在情报共享、出售武器、联合军演、提高海上联合作战能力等方面的军事介入，向该地区释放更多的军事力量。

其次，继续依托日美同盟，拖住东南亚部分国家构筑"海洋国家

---

① 曹云华:《论东南亚地区秩序》,《东南亚研究》2011 年第 5 期。

联盟"和亚太安全网络，将日本的地缘政治影响力扩大到"印太"两洋，谋求构建亚太安全秩序的主导权。对于日本来说，"尽管国内对日本的外交政策有争论，但同美国的关系依然是主导它的国际方向感的主要灯塔"①。同样，日本东南亚的安全政策走向，很大程度上也受到美国的亚太政策和东南亚政策的影响。冷战结束以来，日本一次次借美国亚太和全球战略调整的"东风"，最大限度地利用日美同盟框架推进扩充军事力量、参与并主导构建地区安全秩序。

特朗普上台以后，美国的亚太政策会如何调整，目前还有待观察，但根据目前为止释放出的一些信号，有分析预测了特朗普政府亚太政策的基本方向。有学者认为，继奥巴马之后的美国的亚太政策会面临三种选择：一是实行孤立主义，二是和中国的关系升级为公开的冲突甚至热战，三是逐渐调整的温和选项，而第三种选项比较具有现实性。② 还有学者分析指出，彼得·纳瓦罗是特朗普团队的亚太政策主要发声人，而彼得·纳瓦罗和亚历山大·葛瑞在特朗普赢得大选的前两天，在《外交政策》杂志发表《特朗普的亚太政策前景：实力促和平》一文，这是目前为止，特朗普最为清晰的政策信号。该学者称，"实力促和平"的政策，与"亚太再平衡"一脉相承，其目的均是维持美国在亚太的存在，只不过以不同的手段去实现它，而以更为强硬的军事手段去实现。文章阐明，特朗普将重建美国海军，包括战舰增至350艘，而特朗普海军计划的启动可以让盟友相信美国将继续长期承担亚洲自由秩序的保护者的角色。③ 从该文可以归纳出特朗普亚太政策的两个基本方向，即继续履行对盟友伙伴的安全承诺和以海军为重点扩充军备。

东南亚在美国的亚太战略中占据重要地位，"9·11"事件后美国

---

① ［美］兹比格涅夫·布热津斯基：《大棋局：美国的首要地位及其地缘战略》，中国国际问题研究所译，上海世纪出版集团2007年版，第154页。

② 参见郑永年《美国亚洲政策的未来》（http：//www.zaobao.com/forum/views/opinion/story20160712－640268）。

③ 参见胡剑龙《特朗普的团队与政策：让中国不容乐观》（http：//news.ifeng.com/dacankao/telangpuzhengce/1.shtml）。

就十分重视与东南亚的军事合作和兵力部署，由于东南亚的特殊地理位置及美国在该地区的现实利益，特朗普上台后，相信这一战略布局不会出现大的变动。有学者称，"美国的东南亚政策大致也会是逐渐进行温和的调整，美国在东南亚安全中依然会积极介入，只是在国别安排上可能会有些调整"①。而日本则会继续利用美国对东南亚地区的安全关注和军事介入，在日美同盟框架下增强对该地区的资源投放，追求海权利益和"准霸权"地位。但同时应该看到日美双方存在矛盾和分歧的一面。目前来看，在安全领域，特朗普政府希望日本"出钱"，负担更多的军费，而日本则希望"出力"，承担更多的义务。日本能否依靠美国新政府的亚太战略，在东南亚及亚太地区承担更多的安全义务，释放更大的军事力量，也要视日美关系的互动结果而定。

再次，继续拉拢东盟国家牵制中国，南海议题仍是主要抓手，海洋安全合作仍是重点，但难取得实际成效。从长远来看，日本—东盟关系的发展会长期面临中国崛起带来的冲击效应，中日在东南亚地区相互竞争的基本态势已经形成，短时间内难以改变。随着中国与东盟国家间经济、政治以及安全合作的不断深化，日本在东南亚的传统经济和政治优势地位受到较大冲击，为保持在该地区的地缘战略优势，继续利用东盟国家对中国崛起的担心和忧虑，以海洋安全为重点加强与东盟的双边和多边安全合作，持续向该地区渗透军事力量，是目前及今后日本对东南亚安全政策的一个基本方向。

在这一基本方向之下，南海问题仍是日美和中国展开博弈的焦点问题，日本会继续以此为抓手，在美国的鼓励下搅局南海问题，离间中国和东盟关系。一方面，由于南海地理位置和战略位置十分重要。它不仅是世界第二大海上航道，是东亚各国的"海上生命线"和东南亚各国对外贸易的主航道，而且南海海域内的南沙群岛地处

① 陈奕平：《从奥巴马到特朗普：美国东南亚政策的走势》，《东南亚研究》2017年第1期。

越南金兰湾和菲律宾苏比克湾两大海军基地之间，扼守西太平洋至印度洋的海上交通要冲，是通往非洲和欧洲的交通咽喉。同时，南海海底地形复杂，海水极深，核潜艇潜伏在此地深水中，难以被侦察，因此具有极高的军事价值；另一方面，南海海底资源丰富，不仅蕴藏有大量的常规油气资源，而且被称为21世纪新能源的可燃冰的资源储量也十分庞大，在巨大的利益驱使下，油气资源争夺成为南海周边国家对南沙海域争夺的焦点。南沙海域重要的战略位置和丰富的海底资源，决定了美日等区域外大国会长期纠缠在这一地区，利用南海问题离间中国与东盟关系。南海问题已经从单纯的岛礁争夺、海域划界和资源开发之争，发展为全方位的海洋战略利益之争。日本在南海问题上的作用主要是充当美国的马前卒，配合美国搅局南海议题。关于特朗普对南海问题的政策，曾担任联合国驻东南亚官员的扎瓦基认为，南海问题将是特朗普领导的美国与中国发生摩擦的焦点问题之一。东盟前副秘书长素塔·塞奔桑认为，南海的紧张局势将会出现升级，但不会爆发战争，"因为战争不会让任何一方受益"。素塔表示，特朗普是一个"生意人"，和对其他一些问题的处理一样，特朗普政府在南海问题上的"挑衅"是为其"生意人战略"服务的。① 可见，美国、日本将继续利用南海问题对中国施压，挤压中国的战略空间。

最后，日本在东南亚单独发挥安全作用的空间仍然有限。从目前形势来看，一方面，中美日三国在东南亚地区既相互合作又相互竞争的局面会长期存在，大国均势现状得以维持；另一方面，既合作又竞争的相对和平与稳定的大国关系符合东盟的现实与长远利益，随着东盟力量的壮大和对外应对能力不断增强，东盟利用"大国平衡"战略维护自身利益的能力增强。因此，受到地区权力格局、东盟"大国平衡"战略以及日美同盟框架的制约，日本在东南亚单独发挥安全作用

① 田策：《特朗普政策或促中国与东南亚经贸关系》，2017年2月11日，参考消息网（http://news.guhantai.com/2017/0211/499DFED21B60E5D8.shtml）。

的空间仍然有限，利用或绑架东盟对抗中国，以东南亚为跳板走向军事大国的战略企图难以实现。

三　中国的应对

（一）现阶段中国的东南亚政策及实践

相较于日本自战后以来在东南亚的悉心"经营"，中国与东南亚的关系发展起步较晚，但冷战结束后中国与东盟及东南亚各国关系发展迅速，尤其是进入 21 世纪以来，随着中国与东南亚政治经济关系的不断发展，中国在该地区的影响力逐渐增强。现阶段中国对东南亚的政策及实践可以归结为三个方面：

第一，经济方面。中国重视与东盟的经济合作，在加强与东南亚国家的双边贸易合作的同时，积极推动与东南亚的区域经济一体化。经过双方共同努力，中国和东盟已建立了密切的经贸关系。中国已连续多年成为东盟第一大贸易伙伴，东盟则是中国第三大贸易伙伴。同时，中国在推动与东南亚的区域经济一体化实践中也取得了重大突破。2002 年 11 月，朱镕基总理与东盟十国领导人签署《中国与东盟全面经济合作框架协议》，决定到 2010 年建成中国—东盟自由贸易区。2010 年 1 月 1 日，贸易区正式全面启动。随着双边经贸关系的不断发展，区域经济合作一体化程度不断加深。2010 年 1 月 1 日，中国—东盟自由贸易区如期全面建成。2014 年 9 月，双方启动中国—东盟自由贸易区升级谈判，并已完成实质性谈判。中国—东盟自由贸易区全面建成后，为双方经济合作提供了广阔的发展前景和空间。

第二，政治方面。中国本着"与邻为善、以邻为伴"的睦邻友好方针，重视发展与东南亚国家的政治外交关系，一方面推进与东南亚国家战略伙伴关系构建，促进双方对话与交流；另一方面积极参与"10＋1""10＋3"和东盟地区论坛等地区合作机制，并支持东盟发挥主导作用，增强双方政治互信。1991 年，中国与东盟开始正式对话。1996 年，中国与东盟发展成为全面对话伙伴国。1997 年，江泽民主席出席首次中国—东盟领导人会议，双方发表"联合宣言"，确定双方致力于构建面向 21 世纪的睦邻互信伙伴关系。
2003 年，温家宝总理出席第七次中国—东盟领导人会议期间，与东盟领导人签署了《面向和平与繁荣的战略伙伴关系联合宣言》，而且在会议上，中国正式加入《东南亚友好合作条约》。多年来，中国对东盟的睦邻友好与互利合作政策取得了很大成效，中国不仅在双边层次与东盟各成员国达成了多种交流形式，还与东盟组织建立了各种对话、磋商、协调与合作机制，密切了双方的政治联系，增强了政治互信。

第三，安全方面。中国重视与东盟的安全合作，致力于营造和平稳定的周边安全环境。具体路径主要包括：一是倡导"共同、综合、合作、可持续"的亚洲新安全观，主张通过对话协商促进地区共同安全；二是"9·11"事件以来，中国与东盟为共同应对地区内恐怖主义、跨国犯罪和海盗等非传统安全问题，加强在非传统安全领域的合作；三是推进双方安全对话和防务交流机制构建，增信释疑；四是在南海问题上，中国一贯主张用和平的方式，通过对话与协商与东南亚国家解决在领土问题上的争端。2002 年，中国与东盟签署了《南海各方行为宣言》，为和平解决南海争端奠定了基础。中国主张南海有关争议由直接有关的主权国家谈判协商解决、南海和平稳定由中国和东盟国家共同维护。

（二）现阶段中国东南亚政策的课题

冷战结束以来，中国采取重视东盟的政策，大力发展与东盟及东盟各国的经济、政治及安全合作，是由于东南亚地区对中国的安全与发展具有重要的意义。首先，从地缘战略意义上说，东南亚地区与中国有着直接的地缘关系，既是中国与世界沟通的重要海上通道，又是中国西南内陆地区对外联系的重要途径，能够为中国提供广阔的陆海活动空间。尤其是进入 21 世纪以来，随着地缘战略中海洋因素的凸显，东南亚地区成为 21 世纪中国重点经营的战略地区。其次，从经济方面来讲，东南亚地区拥有丰富的自然资源和广阔的市场前景，与中国的经济互补性较强。而且东南亚域内的马六甲海峡是中国运输来自中东的石油的主要海上通道，关系到中国的能源运输安全。东南亚地区对中国的经济发展具有重要意义。最后，从维护周边安全角度来讲，东南亚地区对维护中国周边地区的稳定具有重要意义。东南亚地区与中国毗邻，是影响中国周边地缘安全环境的重要因素之一。由于东南亚的地理位置极具地缘战略意义，加之近年来，东南亚成长为经济发展充满活力的地区之一，世界主要大国对东南亚控制权的争夺愈加激烈，大国力量的介入和相互博弈，加剧了东南亚地区的不稳定局势，对中国的稳定的周边安全环境形成挑战，也促使中国对该地区安全投入更多的关注。

总体来说，中国的东南亚政策全面且务实，促进了中国与东南亚关系的良性发展，取得了较大的成效。但同时应该看到，在目前东南亚地区大国力量汇集、博弈加剧、安全格局复杂化的形势下，中国的东南亚政策中仍存在一些亟须解决课题，需要根据不断变化的地区形势适时做出调整。

首先，中国在东南亚的影响力尚不深入，双边政治关系仍不够密切，亟须更加"精细化"操作。学者王赓武认为："中国目前还在学习应对一个以海洋为依托的经济体制新格局，对东南亚的影响虽然日趋显著，却仍称不上深入。"[1] 目前中国对东南亚的政策重心仍以深化与东南亚的经济关系和应对南海问题为主，与东南亚在政治关系方面的构建尚待深入。东盟各国政治制度、经济发展情况、宗教信仰、语言文化等各不相同，根据其自身利益，对地区外大国的态度也不尽相同。如何区分不同情况，并根据情况密切与东盟各国的政治关系是一个重要课题。

其次，中国与东盟在安全领域，尤其是军事和防务方面的交流有待深化。相较于政治、经济领域，中国与东盟的军事防务方面的合作较为落后，与东盟同其他一些大国的合作水平相比较，项目较少、层

---

① 林展霆：《王赓武：虽然显著目前中国对东南亚影响尚不深入》，2017 年 2 月 8 日，联合早报网（http://www.zaobao.com/news/china/story20170208－722133）。

次较低，差距明显。同时这也导致东盟国家无法消除对中国实力尤其是军事实力增强所带来的恐惧和安全疑虑。

最后，中国与东盟相互认知不足，阻碍两国关系的深入发展。一方面，东盟国家对正在快速崛起的中国本就有一种天然的"畏惧"，加之美国、日本等国不断加码的"中国威胁论"的散播，"中国威胁论"一直横亘于中国与东盟关系之间，或强或弱，但从未消失。如何使东南亚国家认可中国发展带来的不是威胁而是机遇，是当前中国外交面临的重要课题。另一方面，现阶段中国对东盟外交战略的研究仍不够系统和深入，对东盟各国的民族文化、宗教信仰、社会形态和心理特点等认知不足，两国之间的社会交往也不多，缺乏推进两国关系深入发展的社会基础。在这一点上，与日本相比，中国显然比较落后。东南亚国家对日本有一种"亲近感"，而对中国却"近而不亲"，这是东南亚国家民众对中日两国认知情况的现实反映。中国要提升在东南亚的影响力，改变东南亚国家对中国的形象认知，还需要付出更多的努力。

（三）日本强化与东南亚军事安全关系冲击下中国的应对措施

安倍晋三二次执政以来，全面强化与东盟及东盟各国的军事安全关系，企图拉拢东盟牵制中国。尽管中国与东盟关系发展势头良好，安倍晋三的安全政策未必能够全然奏效，但其做法显然已对中国维持和平稳定的周边安全环境构成极大挑战。一定条件下，这种挑战有可能会转化为"威胁"，因此需要中国采取针对性的措施积极应对。

首先，继续以经济关系为战略依托，进一步拓展和深化与东盟之间的双边和多边经贸关系，推进经济共同体构建，使中国与东盟间密切的经贸关系成为改善双方政治外交关系的纽带。冷战结束以来，将提高以经济为基础的综合国力作为国家发展的头等大事，已经得到国际社会的普遍认同，促进经济发展成为一国制定对外政策或决定国家间关系的核心驱动要素。目前，东盟正在大力实施《互联互通总体规划》，重点促进大规模的基础设施建设和产业投资。2016 年 5 月 30

日，东盟秘书长黎良明在国际交流会议"亚洲的未来"上发表演讲时指出，"将推进跨国基础设施建设，深化东盟经济共同体（AEC）的合作"①。这与中国提出的"一带一路"倡议和筹建亚洲基础设施投资银行的倡议高度契合。通过中国与东盟基础设施互联互通可以进一步推动区域经济一体化，使中国与东盟纳入谋求进一步发展的共同利益之中，从而使得在政治和安全问题上更倾向以协商代替对抗，形成利于国家发展的和平的周边环境。

其次，政治关系构建注重"深耕细作"，拓展务实合作，分层次展开对东盟国家外交，深化双方政治互信，携手建设更为紧密的命运共同体。近年来，随着中国的崛起，美日多次在公开场合大肆宣扬"中国威胁论"，企图联合东盟各国对中国施压。中国与东盟关系尽管总体上保持良好的发展态势，东盟也很少公开谈论"中国威胁论"，但从东盟国家近年来加强与美日间的安全合作来看，对中国崛起带来的冲击效应仍抱有很深的疑虑和戒心。针对中国—东盟双边关系发展现状和存在的问题，应因势利导，选择恰当的双边互动模式，增信释疑。2013年10月2日至5日，习近平主席在印度尼西亚国会的演讲中提出携手构建"中国—东盟命运共同体"倡议，使双方成为兴衰相伴、安危与共、同舟共济的好邻居、好朋友、好伙伴。

中国与东盟要建设更加密切的命运共同体，今后需要对东盟的政策更加深化和细化，充分考虑到现阶段中国与东盟各国关系的特点，分层次开展与东盟国家的务实外交。具体来说，进一步深化在两个层面的外交努力：一是加强中国与东盟组织在双边或多边场合的互动并发挥主导性作用。作为崛起的大国，中国在与东盟的双边和多边互动中应更加积极、主动，基于双方共同利益妥善处理分歧与争端，清晰向东盟传达中国的声音，即中国的崛起对东盟是机遇，是共赢而非威

---

① 王欢：《东盟秘书长：需推进跨国基础设施建设》，2016年6月1日，环球网（http://news.163.com/16/0601/09/BOFC1FSF00014SEH.html）。

胁；二是分别推进与东南亚地区"大陆国家"和"海岛国家"间的合作机制构建，前者以湄公河流域开发为战略契机，后者以妥善解决南海问题和海上安全合作为重点内容。

再次，重点开展与东盟国家的双边和多边军事防务交流与合作，同时倡导亚洲新安全观，加强双方军事互信，消除东盟国家对中国推进军事现代化的焦虑和戒心。近年来，中国与东盟的防务安全交流发展较为迅速，合作领域也有较大幅度扩展，合作内容也更加务实。中国对东南亚的军事外交应在全面推进的基础上，针对薄弱领域重点加强。进一步推进双方在防务领域的务实合作，拓展包括联合演习、军事教育与培训、军舰互访、国防工业等在内的多领域合作，以增强军事互信。同时，针对美日与东盟部分国家以结盟方式应对安全威胁的局面，向东盟宣传习近平总书记倡导的"共同、综合、合作、可持续"的亚洲新安全观，让东盟各国认识到中国崛起不是"零和游戏"，而是既重视自身安全，又兼顾共同安全的双赢游戏，中国愿与东盟一起打造共同安全的命运共同体。

最后，立足中国传统文化，大力开展文化外交，增强中国核心价值观的吸引力，并以此为纽带进一步赢得东盟国家对中国的价值认同，拉近中国与东盟的距离。具体可以采取以下措施：第一，传播中国传统文化，开展与东盟各国的文化交流，增进相互了解，奠定双方友好关系的民意基础。目前，在东盟地区有 21 所孔子学院，且学习汉语的东盟国家人数一直在增多，利用学习汉语的热潮推动中国传统文化的传播，对在该地区树立中国良好的国际形象具有重要意义。第二，促进青少年之间的文化交流，并完善政策鼓励东盟国家青少年来华留学。青少年是祖国的未来和希望，青少年留学生是国家友好往来的桥梁，通过留学生交流可以培养对对方国家的亲和力，增进对该国对外政策的理解和支持。第三，注重公众外交，综合运用多种多媒体手段全方位向东盟传播中国文化，消除中国的负面形象。一直以来，以美国为首的西方国家掌握了国际社会的话语权，肆意宣扬中国的负面形象，使"中国威胁论"在东南亚国家以及国际社会广泛传播，造成国际社会对中国崛起普遍抱有戒心和疑虑。今后中国要在国际社会争取更多的话语权，发出更多的"中国声音"，在与东盟的双赢合作中获得东盟国家更多的价值认同，在此基础上更好发挥与东盟国家合作中的主导作用。

参考文献

一 中文资料（按出版时间先后顺序）

（一）中文书籍

郭炤烈：《日本与东盟》，知识出版社 1984 年版。

［美］汉斯·摩根索：《国家间政治》，中国人民公安大学出版社 1990 年版。

程毕凡、谢陈秀瑜编：《中国与东盟国家经济关系——太平洋合作伙伴》，中国社会科学出版社 1991 年版。

季国兴主编：《东南亚概览》，中国社会科学出版社 1994 年版。

贺圣达等：《战后东南亚历史发展》，云南大学出版社 1995 年版。

冯昭奎：《战后日本外交 1945—1995》，中国社会科学出版社 1996 年版。

孙承主编：《日本与亚太——世纪之交的分析与展望》，世界知识出版社 1997 年版。

王正毅：《边缘地带发展论》，上海人民出版社 1997 年版。

［美］亨利·艾尔弗雷德·基辛格：《大外交》，顾淑馨地、林添贵译，海南出版社 1998 年版。

金熙德：《日美基轴与经济外交》，中国社会科学出版社 1998 年版。

［美］迈克尔·H. 阿马科斯特：《朋友还是对手》，于铁军、孙博红译，新华出版社 1998 年版。

王士录、王国平：《从东盟到大东盟——东盟 30 年发展研究》，世界知识出版社 1998 年版。

金熙德：《日本政府开发援助》，社会科学文献出版社 2000 年版。

梁云祥、应宵燕：《后冷战时代的日本政治、经济与外交》，北京大学出版社 2000 年版。

［美］罗伯特·基欧汉、约瑟夫·奈：《权力与相互依赖》，门洪华译，北京大学出版社 2002 年版。

张蕴岭：《21 世纪：世界格局与大国关系》，社会科学文献出版社 2001 年版。

刘建飞、林晓光：《21 世纪初期的中美日战略关系》，中共中央党校出版社 2002 年版。

任晓等：《中美日三边关系》，浙江人民出版社 2002 年版。

王少普、吴寄南：《战后日本防卫研究》，上海人民出版社 2003 年版。

［加］阿米塔·阿查亚：《构建安全共同体：东盟与地区秩序》，王正毅、冯怀信译，上海人民出版社 2004 年版。

王义明：《东南亚国家经济贸易法律研究丛书：东盟》，中国法制出版社 2006 年版。

朱锋：《国际关系理论与东亚安全》，中国人民大学出版社 2007 年版。

邓仕超：《从敌对国到全面合作的伙伴——战后东盟—日本关系发展的轨迹》，世界知识出版社 2008 年版。

孙成岗：《冷战后日本国家安全战略研究》，解放军出版社 2008 年版。

米庆余：《日本近现代外交史》，世界知识出版社 2010 年版。

吴寄南：《新世纪日本对外战略研究》，时事出版社 2010 年版。

郭渊：《地缘政治与南海争端》，中国社会科学出版社 2011 年版。

倪世雄等：《当代西方国际关系理论》，复旦大学出版社 2011 年版。

［日］武田康夫、神谷万丈：《日本安全保障学概论》，刘华译，防卫大学安全保障学研究会，世界知识出版社 2012 年版。

张卫娣、肖传国：《21 世纪日本对外战略研究》，军事科学出版社 2012 年版。

［日］五百头旗真主编：《战后日本外交史（1945—2010）》，吴万虹译，世界知识出版社 2013 年版。

吴心伯：《转型中的亚太地区秩序》，时事出版社 2013 年版。

（二）中文论文

曹云华：《日本与东南亚：爱恨交织的伙伴——对日本战后东南亚政策的回顾与前瞻》，《东南亚研究》1992 年第 1 期。

崔大宏：《冷战后日本对东南亚格局变化的影响》，《东南亚研究》1993 年第 5、6 期。

张锡镇：《东南亚在日本经济发展和对外战略中的地位》，《国际政治研究》1994 年第 2 期。

林晓光：《日本政府的亚太安全战略》，《日本问题资料》1994 年第 4 期。

晓林：《越南：日本亚洲外交的新重点》，《东南亚》1995 年第 2 期。

王公龙：《90 年代日本对东盟的外交政策》，《日本学刊》1997 年第 4 期。

金熙德：《日本对东南亚外交的转折——从福田主义到桥本主义》，《当代亚太》1998 年第 7 期。

杨伯江：《日本的跨世纪走向》，《现代国际关系》1998 年第 8 期。

商国珍：《日本调整东南亚政策意图何在》，《东南亚纵横》1999 年第 5、6 期。

曹云华：《中美日与东南亚——2001 年东南亚国际关系回顾》，《东南亚纵横》2002 年 3、4 月刊。

许可：《东南亚的海盗问题与亚太地区安全》，《当代亚太》2002 年第 3 期。

赵洪：《日本与东盟经贸关系发展的现状与前景》，《日本问题研究》2002 年第 3 期。

曹云华：《东盟与大国关系评析》，《国际政治研究》2003 年第 2 期。

曹云华：《金融危机以来东盟—日本关系的变化》，《当代亚太》2003 年第 11 期。

高兰：《全面解读冷战结束后日本国家战略的变革与影响——从模糊战略到清晰战略的转型》，《国际观察》2005 年第 5 期。

许梅：《日本东南亚政策调整演变中的大国因素》，《东南亚研究》2005 年第 6 期。

白如纯：《日本对东盟政策与中日关系》，《日本学刊》2006 年第 6 期。

刘忠斌：《论日美同盟建立和初期发展中的东南亚因素》，《日本问题研究》2007 年第 1 期。

乔林生：《福田主义与日本的东盟外交》，《日本研究》2007 年第 2 期。

蔡鹏鸿：《日本主导东南亚反海盗合作机制对地区海洋安全事务的影响》，《东南亚研究》2007 年第 3 期。

曹云华：《东南亚地区形势：2008 年》，《东南亚研究》2008 年第 2 期。

陈志：《日美同盟与东南亚地区安全问题研究》，《日本研究》2010 年第 4 期。

沈鑫、冯清云：《ASEAN 与亚太安全制度建构：以 ARF 机制为核心的分析》，《东南亚研究》2010 年第 4 期。

李薇：《美国亚太战略的调整对中日美三国关系的影响》，《中日关系史研究》2011 年第 1 期。

吴怀中：《新〈防卫计划大纲〉与日本安全政策走向》，《日本学刊》2011 年第 1 期。

杨伯江：《日本民主党安全战略走向初析》，《日本学刊》2011 年第 2 期。

李薇：《美国亚太战略的调整对中日美三国关系的影响》，《中日关系史研究》2011 年第 4 期。

任慕：《冷战后日本与东盟地区安全合作的限制因素分析》，《东南亚研究》2012 年第 6 期。

李秀石：《日本海洋战略对中国的影响与挑战》，《学术前沿》2012 年 7 月刊。

杨伯江：《美国战略调整背景下日本“全面正常化”走向探析》，《日本学刊》2013 年第 2 期。

郭渊：《冷战初期日本南海政策及东南亚战略取向》，《日本问题研究》2014 年第 1 期。

包霞琴、黄贝：《浅析安倍内阁的东南亚安全外交》，《国际观察》
　2014 年第 6 期。

李益波：《浅析日本与东盟军事安全合作的新动向》，《当代世界》2014
　年第 6 期。

周玉渊：《东南亚地区海事安全合作的国际化：东盟海事论坛的角
　色》，《外交评论》2014 年第 6 期。

杨伯江：《战后 70 年日本国家战略的发展演变》，《日本学刊》2015 年
　第 5 期。

二　日文资料（按出版时间先后顺序）

（一）日文书籍

外務省編『わが外交の近況』及び『外交青書』各年度版。

通産省編『経済協力の現状と問題点』各年度版。

防衛省編『防衛白書』各年度版。

総合研究開発機構：『東南アジア諸国連合とわが国の関係』、国際開
　発センター 1978 年。

矢野暢：『東南アジア政策』、サイマル出版社 1978 年。

渡辺昭夫：『戦後日本の対外政策』、有斐閣 1985 年。

金子熊夫：『日本と ASEAN——太平洋時代へ向けて』、日本国際問題
　研究所 1988 年。

伊藤憲一：『日本の大戦略』、飛鳥新社 1990 年。

入江昭：『新・日本の外交』、中央公論社 1991 年。

山影進：『ASEAN シンボルからシステムへ』、東京大学出版会
　1991 年。

伊藤憲一：『「二つの衝撃」と日本：「勝者なき平和」と「新世界秩
　序」をもとめて』、PHP 研究所 1991 年。

渡辺昭夫：『アジア・太平洋の国際関係と日本』、財団法人東京大学
　出版会 1992 年。

吉川利治：『近現代史の中の日本と東南アジア』、東京書籍株式会社

1992 年。

小林進：『新秩序を求める世界』、サイマル出版会 1992 年。

山本正ほか：『1990 年代の日本とアセアン：激動の国際環境におけ
　る新たな役割』、総合研究開発機構 1993 年。

中西輝政：『アジアはどう変わるか——90 年代のアジアの総合安全
　保障』、日本経済新聞社 1993 年。

須藤季夫：『東南アジア国際関係の構図：理論地域学をめざして』、
　勁草書房 1996 年。

渡辺昭夫：『現代日本の国際政策』、有斐閣 1997 年。

山影進：『ASEANパワー：アジア太平洋の中核へ』、財団法人東京大
　学出版会 1997 年。

田中明彦：『安全保障：戦後 50 年の模索』、読売新聞社 1997 年。

防衛研究所安全保障研究会：『これからの安全保障環境』、亜紀書房
　1999 年。

松井一彦：『21 世紀アジア太平洋は安全か』、武田出版社 2000 年。

中曽根康弘：『21 世紀日本の国家戦略』、PHP 研究所 2000 年。

伊藤憲一：『海洋国家日本の構想：世界秩序と地域秩序』、日本国際
　フォーラム 2001 年。

村山裕三：『経済安全保障を考える「海洋国家日本の選択」』、日本
　放送出版協会 2003 年。

森本敏：『アジア太平洋の多国間安全保障』、財団法人：日本国際問
　題研究所 2003 年。

森本敏：『森本敏の眼：日本の防衛と安全防衛政策』、グラフ社
　2005 年。

波多野澄雄：『現代日本の東南アジア政策（1950 — 2005）』、早稲田
　大学出版部 2007 年。

田中明彦：『アジアの中の日本』、NTT 出版株式会社 2007 年。

高坂正堯：『海洋国家日本の構想』、中央公論新社 2008 年。

森本敏：『岐路に立つ日本の安全——安全保障・危機管理政策の実

際と展望』、北星堂書店 2008 年。

西川吉光：『日本の安全保障政策』、晃洋書房 2008 年。

谷内正太郎編：『日本の外交と総合的安全保障』、株式会社リリー
　フ・システムズ2011 年。

山内昌之ほか：『将来の国際情勢と日本の外交──20 年程度未来の
　シナリオ・プラニング―』、日本国際問題研究所 2012 年。

田村重信：『日本の防衛政策』、内外出版株式会社 2012 年。

西原正：『アジアの安全保障（2012 – 2013）』、朝雲新聞社 2012 年。

山本吉宣：『アジア（特に南シナ海・インド洋）における安全保障
　秩序』、日本国際問題研究所 2013 年。

猪口孝：『現代日本の政治と外交 2：日米安全保障同盟、地域的多国
　間主義』、原書房 2013 年。

　　（二）日文论文

庄司智孝：「多元的関係の追求―中国の台頭と日本の東南アジア政
　策―」、恒川潤編『中国の台頭：東南アジアと日本の対応』、防衛
　省防衛研究所 2009 年。

北岡伸一：「2010 年代の外交」、『国際問題』2010 年 1 月号。

佐藤考一：「中国と辺疆：海洋国境―南シナ海の地図上のU 字線をめ
　ぐる問題―」、『境界研究』2010 年第 1 号。

佐藤考一：「南シナ海紛争と中国」、『海外事情』2011 年 4 月号。

庄司智孝：「ASEAN と南シナ海問題― 2011 年前半の動きを中心に
　―」、『防衛研究所ニュース』第 155 号 2011 年 6 月。

山影進：「外交イニシアティブの試金石―対東南アジア外交の戦略的
　重要性―」、国分良成編『日本外交第 4 巻：対外政策地域編』、岩
　波書店 2013 年 5 月。

白石昌也：「日本・ベトナム間の戦略的パートナーシップ：その経緯
　と展望」、『アジア太平洋討究』2014 年 3 月号。

三　网络资源

防卫省：http：//www. mod. go. jp/。

防卫省防卫研究所：http：//www. nids. go. jp/。

公益财团法人日本国际问题研究所：http：//www2. jiia. or. jp/。

公益财团法人世界和平研究所：http：//www. iips. org/。

内阁府：http：//www. cao. go. jp/。

NPO 法人冈崎研究所：http：//www. okazaki—inst. jp/。

首相官邸：http：//kantei. go. jp/index. html。

PHP 研究所：http：//php. co. jp。

外务省：http：//www. mofa. go. jp/mofaj/。

后　　记

　　时光荏苒，提笔写此书后记之际，惊觉博士生涯已结束一年有余。2014 年，我怀着无比激动的心情走进了中国社会科学院研究生院，开始了求学之路，而当时正值"一带一路"倡议提出不久。"一带一路"倡议最初是于 2013 年 10 月 3 日，由习近平主席在印度尼西亚国会发表演讲时提出的，习主席表示：中国愿同东盟国家加强海上合作，共同建设 21 世纪"海上丝绸之路"，此后不久便掀起了国内外学者研究的热潮。无疑，在我国的"一带一路"建设进程中，东南亚是重心所在。然而，日本自战后以来一直把东南亚作为重点经营的"后院"，对该地区具有举足轻重的影响力，尤其是日本在南海问题上的搅局，对我国与东南亚国家的关系良性发展构成挑战。可以说，日本对东南亚的安全政策是影响中国发展与东南亚国家关系，推进"一带一路"倡议实施的重要外部因素。为了对冷战结束以来日本对东南亚的安全政策有一个全面、深入、客观的认识，选此题进行研究。本书即在博士学位论文基础上修改而成。

　　每每想起书稿创作过程中挑灯夜读，徜徉在无边的知识海洋里的日子，心中都会油然升起一种难以名状的踏实感和满足感。回想在追求学术理想的道路上挥洒的汗水，虽有诸多艰辛和不易，但更多的是收获和喜悦。当然，在本书的创作过程中，由于自己学力有限，遇到了不少的困难，也遭遇过"瓶颈期"，所幸有李薇老师和杨伯江老师两位学识渊博的老师及时给予我指导和帮助，才得以克服这些困难。

在这里，特别感谢两位老师，百忙之中为我指点迷津，并在我丧失信心时及时给予我鼓励。从我的两位导师身上，我不仅学习到了学术研究的方法，而且深刻体会到了什么是严谨细致的学术精神。今后，我将以两位恩师为榜样，在追求学术理想的道路上不断前行！

在此我也要感谢中国社会科学院日本研究所各位老师对我的指导和帮助！感谢高洪老师、吕耀东老师、崔世广老师、张季风老师、张建立老师。在各位老师的课堂上，不仅学习到了日本政治、外交、经济和文化等相关知识，拓宽了我的学术视野，而且见识了真正的学者风范，深深被各位老师渊博的学识、敏锐的洞察力和缜密的思维力所折服。各位老师身上折射出的学者特质，将成为指导我今后工作和科研的"灯塔"，是我努力的方向。同时还要感谢中国政法大学孙承教授、北京外国语大学邵建国教授、北京大学王新生教授、外交学院周永生教授，感谢各位老师在开题、评阅、答辩时的提出的宝贵意见，引发我更深入的思考，得以进一步完善本书的逻辑架构及内容，在此深表谢意。另外还要感谢同窗好友及家人，有了他们的理解和支持，书稿才得以顺利完成。

然而由于成书仓促，在历史资料收集及陈述上，难免有错误及遗漏之处，敬请各位专家批评指正，在此谨表谢忱。

2018 年 8 月 15 日